青少年
心理辅导100问

吴增强　吴俊琳　主编

上海科技教育出版社

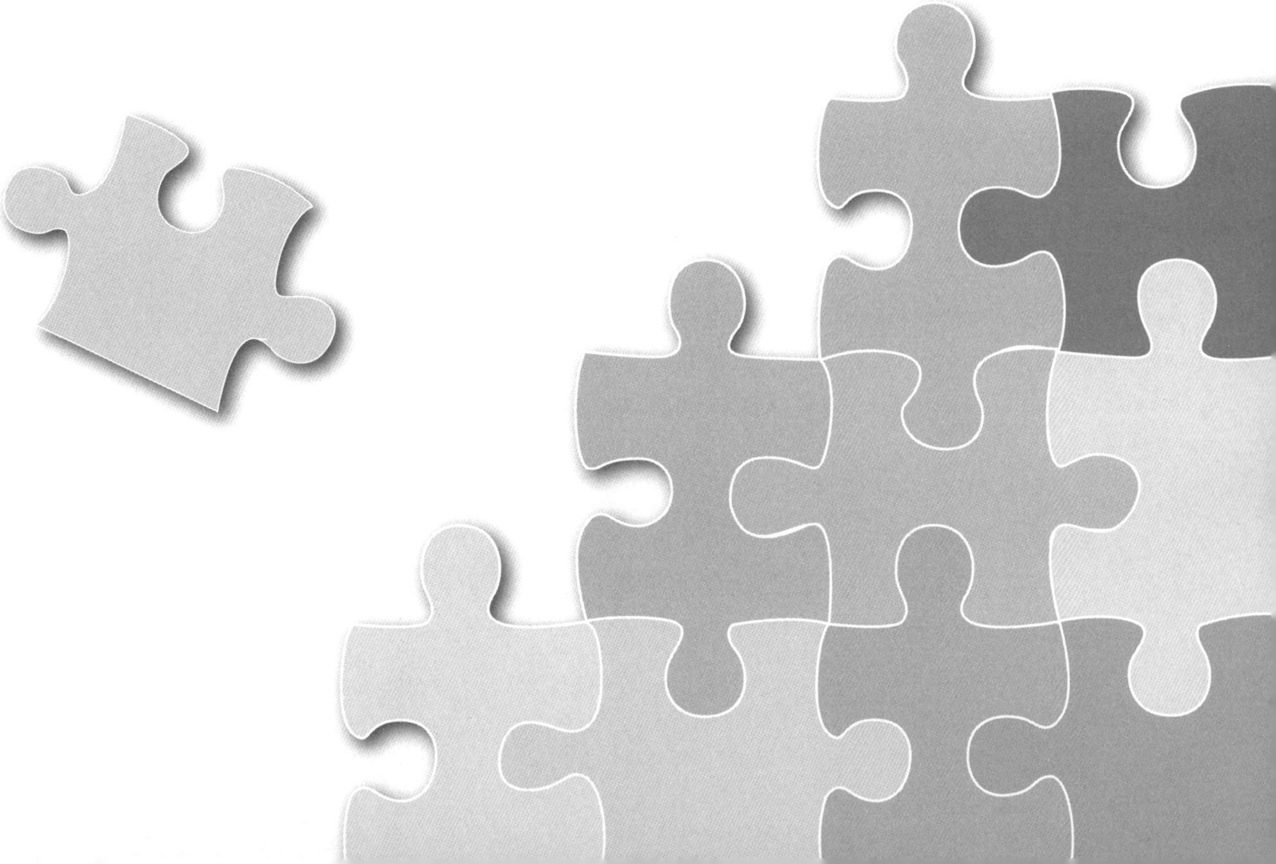

主　编

吴增强　吴俊琳

编写委员会

（按姓氏笔画排序）

张琴菲　张慧贤　和亮坤　周　超

施　文　盛佳妮　褚玉英　蔡丹忆

樊雨婷　樊洁君

前　言

2018年，教育部印发《新时代中小学教师职业行为十项准则》，将"关心爱护学生"作为准则之一，并明确提出教师要做学生的良师益友。上海市在落实教育综合改革任务中，积极推进全员、全程、全方位的"三全育人"，探索实践中小学全员导师制，力求使每一位教师都能更加关注学生的健康成长与全面发展，为学生及家长提供适时的引导和指导。

青少年时期是人一生中的重要阶段，是从儿童走向成人的过渡期。这意味着青少年逐步摆脱对家庭的依赖，从心理上开始迈向独立。青少年这个词语来自拉丁文"adolescere"，意思是"向成熟发展"。美国心理学家霍林沃思（H. L. Hollingworth）把青少年时期称为"心理断乳期"（psychological weaning period）。这是一个与婴幼儿的生理性断乳相对应的概念，而我们更倾向于用"两个觉醒"来表述青少年时期的心理特点，即自我的觉醒和性意识的觉醒。值得注意的是，一方面，青少年的身体、心理、思想等都在发生急剧的变化；另一方面，相较于成年人，这些变化仍具有可塑性。有学者认为，青少年时期是除婴幼儿时期外，最容易接受生物、心理及社会角色的改变塑造的一个时期。因此，在青少年人格尚未定型时，教育与辅导的意义和作用就显得非常重要。

心理辅导关注青少年成长的生活世界与经验，帮助青少年实现自我探索。一个较为完善的学校教育体系应该教给学生三方面的知识：关于自然的知识、关于社会的知识和关于自己的知识。前两个方面在现有的学校课程里都得到了落实，唯独第三个方面的知识很少体现。关于自己的知识的获得，不能依靠教育者的灌输和说教，而是要通过帮助青少年发现自己的问题，找到解决问题的办法，获得相应的经验，实现真正意义上的成长。心理辅导正是通过引导青少年进行自我探索，从而认识自我、调节自我、完善自我，并解决自己成长中的各种问题，帮助青少年获得关于自己的知识。

青少年在成长中有许多需求希望得到满足，有许多烦恼希望得到帮助，有许多内在的禀赋希望得到开发和实现。同时，互联网的海量资源大大拓展了青少年的课外知识，开阔了他们的视野，进一步加剧了他们不被理解的内心感受。走进青少年的内心世界，学会与青少年进行心灵对话，既是教育工作者的责任，也是一种使命。值得注意的是，一方面心理辅导作为一种助人方式，需要使用者接受专业训练，落实心理辅导的发展性和预防性目标。另一方面，心理辅导是一门助人艺术，在我们使用它来帮助青少年成长的同时，自己的心灵也得到了洗礼和修炼，从而获得了个人成长。

本书聚焦青少年的学习和生活，分别从个性辅导、学习辅导、生命教育、生涯教育和生活辅导5个方面，通过100个来自教学一线的真实案例，呈现青少年成长中可能会遇到的困惑和问题，与读者分享如何为青少年提供切实有效的解决方法。期待广大教师能通过阅读这100个青少年常见的心理问题，更加深入地了解当代青少年，同时收获一些心理辅导的技巧和方法，找到开启青少年心灵的钥匙。

本书是上海市浦东新区吴增强心理名师工作室第二期学员三年研修的集体成果。该工作室的学员均是来自一线从事中学心理健康教育工作的骨干心理教师，具有丰富的实践经验，从而为本书的科学性、实用性和可读性提供了保障。

本书的具体编写分工如下：

第一章由蔡丹忆、樊雨婷撰写。

第二章由褚玉英、张慧贤撰写。

第三章由盛佳妮、樊洁君撰写。

第四章由和亮坤、张琴菲撰写。

第五章由周超、施文撰写。

全书由吴俊琳统稿、定稿，由吴增强审稿。

本书得以出版，除了要感谢工作室各位老师的辛勤付出外，还要感谢上海市浦东新区教育局陈强副局长、德育处陈菊英处长、托幼工作处汤韬处长的大力支持，感谢上海市浦东教育发展研究院李百艳院长、徐宏亮副院长、王伟杰主任的鼎力相助，感谢上海科技教育出版社张蕊编辑的细致修改与润色。

本书可作为导师培训用书，希望大家多提宝贵意见，以便今后不断完善。

编者

2024年6月

目 录

第一部分 个性辅导

1. 学生性格内向，在群体中仿佛"小透明"，怎么办？ /2
2. 学生不被喜欢，甚至常常被欺负，怎么办？ /5
3. 学生遇事特别容易激动，经常打人、砸东西，怎么办？ /8
4. 学生明明很优秀，却自信心不足，怎么办？ /11
5. 学生遇事经常跟教师抬杠，甚至刻意顶撞，怎么办？ /14
6. 家庭原因（单亲、贫困等）对学生成长造成负面影响，怎么办？ /17
7. 对于功利心特别强的学生，应该怎么引导？ /20
8. 学生总是撒谎，做错事不肯承认，怎么办？ /23
9. 学生觉得自己受到教师的不公平对待，怎么办？ /26
10. 学生行为特别以自我为中心，不考虑别人的感受，怎么办？ /29
11. 学生过于敏感，怎么办？ /32
12. 异性学生交往过密，怎么办？ /35
13. 班级中盛行"组CP"的话题，怎么办？ /39
14. 严重身体疾病造成了学生有心理行为问题，怎么办？ /42
15. 班级中有"娘娘腔"和"女汉子"，怎么办？ /45
16. 二孩家庭中的大孩子常常觉得自己被忽视，家庭矛盾冲突增多，怎么办？ /49
17. 父母抚养出现缺失，教师要怎么帮助学生更好地成长？ /52
18. 贫困学生在集体中出现自卑等情况，怎么办？ /55
19. 随班就读的学生无法融入班级，怎么办？ /58
20. 学生小团体间经常有摩擦，导致班级不团结，怎么办？ /61

第二部分　学习辅导

1. 学生新入学，不适应初中学习生活，怎么办？　/66
2. 学生偏科得厉害，怎么办？　/69
3. 学生平时测验成绩都不错，遇到重要考试却发挥不出真实水平，怎么办？　/72
4. 学生学习压力过大，怎么办？　/76
5. 学生因为不喜欢某个学科的教师，不肯学，怎么办？　/79
6. 学生学习很努力，但成绩不理想，怎么办？　/83
7. 学生在学习上很被动，怎么办？　/87
8. 学生本来会的知识在考试时却想不起来，怎么办？　/90
9. 学生在学习上总是粗心大意，怎么办？　/93
10. 学生多次考试没考好后自暴自弃，怎么办？　/96
11. 学生上课经常走神，难以集中注意力，怎么办？　/99
12. 学生做作业拖延，怎么办？　/103
13. 又长又多的记忆内容，教师反复讲过的重点，学生记不住，怎么办？　/106
14. 学生学业失败，进而对自己失去了信心，怎么办？　/109
15. 学生考试很焦虑，怎么办？　/112
16. 学生不肯上学，怎么办？　/115
17. 如何帮助学生建立学习计划？如何在变化中调整计划？　/118
18. 学生看到别人学习成绩好，自己心理不平衡，怎么办？　/121
19. 学生对自己的学业期待很高，但暂时无法达成，怎么办？　/124
20. 学生经常漏写作业，怎么办？　/126

第三部分　生命教育

1. 如何与经历心理危机后的学生相处？　/130
2. 如果学生说不快乐，怎么办？　/133
3. 如果学生说找不到生命的意义，怎么办？　/136
4. 如果学生有烦恼，不会寻求心理支持，怎么办？　/139
5. 如果学生有自伤行为，怎么办？　/142
6. 如何帮助学生理解生与死的意义，从而培养积极的生命态度？　/145

7. 如何帮助学生更好地尊重其他生命？ /147

8. 如何对学生开展青春期生理、心理教育？ /150

9. 如何对学生开展预防艾滋病教育？ /153

10. 如何对学生开展生态环保教育？ /155

11. 如何觉察学生是否正处于心理危机状态？ /158

12. 如果学生正在经历应激性生活事件，怎么办？ /161

13. 如果学生遭遇丧亲等重大负性生活事件，怎么办？ /165

14. 如果学生寻求专业心理援助的意识较弱，怎么办？ /169

15. 如何和学生谈极端危机事件？ /172

16. 如何提升学生的心理韧性？ /175

17. 如何对学生开展预防学生欺凌教育？ /179

18. 如何对学生开展预防性侵害教育？ /184

19. 如何对学生开展预防毒品教育？ /187

20. 如何对学生开展自救与生命安全教育？ /190

第四部分　生涯教育

1. 学生不了解自己的兴趣，怎么办？ /194

2. 学生不了解自己的能力特长，怎么办？ /198

3. 能力是可以发展的吗？ /201

4. 如何引导学生探索职业个性倾向？ /204

5. 如何引导学生探索职业价值观？ /207

6. 如何帮助学生提高目标感？ /211

7. 如何引导家长帮助孩子开展生涯教育？ /214

8. 如何引导学生看到生涯规划的意义并进行规划？ /217

9. 学生表示不知道如何自主进行生涯探索，怎么办？ /220

10. 学生想要了解喜欢的学科的职业探索方向，可以从哪些方面着手？ /222

11. 学生有艺考的想法，如何帮助其厘清选择？ /224

12. 新高考改革背景之下，学生不知该如何选科，怎么办？ /227

13. 学生不了解专业的相关信息，有哪些方式和资源可以提供？ /230

14. 学生不了解职业的相关信息，可以从哪些方面进行了解？ /233

15. 学生觉得大学的专业选择不重要，如何引导？ /236

16. 学生的兴趣爱好与未来的职业选择产生矛盾，怎么办？ /239

17. 学生的兴趣爱好与能力特长不匹配，产生困扰，如何引导？ /242

18. 学生对大学想学专业清晰且积极探索，但是现阶段基础学科成绩很弱，怎么办？ /245

19. 学生想要了解未来职业的核心能力，有哪些思考方向？ /248

20. 学生想要锻炼、提高自己的求职技巧，如何指导？ /251

第五部分 生活辅导

1. 学生在进入新学校或新环境后难以适应，怎么办？ /256

2. 学生作息习惯影响了学习生活，怎么办？ /259

3. 学生屡次违反校纪校规，怎么办？ /262

4. 学生总喜欢与他人攀比，怎么办？ /266

5. 学生经常不吃饭，身体消瘦，怎么办？ /269

6. 学生体重过重，明显肥胖，怎么办？ /273

7. 如何鼓励学生积极进行锻炼？ /276

8. 学生不注重个人卫生，怎么办？ /279

9. 如何帮助学生养成劳动习惯？ /282

10. 学生过度使用电子产品，怎么办？ /285

11. 如何引导学生健康使用网络？ /289

12. 学生喜爱动漫二次元影响了学业，怎么办？ /292

13. 学生迷恋且疯狂追星，怎么办？ /295

14. 学生总是"出口成脏"，怎么办？ /298

15. 学生有偷拿同学物品的不良习惯，怎么办？ /301

16. 发现学生在校外抽烟、饮酒，怎么办？ /304

17. 学生总是喜欢尝试冒险行为，怎么办？ /307

18. 如何培养学生的艺术修养？ /310

19. 如何对学生开展财商教育？ /313

20. 如何培养学生良好的阅读习惯？ /317

第一部分

个性辅导

1 学生性格内向,在群体中仿佛"小透明",怎么办？

案例呈现

> 小美,女,六年级学生*。她个子小小的,在班级里默默无闻,也没什么朋友。一天,班级外出参加社会实践,班长在发车前点名时发现少了一个人。大家想了半天,才想起少了小美,于是班长赶紧报告班主任。最后,班主任在教室里找到了小美。原来小美下课去上了趟厕所,回来却发现同学们都不见了,也不知道大家去了哪里,所以就自己一个人留在教室里。在与同学们会合的路上,虽然小美没说什么,但是班主任还是看出了小美很难过。

讨论分析

同伴是中学生社会支持系统的重要组成部分

案例中,小美被班级同学遗忘了,说明她没有在班级里建立起稳固的支持系统。在此次事件中,小美可能会感受到孤独与无助,也可能会感受到自己由于长期"被忽视"而游离于班集体之外。每个人都需要社会支持系统,即个人在自己的社会关系网络中所能获得的来自他人的物质和精神上的帮助和支援。一个完备的支持系统包括亲人、朋友、同学、同事、邻里、教师、上下级、合作伙伴等,当然,还应当包括由陌生人组成的各种社会服务机构。每一个人群都承担着不同功能:亲人给我们物质和精神上的帮助,朋友较多承担着情感支持,同事及合作伙伴则与我们进行业务上的交流。对于中学生来说,社交方面的需要逐渐由权威转向陪伴,开始远离父母和教师,人际关系的重心转移至同伴关系上。同伴是中学生的社会支持系统中非常重要的部分,缺少同伴支持的中学生常常会感受到强烈的孤独感,在遇到困难时也容易因无人理解、无人帮助而产生

---

* 上海市义务教育阶段实行"五四学制",六年级属于初中。

强烈的无助感。

人格特质的内倾性并不一定是人际关系缺失的决定性因素

我们常常把班级里不爱说话、不善交际的学生称为性格内向的学生。所谓内向与外向，是心理学家荣格（Carl G. Jung）提出的，用来划分不同心理能量指向的人群。外向的人能量指向外部，通过社交从外界获得心理能量；而内向者能量指向内部，通过独处从精神世界获得心理能量。

美国韦尔斯利学院约翰森团队把内向者又细分为4种不同类型。

（1）社交型内向者

社交型内向者在社交过程中追求交友的质量，比起拥有一大群朋友，他们更希望拥有少量亲近的密友，进行小群体的社交。

（2）思考型内向者

思考型内向者是更典型的内向者。他们常常内省、反思，而不习惯与他人分享对于事件的看法（喜好或厌恶）。

（3）焦虑型内向者

焦虑型内向者容易在社交场合中感受到难堪、不自信，甚至痛苦。他们常常会担心自己是不是冷场了，自己说话会不会毁掉整个谈话，别人会怎样看自己，等等。

（4）克制型内向者

克制型内向者愿意花更多的时间思考，"三思而后行"是他们奉行的宗旨。这类内向者更为稳重，拒绝冲动。

可见，内向本身并不是导致学生成为"小透明"或者无法发展同伴关系的决定性因素。内向的学生同样在社交方面有着优势。所以，不一定是性格内向导致小美在班级里缺少存在感。她可能在社交技能或者行为习惯方面需要教师予以指导，以帮助她学习如何与同伴建立良好的关系，并通过活动、展示等方式让自己在班级里提高存在感，更好地融入班集体。

了解同伴关系可以为学生提供及时的帮助

除了日常观察，教师还可以通过同伴提名法等社会测量方法了解班级中哪些学生是游离在班集体外的。同伴提名法的基本实施方法是，让学生根据某种心理品质或行为特征的描述，从同伴团体中找出最符合这些描述特征的人来。比如，教师可以设计以"喜欢"或"不喜欢"为标准的问卷。如果同伴之间相互选择，说明他们之间有着稳固的心理联系。肯定的选择意味着接纳，否定的选择意味着排斥。一个人在积极标准（如喜欢）上被同伴提名次数越多，说明他被同伴接纳的程度越高；反之，一个人在消极标准（如不喜欢）上被同伴提名次数越多，说明他被同伴排斥的程度越高。案例中的班主任可以借助这种方法，去了解和发现班级中的同伴关系网络，及时为像小美这样游离在班集体外的学生提供帮助。

辅导建议

了解社交需求

中学生本身有着同伴交往的需求。如果学生像小美一样，在班级中被忽视，没有朋友，教师就需要了解是什么原因让他们不去交朋友或者无法交朋友，从而有针对性地提供帮助。常见的原因包括：过去社交失败的经历，导致对同伴交往有着恐惧感；害怕在交往过程中被拒绝、受伤害，所以干脆告诉自己不需要同伴之间的关系交往；缺少社交技能，导致不知道如何与同伴进行互动，加深彼此关系。所以，了解学生在社交中遇到的问题，帮助学生发现自己的社交需求是帮助他们改变的第一步。

教授社交技能

基于学生的社交需求，在学生自愿改变，并且有同伴交往的动机后，教师可以向学生传授一些社交技能。比如，什么样的动作、表情代表了同伴厌恶或者愤怒，在邀请同伴时如何开口，在同伴倾诉时如何倾听。可以通过案例呈现、情境扮演等多种形式，让学生学习与人交往的技能，帮助他们在班级中发展出自己的同伴关系。

组织团体活动

在班级中组织团体活动也是帮助学生融入集体、在集体中被"看见"的一个途径。常见的团体活动有主题班会、小组竞赛、研学旅行等。在主题班会中，教师可以邀请全班学生参与进来；在小组竞赛中，教师可以要求同学合作完成作品并共同展示；在研学旅行中，学生可以有更多方面的同伴互动。团体活动的组织可以加深班级同学之间的联系。

搭建展示平台

每个学生都有自己独特的闪光点，小美也一样。通过发掘学生的优点、特长，可以建立学生在班中的存在感。比如，针对擅长绘画的学生，教师可以鼓励其参与班级黑板报的设计；在劳动中表现认真的学生，可以让其担任班级劳动委员或者劳动小组长，负责值日工作。哪怕只是学生将自己的座位收拾得很整洁，教师也可以将其作为表扬的素材。关键在于教师是否拥有一双发现班中学生优点和特长的眼睛。

2 学生不被喜欢，甚至常常被欺负，怎么办？

案例呈现

> 小虎，男，六年级学生。小虎的衣服总是脏脏的，无论对他做什么，他都好像不在意。一天，班主任经过教室，发现一群学生围在教室后面，闹哄哄的。仔细一看，原来是小虎被几个同学按倒在了地上。班主任进教室朝他们喊道："你们在干什么？"所有人这才离开。班主任把小虎从地上扶起来，问他有没有事，小虎笑着说没事。

讨论分析

"成为受人喜欢的人"是中学生需要学习的课题

人群中总有一些人因为各式各样的理由不被他人喜欢，虽然没有人能够做到被所有人喜欢，但是当大部分人不喜欢一个人时，那么这个人可能确实存在一些不讨人喜欢的特点。尽管如此，也并不意味着他自己不想与人交往、发展良好的人际关系。就像案例中的小虎一样。可能由于小虎的个人卫生问题或者是人际交往问题，他并不被身边同学喜欢。只有在被欺负的时候，小虎才和他人有"互动"，这让他感到自己是有朋友的，他们只是在和自己开玩笑。一般情况下，被欺负带来的是负面的感受，小虎却让自己享受其中。长期处于这种扭曲的感受下，会影响他未来的人际交往和情绪表达。因此，对于这样的学生来说，"如何成为受人喜欢的人"成为他们需要学习的课题。通过观察，受欢迎的、受人喜欢的人大多具备以下几个特点。

（1）有亲和力

亲和力是一种让人愿意亲近、愿意接触的力量。亲和力的背后是对人的认同和尊重，是基于平等的人际互动中产生的。和有亲和力的人交往，不会感到不适，而会感到被理解、被认同，因此有亲和力的人更受欢迎。

（2）性格开朗

有句不知道怎么流行起来的话是"爱笑的女孩运气不会太差"。爱笑的女孩运气好不好我们不知道，但是爱笑的人一定更受人欢迎。没有人喜欢天天和自怨自艾的人在一起，做他的情绪垃圾桶。我们天然会趋向那些性格阳光、开朗，带给我们积极情绪的人。

（3）乐于助人

"赠人玫瑰，手有余香。"帮助别人可能有很多理由，为了自我的满足感也好，举手之劳也好，最终的结果是收到别人的感谢，自己也因此受人欢迎。

（4）幽默

幽默和搞笑不同，搞笑带有非常强的目的性；而生活中不经意的幽默能够给人带来欢笑，有助于消除敌意、缓解摩擦。因此，有幽默感的人往往拥有比较好的人缘，能够在短期内缩短人际交往的距离，在面对困难时也会表现得更加乐观。

（5）拥有良好的外貌

不可否认的是，良好的外貌是吸引人的第一特质。每个人都有被美的事物吸引的本能。良好的外貌是受欢迎的重要条件，因此在无法选择或者改变外貌的前提下，我们应要求自己至少做到整洁干净，穿着符合身份特点，不让外貌在人际交往中起到减分作用。

警惕学生欺凌事件的发生

《中华人民共和国未成年人保护法（2020年修订）》指出："学生欺凌，是指发生在学生之间，一方蓄意或者恶意通过肢体、语言及网络等手段实施欺压、侮辱，造成另一方人身伤害、财产损失或者精神损害的行为。"案例中小虎的遭遇是否属于"学生欺凌"，需要结合实际情况进行认定，如若确实构成学生欺凌，那么应当根据学校相关规定予以上报及处理：对被欺凌者小虎及时给予心理辅导、教育和引导；对实施欺凌的学生进行教育、惩戒。

除了欺凌者和被欺凌者外，班集体中的旁观者也是需要关注的对象。在班级内部发生欺凌事件时，旁观者并没有对受欺凌者提供帮助，这反而助长了欺凌者的欺凌行为，不利于营造和谐的班级氛围。

辅 导 建 议

了解学生不被喜欢的原因

学生被同伴喜欢的原因有很多，不被同伴喜欢的原因也有很多，可能是学习成绩比较差,不被教师喜欢;或者是生活习惯不太好,遭到同学嫌弃;抑或与人交往不懂得方式方法,容易惹人厌恶;等等。案例中的小虎比较明显的特征可能是"脏脏的",那么推测他可能存在个人卫生问题。教师还需要通过班级同学、任课教师等多途径了解他不被喜欢的原因,再对症下药,帮助其发展同伴关系。

了解学生对现状的觉知

案例中,从小虎笑着起身的表现来看,他似乎对于自己不被喜欢、被欺负的现状缺少觉知。如果学生本身对于现状有觉察,即明白自己不被同学喜欢,还经常被欺负,他有委屈或难过,那么教师可以结合学生本身的需要,帮助其进行社交技能训练,发展他的社会交往能力。但如果学生本身对于现状是缺少觉察的,也就是说,他并不清楚自己不被同学喜欢,被欺负时还以为是同学在和自己打闹,那么教师需要引导孩子觉察周围人对自己的评价,了解和谐的同伴关系是怎样的。

警惕欺凌的苗头

当班级中存在孤立,甚至欺凌等现象时,教师应当在第一时间通过当事人和旁观者对事件事实进行了解,对孤立或欺凌他人的小团体进行教育或惩戒,对事件发生时的旁观者予以教育,对事件发生时及时报告教师或者对被欺凌者予以保护的旁观者予以肯定。事件处理最后根据学校相关规章制度,必要时需要上报年级组或分管领导,联系事件双方家长作进一步处理。

营造和谐班级氛围

班级是一个有助于学生发展同伴关系的重要场所,良好和谐的班级氛围能够增进同班同学之间的友谊。因此,在班级内部应当考虑组织增强集体凝聚力的活动。比如,通过主题班会、同伴互助等形式,增强班集体的归属感,营造互帮互助的班级氛围。也可以培养有责任心和同理心的班干部,在班级出现欺凌的情况时及时制止并反馈,以遏制不和谐的因素。

3 学生遇事特别容易激动，经常打人、砸东西，怎么办？

案例呈现

小元，男，七年级学生。小元长得人高马大，为人仗义，经常为好兄弟们打抱不平而出手打人，故多次被其他班级同学举报。一天，他和同桌在语文课上说话，语文教师就叫他起来回答问题。他回答不上来，语文教师生气地让他好好听课，不要随便说话。没想到，他对语文教师破口大骂，把椅子一脚踢倒，书包往地上一摔，然后扭头离开了教室。

讨论分析

心理疾病可导致异常行为

案例中，小元骂教师、踢椅子、摔书包等行为是比较明显的破坏性、冲动性行为。对于在学校存在突出异常行为表现的学生，首先需要报告心理教师与学校相关部门，经过心理教师评估，确定是否有转介专业医疗机构诊断需要。如若存在心理相关疾病的可能，如对立违抗障碍，则需转介至专业医疗机构，经医疗机构诊断后，采取有针对性的引导措施。

有对立违抗障碍的儿童、青少年所表现出来的行为特征，可能和我们一般认为的叛逆比较相似，但其本质和叛逆有很大不同。前者需要经过专业医生的诊断与治疗，而仅仅依靠学校教师的力量则很难改善。

中学生控制情绪的大脑皮质正在发育过程中

初中生正处于生长发育的关键阶段。值得注意的是，前额叶皮质功能与认知、情绪、疼痛和行为管理等相关，从两三岁开始发展，但直到二十几岁才趋于成熟。因此，对于初中生来说，控制冲动和情绪的大脑前额叶并没有发展完全，情绪失控本身在没有专业医生诊断为某种疾病的情况下，从生理基础方面考虑，是可以被理解的。也就是说，对于案例中的小元，教师应该以发展的眼光关注小元的后续辅导，帮助其发展情绪控制与表达的能力。

心理地位会影响行为表现

沟通分析理论认为，人有4种心理地位：①我好，你也好；②我好，你不好；③我不好，你好；④我不好，你不好。这是个体对自身和他人的基本信念，用它可以证实自己的决定和行为①。

学生在成长过程中，将逐渐形成自己的心理地位。当一个人的心理地位是"我不好，你好"时，他可能会无意识地让自己成为一名被害的、弱于别人的、容易失败的人。当一个人的心理地位是"我好，你不好"时，他可能比较争强好胜、不服输，也看不起别人。当一个人的心理地位是"我不好，你不好"时，他可能会认为人生是徒劳的，认为自己不被爱，别人也不值得爱，会对人生充满绝望。

就案例中的小元来说，他的情况更像是处于"我好，你不好"或者"我不好，你不好"的心理地位。在这样的情况下，帮助他觉察到自己的认识、对世界的感知，改变他对自己和他人的基本信念，才能够改变他的现状。

辅导建议

排除心理疾病

无论是班主任还是学校心理教师，一般都没有对学生心理疾病进行诊断的资质，因此对学生表现的概括要慎重。尤其是在本案例中，虽然小元的行为比较冲动、激烈，但是不能简单地、随意地对其"贴标签"。教师可以通过日常观察学生的行为表现，对学生是否需要寻找专业医疗机构诊断进行一定的判断。比如，学生是否持续至少半年，经常发脾气、敏感、愤怒，经常与成年人争辩、对抗或拒绝遵守规则、故意惹恼他人、自己有错误却经常指责别人，甚至存在报复性的行动。如果符合上述情况，教师就需要警惕，进行上报，并与家长联系。

看到例外——找到学生改变的契机

由于中学生本身情绪起伏大，如果只将关注点放在那些激惹情绪的事件上，往往会激发师生、亲子之间的进一步冲突与矛盾。在学校中，教师要关注到例外情况。如针对案例中的小元，这样激动的情况是偶尔发生吗？他有没有能够和平解决冲突的时候？在

---

① 斯图尔特，琼斯.今日TA：人际沟通分析新论［M］.田宝，张思雪，田盈雪，译.北京：世界图书出版公司，2017：143-145.

什么情况下，小元是可以控制住自己情绪的？当找到此类例外时，教师便可以总结例外发生的共同点，比如他在意某些同学或老师的评价，或者他在意某些事件的后果影响。当发现了例外，便找到了学生改变的契机。

发现优点——与学生站在同一战线

要改变的是学生，要帮助学生改变的是教师，只有教师和学生站在了同一战线上，才能共同达成目标。也就是说，教师只有拉近与学生的关系，才能让学生和自己一致向着改变的目标前进。那么教师如何让学生与自己站在同一战线上？或许第一步就是改变自身对学生的态度。因此，在案例中，教师首先要让小元情绪稳定下来，然后了解在事件发生时，他的心理活动是什么。走近他，了解他，发现、肯定他身上的优点，让自己先欣赏他，再帮助他。只有这样，才有助于学生从"你不好"的心理地位慢慢发展起对人的信任，变成"你好"的心理地位。

激发行动——给予学生改变的动力

在看到了例外，拉近了与学生的距离后，只有真正行动，才能看到改变的效果。面对案例中的情况，教师可以借助例外，对小元给予鼓励与表扬，从而增加例外出现的可能，激发其改变的动力。比如，在他通过恰当的方式宣泄情绪之后，请他在意的人肯定他的行动，抑或免除他在意的惩罚。通过一次次的行动，帮助他养成恰当表达、宣泄情绪的方式。

4　学生明明很优秀，却自信心不足，怎么办？

案例呈现

> 小艺，女，七年级学生。小艺成绩优异，但平时在班级里沉默寡言。近日，小艺的朋友观察到小艺整日闷闷不乐，建议她找心理教师聊一聊。小艺对心理教师说：我已经很努力了，可是我还是那么差劲，这让我很难过。

讨论分析

青春期是形成自我认同感的重要阶段

埃里克森（E. H. Erikson）的心理社会发展理论认为，青少年时期（12—18岁），也就是中学生所处的年龄阶段，主要任务是建立自我同一性。已有的研究表明：自我认同程度高的青少年心理承压能力较好，具有良好的社会适应能力；自我认同程度低的青少年，经常体验到焦虑、孤独等负性情绪[①]。

案例中的小艺正处于自我同一性整合阶段，自信心不足导致了她的情绪低落。与小艺类似的自我认同感低的学生，在人际交往、学习生活中，尤其是在遇到困难时，容易出现紧张、害怕情绪，甚至产生退缩、逃避行为，导致失败的后果，最终使负面情绪不断累积，出现恶性循环。

中学生自我认同感低的原因可能和学生自身的性格、能力等个体因素有关，也可能和学生的家庭教育方式、学校教育方式等环境因素影响有关。

（1）个体因素

学生自身的容貌、性格、能力等，因遗传、生理发育等因素造成的个体差异对自信

---

① 朱灵慧，韦舒雯，严由伟.高中生自我认同与社会适应的关系：同伴信任的中介作用［J］.福建医科大学学报（社会科学版），2021，22（3）：43-47.

心有着重要影响。容貌出众的男孩、女孩天然会受到众人关注，这有助于他们自信心的培养；反之，则不利于他们自信心的培养。与此类似，性格开朗、能力出众的学生在受到人群关注的同时增强自信心；反之，则会产生不如别人的想法，影响自信心的培养。

(2) 环境因素

影响学生自信心的环境因素也有很多。比如，过于苛刻的家庭教育方式：对孩子常常以打击的方式进行教育，对孩子有着过高的期望与要求，或者常常将孩子的现状与不切实际的目标进行比较。长期达不到家长要求的孩子便会不断产生挫败感，从而导致自信心的缺失。在学校教育中同样如此。长期设立不切合学生自身情况的目标，会导致学生因无法达成目标而产生挫败感，严重者甚至认为自己永远也达不成目标，不如"躺倒不干"。

青少年自我概念的发展受多方面影响

青少年自我概念是有组织的、连贯的、相对稳定的关于自己的界定。家庭对青少年自我概念的形成起着基础性作用，而学校是青少年社会化的重要场所，青少年的自我概念在与教师、同学的互动中不断得以塑造和完善。自我概念的演进被分成了两种类型：个体直接经验和歪曲符号化体验。

个体直接经验所形成的自我概念，是指在与环境互动过程中，个体直接体验、察觉到的与自身和环境概念及依附于这些概念的价值观相一致的自我知觉的组织化构造。歪曲符号化体验所形成的自我概念，是指与环境互动过程中，个体内化的或从他人那里接受的价值，被以歪曲的方式所察觉，就像它们是被直接体验到的一样，而产生的自我知觉的组织化构造[①]。

案例中，在他人眼中已经足够优秀的小艺，却认为自己很差劲，这是歪曲符号化体验所形成的自我概念的典型表现。因此对于小艺来说，她还需要辨析自己歪曲的体验，调整认知，形成更加合理的自我概念。

辅导建议

了解学生对"优秀"的具体认识

"优秀"是个没有具体内容的形容词，对于不同人、不同领域有着不同的内涵，因此教师需要了解学生对"优秀"的定义与认识。案例中，小艺眼中的"优秀"到底是什

[①] 谢宇，邹婷.青少年自我概念演进路径及识别策略研究 [J].社会工作，2021（5）：42-52，103-104.

么，如果她真的达到了她认为的"优秀"，她是不是还会认为自己不够优秀。教师也可以让学生搜集其他人对于"优秀"的定义，再对照自己的标准，看自己的标准是否与大部分同学一致。教师应该在学生达到目标后给予肯定与鼓励，同时引导学生给自己肯定和鼓励，不因达不到更高要求而不断地否定自己。

帮助学生设立切合实际的具体目标

当目标设立得过高无法达成时，自然不能建立自信心。因此，教师可以帮助学生设立切合实际的目标，比如可以设立长期目标和短期目标。短期目标是在一周甚至一两天内就可以达成的具体目标；长期目标是在短期目标的积累下可以达成的最终目标。在得到达成短期目标的激励后，达成长期目标的自信心会不断加强。够得到的才是"目标"，够不到的是"梦"。

引导学生学会自我激励

教师可以向学生示范自我激励的方法，当学生达成目标后，引导其进行自我激励。比如，对自己说："通过努力达到了目标，我是很棒的。"在学生学会了自我激励后，鼓励学生在哪怕失败的情况下，也可以肯定自己在这一过程中付出的努力。比如，对自己说："虽然我这次没有成功，但是我已经积累了参加这类比赛的经验；下次参赛，我做更充足的准备，一定可以成功。"在自我激励的积极暗示下，学生能够增强自信，成为更加乐观、积极的人。

让家长成为支持的力量

除了学生本身需要被激励以外，家庭教育方式也是影响学生信心的重要因素。教师需要将家长作为学生的自信心培养的重要后盾，与家长进行沟通，对其进行指导。家长不能只关注到孩子的缺点而不断否定、打压孩子。家长应当树立切合实际的目标，进行合理的比较。因此，在本案例中，教师也可以联系家长进行家校合作，邀请家长在小艺完成了一定目标后予以肯定与激励，从而帮助她建立起自信。

5 学生遇事经常跟教师抬杠，甚至刻意顶撞，怎么办？

案例呈现

> 小吴，男，七年级学生。小吴平时关心时事政治，凡事都有自己批判性的看法。班会课上，同学们商量运动会入场式方案，有同学提议扮装动漫角色，小吴立刻说这个提议的同学是卖国贼。遭到班主任制止后，小吴随即指责班主任崇洋媚外。自此，班主任上课时，小吴总是找机会抬杠，甚至顶撞班主任。

讨论分析

学生逆反心理的产生有着主观的身心因素和客观的环境因素

(1) 主观因素

中学生正处于青春期，由于身体发育带来日趋强烈的个性意识、独立意识和成人意识，他们认为自己已经有能力为自己作决定，对于权威或者成年人的想法不再一味地认同和顺从，而有着强烈的批判意识。正如案例中的小吴一样，对于自己不认同的观点会表达强烈的反对意见。

但是，青少年的生理和心理发展的不平衡性决定了青少年生理日趋成熟，但心理尚未成熟。他们由于阅历和经验的不足，思维虽然开始有独立性和批判性，但是还无法全面理性地判断是非；再加上青少年前额叶发育还不完全，还不善于控制和调节自己的情绪。由于生理激素的变化，他们往往会很急躁地坚持自己的意见，表露出强烈的不满和激情。

(2) 客观因素

家庭是学生习得情绪表达的第一场所。当家庭环境中常常以简单粗暴、情绪激动的方式解决矛盾与问题时，学生习得的问题解决方式也是简单、粗暴和情绪化的，那么他采用顶撞的方式表达自己的情绪就不足为奇了。

学校是青少年社会化的重要场所，教师在施教过程中如果不顾及学生的心理感受，往往会加剧学生的反抗行为。当教师和学生站在对立面时，双方将无法做到互相理解，更无法缓解彼此的矛盾。

同伴是影响青少年行为和情绪表达的重要因素。青少年在择友过程中往往会选择兴趣爱好相近、行为倾向相同的同伴。当同伴的行为表现情绪化时，耳濡目染，自己的行为表现可能也会变得情绪化。

浮躁的社会环境与铺天盖地的舆论也是影响学生逆反心理的因素。新媒体的快速发展使得网络传播的信息良莠不齐。在一些不良信息的影响下，学生的观念、心态会受到严重影响。

情绪化加深了师生关系的隔阂

青春期的集体主义情感、爱国主义情感、个人自尊心和荣誉感都有着较快的发展。早在20世纪70年代就有"愤青"一词，形容思想偏激、情绪化、有极端言论和行为的青年。在现在的网络时代，也有"键盘侠"这类在网络上批判他人、道德绑架他人的群体。案例中，小吴虽不至此，但也有着一些情绪化、非理性化，以及拒绝妥协的特征。这类学生对教师教育本身持否定态度，使得教师教育工作非常难以开展。对于教师来说，学生的抬杠尤其容易引发自己的负面情绪。在面对这类学生时，教师无法用平常心对待，会导致师生之间的矛盾进一步加剧。

警惕学生寻求关注的刻意行为

值得注意的是，也有部分中学生为了获得成年人的关注而做出一些与其他同学相异的举动。他们可能不懂如何用恰当的方式获得成年人的喜欢，或者无法通过受成年人喜欢的方式获取关注，如提高学习成绩、展现个人才艺等。在束手无策的情况下，偶然发现特立独行可以获得关注，那么他们便会下意识地继续做那些在常人眼中特别的事。所以，也可以认为是教师或者其他成年人助长了他们养成特殊行为习惯。案例中的小吴是否属于寻求关注的学生，需要更多背景信息才能加以辨别。

调整自身对学生的态度

修炼自身是教师终身的功课。修炼的目的不仅仅是学识上的不断精进，更是心态上的日趋平和，直至在面对学生出现的问题时，只关注如何解决问题，而非将学生视为问题本身。如案例中的情况，教师可以将顶撞视为学生表现问题、寻求帮助的方式，而不是把小吴的行为看作对自己的不尊重。当教师能够调整态度，将学生视为一个发展的人，将学生出现的问题视为教师需要去解决问题的对象，那么，或许教师和学生之间的矛盾就不会被激化，也更有助于教师进一步寻找帮助学生解决问题的方法。在这个过程中，对于一部分想要获得关注的学生来说，当他发现他的特殊行为得不到想要的关注时，他的特殊行为可能就慢慢消失了。

通过其他学生增加了解

对于想法比较偏激，甚至对教师存在偏见的学生，直接与其沟通可能会遭到拒绝，这可能会增加教师的愤怒与不适。因此，教师可以通过同班同学侧面了解其内心的真实想法，或者听听同学们对其的评价，或许会发现其虽然表达偏激，但为人仗义，那也不失为一个优点。与周围人的交谈，能够帮助教师了解学生，从而将视线聚焦到学生需要改变的行为上，而非否定学生的全部。

举行班集体活动

一般而言，情绪化的学生思维方式也比较单一，可能执着于自己的观点，无法接受其他人的异议。对于中学生来说，思辨能力是必需的。教师可以通过举行班集体活动来锻炼和培养学生的思辨能力，比如举行辩论会，给正反双方一两周的时间准备辩题。在本案例中，教师可以邀请小吴选择持方，在辩论会上畅所欲言。事实上，哪怕不是辩手，只是作为观众参与其中，正反双方的观点碰撞也能够锻炼学生的思辨能力。

 6 家庭原因（单亲、贫困等）对学生成长造成负面影响，怎么办？

案例呈现

> 小安，女，七年级学生。小安性格内向，胆小，缺乏自信。班主任在进行家访后了解到，她的父母在她五年级时便离婚了。从那时起，她与母亲一同生活。然而，她的母亲由于健康状况不佳，无法保持稳定的工作和收入，常处于情绪低落状态。与此同时，她的父亲除了每月支付少量抚养费，与她们母女几乎没有联系。因此小安的家庭经济拮据，成长过程中未能获得足够的家庭支持，导致她缺乏安全感。

讨论分析

消极自我认知的形成

在本案例中，小安的家庭在经济支持方面明显不足，父母也未能给予其足够的关爱，因而家庭中缺少积极的氛围。这些都可能造成小安无法形成积极的自我认知。在青春期的同伴交往中，消极的自我认知可能加剧她在人际交往中的退缩表现。随着时间的推移，同伴对她的了解不足，她对同学和教师缺乏信任，因此在遇到困难时难以获得足够的支持。

家庭在青少年成长中扮演着至关重要的角色，不仅提供物质保障，还为精神成长提供支持。安全感、归属感以及自我认知最初的建立，都受到家庭的影响。像小安这样的情况，家庭的功能缺失的确会对青少年的成长产生显著的负面影响。

社会支持的构成和作用

然而，青少年的成长不只取决于某个因素，而是一个系统协同运作的结果，即社会支持系统。个人的社会支持系统是其在社会关系网络中从他人那里所能获得的物质和精神上的帮助和支持。青少年的社会支持系统相对简单，包括家庭成员，如父母和兄弟姐妹，学校中的同学和教师，以及社区中的邻居和朋友等。当然，还包括由陌生人组成的各种社会服务机构，比如110、120、119，以及各种青少年热线、社区青少年服务机构等。

然而，每个人从中获得的支持程度可能会有很大的差异。有些人在社会支持系统中感到安全与幸福，能够在遇到困难时得到及时而有效的帮助。而有些人由于各种原因在某些方面能获得的支持有限，因此在面对困境时可能感到孤立无援。

从社会支持系统的角度来看，尽管小安可能无法从家庭获得充分的支持，但通过加强她和学校教师、同伴的情感联系，提升支持力量，增强她自身成长能力，可以在一定程度上弥补她成长过程中的缺失。

辅导建议

针对家庭原因寻找对策

对孩子的成长产生负面影响的原因通常可以分为经济困难、家庭关系不和谐（如频繁争吵，甚至发生暴力事件）、不良家庭氛围（如离异、患病、丧失亲人等引发的消极情绪）。对于小安这种单亲家庭背景，经济压力和母亲的健康问题都可能影响她的发展。教师可以通过深入交流和家访，了解她对困难的看法，寻找改善的可能性，帮助她和家庭适应现实，并尽可能提供帮助。

非洲有一句谚语："养育一个孩子需要一个村庄。"教师可以整合社区、青少年保护办公室等多方资源，帮助学生及其家庭。例如，协助单亲家庭获得合理的抚养费、消除家庭暴力、确保学生完成九年义务教育等，甚至可以协助学生运用法律手段。对于家庭冲突和负面氛围，教师可建议家庭治疗，帮助家长认识问题对学生成长的影响，并积极寻求改善方法。只要家长有意愿改变并付诸行动，家庭治疗可显著改善情况。

家庭中有一些问题难以改变，比如离异、患病、经济拮据。在这种情况下，家庭成员，包括孩子需清醒地认识和接受现实。困境是生活的一部分，可能是绊脚石，也能成为往高处去的垫脚石。以积极的眼光看待困境，不让其束缚心智，不让其影响孩子的成长。

加强导师的关怀与辅导

全员导师制度为每一个学生提供成长伙伴。对于面临家庭困境的学生，在导师的选择上可以适当优待。导师可以是学生喜欢的班主任，可以是兴趣小组的教师，也可以是学生特别擅长或薄弱的学科任课教师或校领导，等等。应根据学生的性格、爱好、特长、心理状况等因素，以学生的成长为优先考虑条件，匹配最适合的导师；也可以匹配多位导师，通过导师小组联合备课，制订适合学生的发展计划。案例中的小安，如果能有一位可以倾听她、了解她，愿意走近她内心的导师，并在信任的关系中，了解她的学习状况，给予及时的辅导；了解她的优势特长和兴趣爱好，指导她进行生涯规划，给予她更好成长的力量，可能可以减少家庭困境对她成长的阻碍。

加强同伴关系

同伴关系对儿童青少年发展至关重要，影响心理归属感、社会能力和自我概念的形成。

班主任应增加家庭困难学生参与班级事务和活动的机会，不必非要让其担任班干部（担任班干部反而可能会增加他的压力），给其提供为同学服务的机会即可，比如负责每天关门关窗、维护班级植物角。这些大家都能看到的付出，可以提升其在集体中的存在感。教师还可以通过组织有针对性的班级活动，如读书交流会、家务比拼、"雏鹰假日小队"活动等，促进其和同学之间的互动，增强成就感。

通过心理咨询促进心理成长

对于家庭困难的学生，如果有意愿，教师可以通过心理咨询帮助他们整合自我认知，提升自信。

现在的学生对精神方面的追求往往高于对物质的追求。我是谁？我是个怎么样的人？我会成为一个怎样的人？我要怎么成为那样的人？学生在青春期阶段常常因为困惑于这些问题而影响了当下的学习与生活。帮助学生客观积极地认识自己，树立正确的人生观和价值观，制订合理目标，增强追求目标的信心和勇气，有助于减轻家庭问题对学生学习和生活的影响。

7 对于功利心特别强的学生，应该怎么引导？

案例呈现

> 小彬，男，七年级学生。小彬的性格呈现出明显的双面性。当事情与他的个人利益息息相关时，他会表现得极其积极主动，充满热情。例如，他会主动参与竞选班委、推选自己作为班级代表参加学校的演讲比赛等。然而，当事情和他的个人利益无关时，他就显得相对冷漠。例如，周五谁留下来打扫卫生，谁愿意给生病在家的同学送作业，等等。教师们普遍认为小彬具有很强的能力，但他功利心太重，可能会对他的成长造成不利影响。

讨论分析

结果导向的弊端

功利心强调对功名和物质利益的追求，通常被认为是一种不良的心态。尤其是在学生的成长过程中，过分追求结果可能会忽视过程对成长的重要作用。

一般来说，这样的心态来自家庭教育中潜移默化的影响。通过对小彬成长过程和家庭教养方式的深入了解，教师很可能会发现以下情况：家长对小彬从小的要求就是学习要考第一、学钢琴要通过等级考试、参加比赛要获奖，并以此为成功的标准，较少引导小彬思考那些过程中的感受和收获，更忽视了失败对成长的积极意义。家长把小彬的生活安排得十分紧凑。忙于追求成绩和荣誉，小彬很少有时间能闲下来去做"无用之事"。久而久之，他也就习惯于如提线木偶一般围绕着功利奔忙。另外，家长可能倾向功利主义，在和亲友同事交往中只考虑自己的利益得失，对身边事发表评论时往往站在利己主义的一端，那么在耳濡目染下，小彬必然会被这样的价值观影响，也陷入功利主义的泥沼。

功利心的双重性质

功利心不一定是孩子主动选择的，而可能受到成长环境的影响。教师需要看到这一点，理解并引导孩子。功利心也有其积极面。一方面，这种心态使小彬在追求目标时全力以赴，充满热情，甚至在面对困难时也会勇往直前——这是他可爱的一面。但另一方面，当事情与个人利益无关时，他可能显得自私自利，缺乏同情心——这是需要引导的地方。因此，教师不能将功利心一概而论，而应充分理解其中的复杂性，因材施教，引导学生发展积极的一面，同时弱化消极的一面。

辅导建议

引导体验分享善行带来的快乐

一般来说，在青春期之前，父母对孩子的价值观起到决定性影响。进入青春期之后，同伴关系日益重要，有利于教师顺势引导学生对功利的价值观进行调整。

功利主义是以结果为导向的思考模式。当教师引导学生重述事件时，强调过程中的自我感受，引导学生回忆对方的表现，进行换位思考，重新计量得失，就是以过程为导向的思考模式。

比如在本案例中，教师可以先引导小彬看到自己在达成目标的过程中，还有哪些收获。例如，团队获胜时，团体凝聚力的上升；代表班级获奖时，来自同伴的赞扬。当他意识到这些也是自己的收获后，再引导他尝试一些与人为善的小事，例如，帮腿受伤的同学交作业本、代请假的同学打扫卫生，并及时和他交流助人带来的快乐感受，给予及时的肯定。最后，鼓励他尝试不确定自己能否达成的事情，引导他从享受过程的角度去看待问题。

建立多元评价体系

只重视学习结果的评价机制容易培养学生的功利心态。如果教师可以改变评价机制，就能从根源上起到引导作用。

教师常常表扬学习优秀的学生和学习进步的学生。然而，除了学习成绩，教师是不是还应该表扬默默为班级做贡献的学生，表扬班级表演的幕后团队，表扬特别关心伙伴的暖心学生……这种表扬，可以是在班级日常考评中予以加分，可以是教师的口头表扬，也可以是学期末的奖状。

班级的评价机制是学生行为的风向标和指挥棒。当坚持落实多元评价体系时，教师将不仅仅关注成绩，也重视团队合作、协助他人等非功利行为，为学生提供不同角度的认可和激励。这可以引导学生更全面地发展，不仅关注个人利益，还注重集体和社会的利益。

加强家庭教育指导

很多家长也许并没有意识到，是家庭教育中的某些不足造成了孩子功利心过强的问题。有的家长自己并不是一个功利的人，而只是把家庭当成了完全自由放松的港湾，忽略了自己随意、偏颇的言论对孩子价值观的影响。帮助家长发现问题，主动改善家庭环境，是教师进行家庭教育指导的目标。

需要强调的是，教师不能站在家长的对立面一味地指责，而是要在理解家长初衷的基础上获得家长的信任、达成与家长的协作。教师既要指出家长在教育中的缺失，也要肯定家长对孩子的用心，肯定孩子的优点，在家校合作的前提下，一起探讨对孩子更好的教育方式。

8 学生总是撒谎，做错事不肯承认，怎么办？

案例呈现

> 小诚，男，八年级学生。小诚性格外向，叛逆倾向明显，学业相对困难，与家长的关系紧张，但与同伴的关系正常。自六年级起，小诚的不良行为逐渐增多，严重程度不断升级，包括球场纠纷引起的打架、抄作业或不交作业、偷拿同学东西等。然而，无论何时被质问，他总是用各种借口和撒谎来逃避承认错误，甚至在有人证或监控的情况下仍不肯坦承。为此，班主任多次与家长沟通。小诚的父亲总是毫不犹豫地动手打他，还威胁他如若再犯将受到更严厉的惩罚。然而，他撒谎的行为并没有改变。

讨论分析

趋利避害的本能

趋利避害是生物的本能。趋利使生物习得更强的生存能力，避害使得个体生命得以延续，趋利避害也是生物不断进化的保证。当人们面对困境和挑战的时候，受趋利避害的本能驱使，人们会选择利益最大化或避免损害的行为。小诚总是撒谎，可能是因为撒谎可以给他带来益处。

撒谎给小诚带来的益处是什么？这是教师首先要思考的问题。

同伴压力

处于青春期的学生在同伴的压力下，会选择成为群体中的一员。一方面，如果诚实会让自己与群体利益背道而驰，那么他可能会选择撒谎。例如，在教师调查群体性作弊事件的时候，常常会有学生因为不愿意说出同伴的问题而选择包庇、隐瞒。另一方面，为了让自己在同学面前更有存在感和成就感，有些学生也可能选择撒谎，如谎称自己的父母是公司高管或飞行员等。

严苛的家庭教育

在家庭亲子互动中，孩子反复撒谎，不愿意承认自己做了错事，可能是因为孩子曾因为犯错而受到极为严厉的惩罚，也可能是因为曾经有过通过撒谎而侥幸躲过惩罚的经历。这两种情况都会强化孩子犯错误时反复撒谎的行为，最终变成不到万不得已，绝不承认自己的错误。因为承认错误，迎接他的必然是躲不过的"狂风骤雨"；不承认撒谎，也许还有躲过惩罚的机会。

性格

有些性格较为内向软弱的孩子，在遇到问题时会习惯性退缩。对他们来说，撒谎是一种防御性的条件反射。当面对来自外界的威胁时，如教师的批评，他们会习惯性地否定。他们撒谎的内容没有经过精心组织，通常很容易被识破。

辅导建议

加强家庭教育指导

学生习惯性撒谎，多是由于家庭教育过于严苛造成的。家长的专制、严厉往往是孩子谎言的温床。当孩子出现撒谎等情况时，家长需要正视问题。

在本案例中，当小诚出现问题时，家长过于严厉，动辄打骂。小诚见着家长唯恐避之不及，一定是有问题的。小诚自然会想通过撒谎来逃避一顿"皮肉之苦"。家长要营造一个民主、和谐的家庭氛围，让孩子敢说真话。有时即使孩子做错了事，只要及时承认，家长就不应打骂。孩子犯错也是在所难免的。有些家长往往也是谎话连篇，孩子受其影响，习惯性说谎。我国古代"曾参杀猪"的故事是家长学习的楷模。

当教师向家长提出调整教育方法的建议时，家长往往是知易行难。不少家长说过这样的话："我知道这样的教育方法不好。如果打孩子有用的话，孩子早就改好了。但是我就是忍不住，这孩子太让人生气了！"这样的家长，通常也是在动辄打骂的家庭教育方式下长大的，不知不觉中，自己也对孩子采用了这种教育方式。

如何对这样的家长进行家庭教育指导？一是直接教给家长方法，或者建议家长买本亲子沟通方面的图书来看，同时建议家长参加家庭治疗。这个方法的效果因人而异，对于亲子交流困难较大，特别是家长自我改变意愿不强的家庭来说可能没什么效果。二是利用家长会进行家庭教育方法交流分享。在家长会上，除了跟家长谈学习、谈升学，也可以组织家长交流，如请班级里个性鲜明孩子的家长分享在亲子沟通方面值得大家借鉴的方式方法。三是利用家长沙龙进行家庭教育方法的指导和实操。家长沙龙，一般由学校专职心理教师主持，利用节假日或其他家长空闲时间，将少数有类似亲子交流困惑的家长组织起来，通过以团体辅导为主的方式，帮助家长理解孩子，提升亲子沟通能力。目前不少学校已经进行家长沙龙的尝试，取得了不错的成效。

表现班级群体期待

很多时候大家会发现，一位班主任带班时间久了，班级里的学生会在某些方面表现出同其一样的特质。这可能就是班主任的影响力，是班主任在班级文化建设和学生价值引领方面发挥的重要作用。

班主任在班级里倡导什么？是成绩至上、获奖至上，还是从立德树人的角度去培养人之根本？诚实、有责任意识、助人为乐的学生能否常在班级里获得肯定？对于犯了错误的学生，班主任能否在评价的时候对事不对人，客观地批评其错误；同时看到和肯定其优点，并且真心相信其能改正？有时，教师会听到学生们说："老师已经放弃XX了。"这句话可能不是教师说的，但是教师的言行举止已经传递给班级学生其内心态度。如果教师不接纳，同学们不接纳，那么像小诚这样撒谎的孩子怎么能有勇气承认错误呢？当教师表现出真诚的接纳与信任，班级群体表现出期待，那么即使犯了错误，学生也一定能获得改正的勇气。

9 学生觉得自己受到教师的不公平对待，怎么办？

案例呈现

> 小董，女，九年级学生。小董性格敏感，情绪不稳定，总成绩中等，但数学成绩较差。她自从进了初中以来，就对数学教师不满，认为数学教师对她非常严厉，作业上只要有一点错误就会把她叫到办公室，甚至在课堂上公开批评她。这让她感到尴尬和委屈，同时认为自己受到了不公平对待。这些经历导致她不愿意在数学上花费更多时间，也不愿意主动向数学教师请教问题。

讨论分析

追求公平的本能

人天生希望在社会中得到公平和正义对待。公平对于社会的稳定和合作至关重要。尽管人们追求公平，但现实世界中并没有绝对的公平。这需要人们在追求公平的过程中，学会适应和调整，以更好地适应社会的复杂性。

青春期的心理变化

青春期是自我同一性发展的关键时期，也是世界观和价值观形成的关键时期。青少年开始思考社会现象，有时可能会片面地看待问题——只看到自己认为的真理和事实的部分，而忽略了事物的整体及其他部分。正因为如此，当小董觉得自己受到了不公平对待时，便会寻找很多细节来佐证这一想法。青少年重视作为个体的感受，是独立意识萌芽的表明，也是心理成熟必经的阶段。

此外，和10年前相比，现在学生的心理需求已经有了很大的变化。他们更加敏感，对精神和情感方面的需求也更多。教师应当主动适应这样的变化，因材施教。小董性格敏感，情绪不稳定，数学又是她的薄弱学科，教师在数学学习上对她一味地严格要求，似乎并没有起到良好的效果。归根结底，就是教师没有找到合适的沟通方式。

辅导建议

倾听疏解情绪

情绪是一个人的主观感受和能量流动,本身没有对错、好坏之分。每种情绪都有产生的合理原因,也都有积极的意义。

小董认为自己受到数学教师的不公平对待,而且这种想法从六年级就开始了,积压了好几年,她的内心一定有很多不解和委屈,甚至愤怒。这种情绪直接影响了她的数学学习。尽管数学教师觉得自己并没有区别对待小董,但是小董的情绪是真实的,所导致的一系列反应也是真实的。

对小董的辅导,首要的是让她感觉被理解、被接纳。教师应给小董倾诉的机会,不批评,不打断,不解释。小董的表达也许偏颇,也许固执,教师在倾听的时候必须克制自己,不去教育她,而是牢记建立良好关系的目标。教师可以不完全认同小董的观点,但要理解她的情绪,了解她因这种情绪而产生的其他不良反应。

寻找例外

在小董感觉被充分理解和接纳,并与教师建立了良好的信任关系的前提下,教师应引导她改变关注的焦点,引导她思考:数学教师有没有过在你做得好的时候表扬你,在你解不出题目的时候帮助你?如果有的话,是不是说明数学教师并非不喜欢你,也有发现你的优点和帮助你的时候;再想一想,数学教师是不是像对你一样严格地对其他人,比如对小安也会当面批评,对小斌也会把他叫到办公室里去订正?如果是这样,是不是说明数学教师并非一味地针对你,对其他同学也是同样的严厉和高要求。

需要强调的是,必须在师生建立了信任的关系,学生觉得教师是懂他/她的基础上,才能走到引导教育这一步。而且在引导教育的时候,教师一定要让学生感受到自己是和他一起面对问题的,是真心想帮助他/她解决问题的。

鼓励及时沟通

教师在帮助学生解决了眼前的问题之后,还要教其今后怎么应对类似的状况,也就是当在人际交往中对对方的态度、行为方式有不理解时,可以怎么做。案例中的小董感受到不公多年,却没有采取任何行动,是不可取的。教师可以鼓励学生及时沟通,在有不同想法时用适当的方式在适当的时间表达出来,可以面对面说,可以写信,也可以找双方互相认可的中间人转达。及时沟通可以减少不必要的精神内耗。即使存在当下无法解决的问题，也可以通过沟通及时了解状况，以便寻找新的途径。

曾经有一名学生认为生活教师处处针对自己，心里默默恨了生活教师很久，终于有一天和生活教师发生了言语冲突。学生在冷静下来后，与教师进行了心平气和的沟通。原来，生活教师认为他是本学期新住宿的学生，想通过多关注帮助他迅速养成良好的生活习惯。学生在道歉之后，也当面给教师提出了一些沟通上的建议。从此，双方握手言和。教师可以给学生举一些类似的案例，帮助他们理解及时沟通的重要性，同时帮助学生演练如何与教师进行面对面的沟通，还可以临时充当学生和相关教师的沟通纽带。

10 学生行为特别以自我为中心，不考虑别人的感受，怎么办？

案例呈现

> 小恩，女，八年级学生。小恩的学习成绩很好，同伴关系一般。同学们觉得尽管她很优秀，但太以自我为中心了。比如，上课时教师给出难题，她总是不管不顾地直接说出答案，完全不给同学留下思考的时间。再如，周五同学们轮流打扫教室卫生，经常遇上同学临时有事，需要找人帮忙值日的情况，而她从来都不愿意帮忙。大家对她意见越来越大，以致这次竞选中队委员小恩没能连任。她很难过，也很不理解，认为自己没有妨碍任何人，却不受大家喜欢。

讨论分析

什么是以自我为中心

以自我为中心的人，凡事都把满足自己的欲望放在第一位，不考虑他人的需求和感受，不愿为他人或集体付出任何心力。案例中的小恩总是从个人利益出发，要求集体尊重她、照顾她，从不因集体利益适当放弃个人利益，这样的人往往在集体中难以获得他人的认可。

以自我为中心的利弊

从另一个角度来看，以自我为中心的人，能时刻觉察自己的需求和感受，并想方设法地实现自己的需求。相较于那些在人际交往中忽视自己的感受和需求，为满足他人期待而忙碌，并且隐忍自己的委屈和不满的人来说，以自我为中心的人内心成长的动能更强。只是他们会因为关注点过于集中于自身，而忽略了周围人的感受，同时忽略了自己对人际互动中对方的积极反馈的需求。

然而在一些时候，特别是青少年时期，他们会因为以自我为中心的价值观与内心对友善、和谐的同伴关系的需要相冲突而烦恼。这也是教师教育、引导的关键点。

教师面对小恩这样的学生，要用辩证和发展的眼光来看，不能在一开始就认定了她本性的自私自利、不可改变。学生的内心成长多是一个曲折上升的过程，需要教师持续关注，不断帮助学生思考、成长，直至成熟。这是教师的职责和使命。

辅导建议

了解学生的期待

案例中的小恩一直遵循以自我为中心的做事原则，致使她连任中队委员的愿望落空，她因此感到难过和委屈。这正是教育的契机。学生内心的变化成长，总是由内而外——内心的想法先发生改变，而后有了行为的改变。理解她的难过，理解她的委屈，建立良好的师生关系，辅导才可以开始。

"你喜欢的班级是什么样的？""你喜欢的同学是什么样的？""你在遇到困难的时候希望同学怎么做？""你有没有得到过同学的帮助？那时候是什么感受？"……了解学生对班级氛围、人际交往方面的期待。在这个阶段，教师应不批评、不指责，而是鼓励和肯定她的想法，还可以和她一起畅想。

进行班级文化建设

教师可以通过主题班会的形式，在全班范围内进行讨论，设立班级文化建设目标，并通过相应的班级特色活动，持续性地进行班级文化建设，营造班级和谐互助的氛围。

青少年因为对同伴关系的重视、对归属感的需求，会对他们热爱的群体产生集体意识，而处于集体中的人行为会趋同。因此，一个优秀的班集体对于学生的成长有着极其重要的影响。教师要充分运用这一特点，通过班级文化建设来影响学生、培养学生。

调整学生认知

在了解了小恩对班级和人际关系的期待之后，教师可以通过以下问题："你希望班级氛围是和谐温馨的，那么你可以为班级做些什么？""你希望朋友可以在你遇到困难的时候施以援手，那么在朋友有难的时候，你可以怎么做？"引导她思考自己的行事方式是否符合自己对同学和集体的期待，再针对大家对小恩的不满之处，引导她进行反思。例如："课堂上老师出的题目，很多同学希望可以自己动脑筋想出答案，你是不是可以等一等大家？""打扫卫生的同学有事请假，你是否方便留得晚一点，代替他打扫卫生，保证班级卫生评比不扣分？"……

当然，可能学生并不能马上有所转变。教师要接纳学生的多元和不同。不过，教师要和学生约定底线：作为集体的一员，不主动损害他人利益。

或许将来某个不经意的时刻，教师又会遇到全新的教育契机。教师应始终抱着接纳、欣赏每一名学生的态度，静待花开。

及时肯定学生

如果学生的想法开始转变，慢慢在行动上有了变化，教师一定要及时发现，及时肯定，强化学生好的行为。但是要注意的是，像小恩这样的学生，可能已经给同伴留下了比较自私的印象，大家对于她的尝试改变不敏感，甚至不接纳。这时候教师要主动关注，及时帮助她获得同伴的理解和接纳。例如，给她安排一些为大家服务的小岗位，让大家有更多机会看到她的改变。

11 学生过于敏感，怎么办？

案例呈现

小英，女，九年级学生。小英的座位在教室最后一排。一天，英语教师发课堂练习纸时少发了一张，后又补发了一张，从前排往后传。小英没有注意到这一情况，等了半天才等到前排的小鸣将练习纸传到她手上。小英很生气，心想："他一定是故意不给，想让我着急的。"下课时，小鸣和好朋友一起聊天，并时不时看一眼小英的方向，说说笑笑。小英看着他们，心里觉得非常不舒服："他们一定是在笑我！"上课前，小鸣回到自己的座位上时，不小心把小英桌上的练习册碰到了地上。小鸣弯下腰正准备捡起来，小英突然站起来，很生气地朝小鸣喊道："你有病啊！"

讨论分析

青春期发育加剧了青少年的负性情绪

情绪易感性是指在进行认知活动过程中，人们受到情绪影响的程度，也可以认为是个体感知情绪的能力。情绪易感性是普遍存在、稳定存在的情绪活动，既有一般性，同时也有个体差异性。研究结果表明，女性的负性情感易感性高于男性，也就是说，女性更容易受生活事件的影响而产生负性情绪，即使这些突发事件不带任何情绪色彩，也会引起女性更多的关注[1]。青春期发育对青少年情绪易感性的影响研究表明，青春期发育降低了青少年对正向刺激的情绪易感性，也就是说，青少年更不容易感受到快乐等积极情绪，同时，青春期发育显著增加了女生群体的负性情绪易感性[2]。因此，对于青少年

---

[1] 袁加锦，龙泉杉，张丹丹.男性vs女性：情绪易感性的女性优势与负性情绪调节的男性优势[C].//中国心理学会.第二十一届全国心理学学术会议摘要集.2018：864-865.

[2] 张蜀.青春期发育对青少年情绪易感性的影响[D].重庆：西南大学，2017.

来说，青春期发育的特殊阶段加剧了他们的负性情绪，使其更容易产生负面认知。案例中的小英就是这样，她明显更容易在一些在别人看来是小事的事情上产生负面情绪，即使平时她没有将其表现出来，但是负性情绪积压久了也会爆发。此时她身边的同学便很容易觉得她的脾气发得莫名其妙。

影响情绪的不是事件而是对事件的认知

美国心理学家埃利斯（Albert Ellis）提出的情绪ABC理论认为：激发事件A（activating event）只是引发情绪和行为后果C（consequence）的间接原因，而引发C的直接原因则是个体对激发事件A的认知和评价而产生的信念B（belief）。也就是说，引发情绪和行为的不是事件，而是个体对它的认知和评价所产生的信念。很多情绪困扰都产生于人们的一些不合理信念，这些不合理的信念有以下3种特征。

（1）绝对化的要求

绝对化的要求，是指人们认定某些事情必然发生或者不发生的想法，比如"我必须考第一""他们对我好是应该的"，等等。很显然，绝对化的要求未必一定实现，而当其无法实现时，拥有这一不合理信念的人们就会难以接受这一结果，从而陷入情绪困扰之中。

（2）过分概括的评价

过分概括的评价，是指人们以偏概全的不合理评价，比如"他总是迟到""班级里的同学都不喜欢我"，而事实上，"他"可能只是曾经迟到过，或者只是班级里有某几名同学表现出了对"我"的排斥。也有人会将过分概括的评价用在自己身上，比如经历了一次失败后就认为自己一无是处。拥有这些不合理信念的人，过分地关注和扩大了事件的负面影响，从而导致了自己的情绪困扰。

（3）糟糕至极的结果

糟糕至极的结果，是指人们认为"如果一件不好的事情发生，那将会糟糕至极"的想法，比如"我没考到第一名，我就完了""我被批评了，老师再也不会喜欢我"，等等。拥有这样信念的人一旦遭遇挫折，就会将结果想得糟糕至极，甚至对生活失去希望，一蹶不振。

因此，埃利斯提出了基于情绪ABC理论的合理情绪疗法，目的在于帮助来访者用合理的信念取代不合理的信念。针对案例中小英的情况，教师可以尝试帮助小英分析自己对于事件的信念，引导她改变自己的不合理信念，从而使她对事件产生新的理解，纾解自己的负性情绪。

辅导建议

教授自我觉察方法

当学生之间产生矛盾时，解决矛盾的方法往往因人而异。教师能关注到的一般是外显在行为上的矛盾，或者学生主动告知的矛盾。教师无法时刻关注所有学生之间相处的细节，也无法了解所有学生心理上的不适，因为矛盾与心理上的不适是非常隐蔽的。正如案例中小英的情况，在她的情绪没有爆发之前，他人很难察觉到她的负性情绪。因此，教师可以教授学生在遇到困扰时，及时用适当的方式表达——可以与班级心理委员、班长谈心，或者直接向教师倾诉。如果负性情绪始终被压抑，则易在积累至一定程度后爆发，最终使人对内攻击或对外攻击，导致无法预料的后果。

引导关注积极事件

情绪易感性强的学生，如案例中的小英，对负性事件较为敏感，容易产生负面情绪，甚至对于一些他人认为并无负面因素的事件，他们也会有自己的负性解读。教师无法强行改变他们理解事物的角度，却可以引导他们发现身边积极的生活事件与细节，强化他们对积极事件与积极情绪的感知，以避免始终关注负性事件。比如，学生A认为学生B总是欺负自己，但事实上，学生B并没有这么做。面对这种情况，教师可以主动在学生B对学生A做了一件对其有益的事情时直接提醒："你看，他帮你……他对你挺好的吧。"这同时也是教师在培养、提高学生对积极情绪的易感性。

引导改变不合理信念

如果教师和学生沟通后，发现学生存在一些不合理信念时，可以在和学生建立了良好的师生关系的前提下，与其进行深入的交流，让学生能够识别自己的不合理信念。比如，有学生认为"班级里的男生都不喜欢我"，那么教师可请她举例，具体有哪些男生。当她尝试列举后会发现，她所谓的"都"只包括了班级里的个别男生，大部分男生平时与她的交集并不多。如此，教师通过事实的"对质"或者想法的"辩论"，让学生发现自己信念的不合理之处，从而用合理的信念替代不合理的信念。

12 异性学生交往过密,怎么办?

案例呈现

> 小艾(女)和小北(男),都是八年级的学生。最近,不少教师向其班主任反映两人互动有些频繁。班主任也经常看到两人放学后一起回家。一天课间,班主任在经过教室时,看到小北从背后抱住小艾,并抢她手中的练习册。班主任站在门口,敲了敲门,小北立刻松手,和小艾满脸紧张地看着班主任。

讨论分析

青春期是发展异性交往能力的重要时期

进入初中阶段,几乎每名班主任都听说过或处理过班级中的恋爱现象。小艾和小北是八年级学生,正处于异性吸引期。过去,人们常常将青少年的恋爱行为定义为"早恋"。随着时代的发展,越来越多的教育工作者认识到,"早恋"是对学生异性交往的批判式表达,漠视了青少年对异性交往的需要,妨碍了教育工作者对青少年心理发展需求的理解,加大了教育工作者与青少年之间的嫌隙。

青春期是儿童逐渐发育成为成年人的过渡时期。青春期是人体迅速生长发育的关键时期,也是继婴儿期后,人生第二个生长发育的高峰期。在这一时期,以性成熟为主要内容的生理成长,对青少年的心理及社会交往方面有着重大的影响。他们会关注异性、渴望与异性交往,并可能对异性产生"爱慕"之情,因此,这也是他们发展异性交往能力的契机,还可以为日后获得成熟的爱情奠定基础。

青春期异性交往一般会经历以下几个阶段。

(1) 异性疏远期

这时期,因为朦胧地意识到两性差别而在异性交往中显得拘束,异性之间彼此疏远。

（2）异性吸引期

这时期，对异性产生好感，愿意在异性面前展现自己的才华，希望吸引异性的注意。

（3）异性眷恋期

这时期，对群体异性的好感逐渐转向对个别异性的依恋，然而这并非所谓的"爱"。

（4）爱情尝试期

这时期，青少年逐步突破自我封闭的心理屏障，开始尝试追求异性，与异性发展有选择的、专一的恋爱关系。

因此，中学生在与异性同伴交往的过程中开始进一步发展和丰富自身的情绪情感体验，能够锻炼自身关于"爱"的能力。

青少年异性交往能够增强其社会交往能力

已有丰富的研究表明，青少年在健康的异性交往中能够增强社会交往能力，主要表现在：青少年可以在与异性同伴的交往过程中形成自我概念，促进自我同一性的发展；良好的异性同伴关系能够促进青少年稳定情绪的形成；具有良好异性同伴关系的青少年容易表现出友好、谦虚的品质和低焦虑的心态，更容易顺利适应环境①。因此，对于案例中小艾和小北的情况，教师也可以以发展的眼光来看待，引导他们发挥自身的社交技能，与同伴建立良好的交往关系。

了解学生异性交往关系有助于把握学生群体的普遍心理

能够引发吸引和喜欢的因素包括：

（1）身体魅力

无论在何种文化背景下，不可否认的是，具有外在魅力的人总能吸引到更多人的关注与喜欢。这在青少年群体中也有所体现，长得比较漂亮或者帅气的学生通常较受欢迎。

（2）相似性

在对于事件的情感、态度和价值观等方面的相似性往往能够促进友谊，因为发现与自己相似的人能够让青少年感受到一种"被肯定"。

（3）互惠

人们通常倾向于喜欢那些喜欢自己的人，对于那些给自己"喜欢"的人，人们通常

---

① 韩欣彤.初中生异性交往心理问题的调查及干预研究［D］.济南：山东师范大学，2012.

也回报以"喜欢"①。

对于本案例中的小艾和小北来说，他们身上一定有着吸引对方的特质。教师可以通过与小艾和小北的个别谈话，了解他们彼此产生好感的原因，以此增进对中学生群体普遍心理与个性现状的把握。

辅导建议

"棒打鸳鸯"不可取

"棒打鸳鸯"是对存在异性交往过密行为的学生施加的非常直接的干预手段，旨在通过思想教育等方式，让学生意识到恋爱关系将对他们造成负面影响，从而制止学生发展恋爱关系。然而，处于青春期的学生情绪情感发育尚未完全，情绪易激惹，也易冲动，教师或家长的制止，反而会激发青少年内心的"叛逆因子"，造成师生关系、亲子关系紧张。同时，"棒打鸳鸯"也反映出教师或家长对于学生异性交往的焦虑，以及担心无法掌控学生异性交往导致的负面影响而产生的教育压力。因此在教育引导学生之前，教师应自我觉察对学生发展亲密关系的态度，正视学生的异性交往需要。

肯定发现美的眼睛

根据引发吸引的因素，人们可以发现，异性之间之所以相互吸引，是因为对方具有自己欣赏的特质，双方满足了彼此的情感需要。也就是说，教师可以通过学生的异性交往，看到他们彼此欣赏的特质是什么，了解他们的情感需要。因此，在引导教育学生的过程中，教师可以尝试先肯定他们发现美的眼睛，并进一步了解在他们眼中，彼此最有吸引力的闪光点，以此让学生更多发现、更加了解自己的优点和长处，从而拉近与学生的关系。针对本案例的情况，教师可以分别找小艾和小北聊一聊，站在朋友的角度了解他们关系发展的起因、经过，了解他们目前所处的交往阶段，发现他们身上值得肯定的优势。学生通常非常愿意与能够理解他们的人进行交流。当教师能够设身处地地与他们谈论这些时，他们也更容易接受教师对此提出的意见和建议。

鼓励在集体中的自然的异性交往

异性交往是青少年在成长过程中重要的人际交往实践与体验。在本案例中，教师可以适当创设各种同伴交往的情境，帮助班级学生在集体中自然地获得异性交往体验。比

---

① 格里格，津巴多.心理学与生活（第16版）[M].王垒，王甦，等，译.北京：人民邮电出版社，2003：502-503.

如，组织班级集体参加的社会实践活动，或者让学生以男女混搭成组的形式完成任务，或者引导学生积极参与学校文体活动等。通过自然地在集体中体验异性交往，并在此过程中发现其他同学的闪光点，学生可能会从不同交往对象身上体验到不同的感受，从而正视同学之间的异性交往并非只有发展亲密关系这一种可能。

引导增强家庭的情感支持

部分青少年出现异性交往过密行为，是家庭原因造成的，比如家长角色缺失，或者家庭教育方式简单粗暴等。这让他们对异性同伴的关心和呵护非常珍视。在本案例中，教师可以通过家校沟通，提醒家长给予青少年足够的关心、关爱，让青少年在家庭中拥有安全感、归属感。同时，教师可以从生涯发展的角度出发，通过班会课等形式让学生有目标、有信心、有行动，激发其对成为更好的自己的向往。这样有助于减少其对异性过密交往的心理依赖。

明确异性交往底线

虽然青少年异性交往大部分是以思想交流、情感依恋为主，但鉴于现今信息获取途径丰富，青少年可以非常轻易地获取性知识。同时他们对性抱有好奇心，因此在青少年异性交往中也存在个别尝试性行为的可能，而过早地接触性行为将会对青少年的身心成长造成巨大的影响。面对案例中的情况，如果确实发现小艾与小北交往过密，教师有必要及时向他们明确异性交往底线，加强他们的自我保护意识，强调自制力的培养，并提醒他们知晓校纪校规对于相关情况的处罚措施。如此，一方面，能够起到预防学生过度亲近行为的发生；另一方面，也可以帮助学生提前做好心理建设，尽量避免学校处罚对当事学生造成的重大心理伤害。

13 班级中盛行"组CP"的话题，怎么办？

案例呈现

> 小丽（女）和小向（男），都是六年级新生。他们自小学起便是同班同学，升入中学后，依旧被分到同一班级，并被安排在一前一后相邻而坐。下课后，他们常常一起讨论问题；放学时，他们往往也一起回家。渐渐地，同学们开始把他们"凑"成了一对情侣组合，还起了一个"CP"名叫"理想CP"。小向和小丽为了不让传言愈演愈烈，开始渐渐疏远。慢慢地，同学们将目光转移到了其他同学身上——今天给小可和小乐取名叫"可乐CP"，明天给小董和小妮起名叫"懂你CP"，一时间，"组CP"话题在班级中盛行。

讨论分析

"组CP"并不一定是真"CP"

"CP"一词是英文单词"coupling"的缩写，诞生于日本的动画、漫画、游戏、小说等，是指作品中存在恋爱关系的角色配对。之后"CP"的概念不断延展，也从虚拟作品走向了现实生活，任何产生了亲密联系的同性或异性两人，都可以被组为一对"CP"，各类主流媒体也会用"CP"来指代情侣、夫妇或者其他想要表现出双方有着亲密的关系的对象。比如，"央视新闻"曾在马克思200周年诞辰时，介绍马克思和恩格斯为"超级CP"，人民网曾称"119"和"120"为"蓝白CP"，等等。然而，学生"组CP"的情况又和网络中的有所不同，一般是把关系看似亲密的两名同学组合在一起，甚至仅仅因为一些凭空捏造的原因将同学两人组合在一起，往往缺少事实依据。正如案例中所呈现的，班级同学喜欢给其他同学"组CP"，并不说明被"组CP"的学生确实存在交往过密的情况，反而会使正常的异性交往出于"避嫌"的原因而遭到破坏。

"组CP"是异性交往需求的侧面反映

中学生在异性交往方面的需求未必是以谈恋爱为目的的。异性交往是他们同伴交往的组成部分，但是碍于一些传统的观念以及青春期心理发展的特点，大部分学生还是以同性交往为主，但他们在异性交往方面的需求随着年龄的增长与日俱增。所以，当班级中出现异性关系亲近的学生时，其他学生隐秘的需求可能会由此被激发，正如案例所述，班级同学带着好奇与兴奋，通过"组CP"的方式，将自己对异性交往的需求投射在他人身上。

"组CP"的盛行可能是社会影响和从众的结果

一项调查显示，追星群体呈现低龄化特征：42.2%的中学生自小学起开始追星生活，52%中学生的追星时间在3年以上；60%以上的中学生会通过网站、社交平台等评论区声援和"打榜"投票支持自己的偶像[1]。"组CP"是从虚拟社会走向现实社会的概念，它在班级里的盛行与学生受网络文化、追星文化的影响密不可分。

同时，"组CP"的盛行也可能和从众心理有关。由于"组CP"话题较为容易激起青少年群体的兴奋情绪，因此，当一部分学生发现谈论这一话题能够获得关注时，可能会愈加积极地带动讨论；而另一部分学生出于从众心理，也开始参与"组CP"的话题讨论，最终导致这种话题在班级里的盛行。

因此，案例中出现的"组CP"情况可能只会在班级里存在一时，而且参与"组CP"话题讨论的学生大多性格较为调皮，或者在班级里的影响力较大。教师可以关注并引导这些学生理解"组CP"带来的负面影响，从而减少"组CP"情况的发生。

辅 导 建 议

了解班级学生异性交往现状

当班级出现"组CP"的情况时，可能被"组CP"的学生两人确实存在恋爱关系，也可能他们只是被班级同学配对。就如案例所述，小丽和小向只因从小认识而被同班同学的"八卦"配成了一对。教师首先要做的就是了解班级学生异性交往的现状，哪些确有其事，哪些子虚乌有。针对"确有其事"的配对，教师需要依据"异性交往是否过密"的实际情况进行跟进辅导；针对"子虚乌有"的配对，教师需要进一步了解被"组CP"学生和"组CP"学生的心理状态，针对不同的情况加以引导。

---

[1] 《半月谈》.青少年追星调查：警惕饭圈思维侵蚀主流价值观[J].中小学德育，2020（7）：77.

关注班级学生的情绪变化

被因凭空捏造的原因而"组CP"的很大一部分学生往往会在被"组CP"的过程中感到尴尬、难堪和不知所措,甚至其正常的异性交往与日常学习状态也会受到严重影响。教师需要及时关注,了解学生受影响的情况,并加以疏导,帮助学生纾解不安的情绪。对于确实发展了较为亲密的异性交往关系的被"组CP"学生,教师同样需要了解班级舆论氛围带给他们的压力,同时引导其明确认知异性交往的界限。

另外,在班级中某种"潮流"出现的背后,一般会有一个或几个"发起人",而后将会出现一群"追随者",因此,了解"发起人"的动机非常重要。然而在很多情况下,学生可能也并不能说明自己给其他同学"组CP"的原因,大多数的回复就是"好玩"。"组CP"被他们视为一种娱乐、消遣的方式,因此他们乐此不疲,大多没有恶意。在了解学生的动机后,教师需要引导他们知晓自己在班级中的"组CP"行为对当事人的困扰与影响,并提醒他们进行换位思考,使其意识到这并不是一件好玩的事情。当然,这个过程并不是一蹴而就的,教师可能需要反复与学生沟通,以了解情况、作合理引导,甚至教师的关注也会引起学生的兴奋,此时教师需要发挥把握教育学生的"度"的智慧。

开展异性交往主题活动

引导营造学生之间互相尊重、体谅的班级氛围,教导学生知晓健康的异性交往方式,有助于遏制班级里"组CP"风气的盛行。当异性交往在学生认知中变得正常化、在校园生活里成为常态化时,"组CP"给学生带来的兴奋感也将相对减弱。因此,在案例中,教师可以在班会课上举例有着榜样示范作用的异性交往行为。比如,异性同伴常常在学业上互相帮助,男生帮女生科代表搬作业本,女生教男生订正作业,等等。教师不一定要把"组CP"当成一件非常严肃的事情来处理,可以在与学生日常的互动中让其感受到"这并不是一件多好玩的事情""这也不是一件让大家都很开心的事情"或者"异性交往是件很正常的事情"。

14 严重身体疾病造成了学生有心理行为问题，怎么办？

案例呈现

> 小米，男，七年级学生。因患心脏疾病做过多次手术，小米在出院返校后拒绝与班级同学交往，拒绝参加任何娱乐活动，认为自己生活的全部不过就是"等待死亡的宣判"，还故意露出胸口的伤疤给关心他的同学看，想要吓退他们。不久，同学们就传言"小米好可怕"。小米听后进一步拉开了自己与同学们的社交距离。

讨论分析

学校需对学生身体状况进行摸排了解

在学校中可能存在学生由于身体疾病需要学校给予特别保护的情况。与随班就读学生类似，案例中小米的行为比较外显，学校较为容易辨别他的身体健康状况，但有些学生的身体疾病则相对不易被他人发现。患有身体疾病的学生在心理上通常与普通学生无异，但可能会因疾病而更加敏感。因此，学校需要对患有身体疾病的学生的身体状况进行摸排了解，建立对应的个人档案，明确学生的需求；需要对学生日常的健康状况予以关注，在保护隐私的基础上给予照顾，甚至为其提供个性化的教育。如果学生为具有接受普通教育能力的适龄残疾青少年，那么学校应根据相关政策为其办理随班就读手续。

重大疾病患者的心理变化分5个阶段

疾病不仅损害了患病青少年的身体健康，也会对他们的心理发展造成影响。重大疾病患者在心理变化上经历5个阶段：震惊否认期、愤怒期、磋商期、抑郁期和接受期。案例中的小米可能处于抑郁期，对疾病无法接受，但是又无力改变。对于身患疾病的青少年来说，他们拥有大好的青春年华，却被疾病束缚无法肆意享受。同时，他人给予他们的太多同情使他们变得麻木或者自尊心太强，不愿再接受任何人的同情与帮助。

提升心理弹性有助于对抗逆境

心理弹性是指个体在面临应激事件时，调动心理资源、恢复良好适应性的能力。人的心理像弹簧一样，遭遇挫折事件后，弹性好的"弹簧"复原得快，弹性差的"弹簧"复原得慢，甚至可能无法复原，就可能导致心理问题。因此教师需要设法提升青少年的心理弹性，以帮助青少年应对挫折。具体可采用的方法有很多。比如：帮助青少年构建正确的自我概念，使其学会接纳自身的优缺点与现状；提醒家长在家庭中与青少年培养良好的亲子关系，建立稳固的家庭支持系统；引导青少年提升自我效能感，让其有信心应对困境；等等。针对案例中小米的情况，教师如何帮助他接受现实、建立对未来的信心是比较重要的。

辅导建议

了解学生的身体状况

一般而言，学校在新生入学时会对学生的身体状况进行摸排。所有任课教师都应该明确了解这些学生的情况，并知晓自己在授课时需要注意的针对这些学生的保护措施，为学生的身体安全提供保障。在此基础上，教师也应该主动了解学生对自身身体状况的看法与态度，了解其是否因身体疾病影响正常生活，是否需要教师对其进行特殊的照顾等相关情况。

耐心给予支持与关怀

教师应根据患有身体疾病的学生的在校情况，为其提供个性化的支持。比如，安排班级同学陪护、满足特殊用餐需求等，在班级中保障特异体质学生的生活需要。同时，教师需根据这些学生的心理行为状况，选择适当的关怀方式。如果学生反感特殊对待与特别关心，那么教师可以于私下场合与学生进行个别交流。最初的沟通应以建立良好的信任关系为主，并要让学生感受到教师对所有学生一视同仁的态度。当教师与学生之间的这种沟通和信任关系足够牢固时，学生将会愿意向教师吐露心声，教师便可以更加了解学生的想法，从而对学生进行辅导与干预。

帮助提升心理弹性

在班级活动中，教师可以适时地为患有身体疾病的学生创设展现自我的机会，让学生在此过程中树立信心，正确认识自己的价值和能力。案例中的小米虽然不能剧烈运动，但其动手能力如何？能不能鼓励其参加学校的绘画、书法、手工等活动或比赛？教师可以以这样思考的形式，尝试为这些学生创设展现自我的机会。当然，让学生愿意跨出第一步肯定是困难的，但是教师要不断地鼓励学生勇敢向前。在一次次的成功体验之下，相信学生能够提高自我效能感，逐步接纳现状，最终以更健康的心态面对生活。

必要时转介

当教师依靠自身的力量不足以解决患有身体疾病的学生的心理行为问题时，比如学生出现严重的抑郁或焦虑情绪等，教师也不必对自己过分苛责；必要时，应该将学生的情况反馈给心理教师，由心理教师对其进行专业的判断，考虑是否需要将其转介至专业医疗机构，学校根据专业诊断情况配合辅导。

15 班级中有"娘娘腔"和"女汉子",怎么办?

案例呈现

> 阿虎,女,身材高瘦,留一头短发,为人仗义,时常为女生打抱不平,也经常和男生一起打篮球,人称"虎哥"。阿娟,男,身材瘦小,说话轻声细语,课下不喜与男生玩闹,大多时间在自己座位上画画,还喜欢在家里做各种糕点与同学们分享,同学们都叫他"娟姐"。他们都是七年级学生。在大家的眼中,阿虎的性格大大咧咧,但其实她与很多女生一样也喜欢穿裙子,只是怕被同学们笑话,因为她知道,大家觉得她是"女汉子"。阿娟心思细腻,知道有些同学嘲笑他是"娘娘腔",心里十分难过,慢慢地,对与同学交往产生抵触心理。

讨论分析

关于性别双性化:性别可以分为生理性别和社会性别

男女的生物特征决定了性别的差异,这是普遍存在的差异,不会因社会影响而发生变化。但是与生物学意义的性别不同,社会性别是后天习得形成的,与性别有关的行为和态度,由此也产生了男性与女性两种性别角色。

在不同文化中,男女性别角色存在差异。性别角色的社会化从一个人出生起便开始了——父母会给男孩子穿蓝色衣服、买玩具车,给女孩子穿粉色衣服、买玩偶,如此等等。因此,儿童的性别角色的形成多受父母影响,但同时儿童也会因同伴影响而在社会化过程中形成不同的性别角色。

目前,性别角色理论将人的性别角色分为4种类型:未分化,指男性正性和女性正性特质都弱;女性化,指女性正性特质强而男性正性特质弱;男性化,指男性正性特质强而女性正性特质弱;双性化,指男性正性和女性正性特质都强。有研究表明，双性化是最好的性别角色类型。2021年的一项针对中美六年级学生性别角色现状的调查显示：中国小学生总体性别角色发展较好，双性化比例达到41.2%，高于美国小学生的双性化比例。调查认为：当代小学生性别角色发展有大幅提升，但在性别角色的形成过程中男生比女生更需要引导；中国小学生性别角色发展优于美国；应建立文化自信，立足本土[①]。从案例所述的情况推测，阿虎和阿娟的生理性别和社会性别应该是一致的，只是女生阿虎表现出了更多男性化特征，男生阿娟表现出了更多女性化特征，所以他们会产生一些同伴交往困扰，教师可以引导他们向双性化方向发展。

性别刻板印象会影响个体的社会评价与行为表现

在生理性别影响下，男女在生物特征、身体激素等方面的不同会使其产生不同的行为表现和性格特质。当这些特质被大众思维固化后，就逐步演化为社会关于性别的刻板印象，即针对某一性别的性格特征、外貌、行为、社会角色的普遍看法或成见，比如"男生理科好""女生文科好""男生喜欢冒险""女生性格文静"，等等。因此，女性正性特质较强的男生和男性正性特质较强的女生在社会生活中，可能会被投以带有偏见的目光。

刻板印象会造成污名群体的成员在消极刻板印象领域中表现下降，这被称为刻板印象威胁。性别刻板印象威胁无论对男性还是女性都有影响，比如：认为男生比女生数学好的性别刻板印象，会导致处于威胁情境中的女生，在处理与数学相关的任务时表现受损；认为女生比男生阅读能力强的性别刻板印象，会导致处于威胁情境中的男生，在处理与阅读相关的任务时表现受损。因此，破除性别刻板印象可以帮助学生打破性别角色的约束、提升自身的表现[②]。

性别认同是一个持续终身的、不断发展变化的过程

性别认同是个体对男性化和女性化的认识程度，包括对自己性别的意识和接受程度，可以分为5种主要成分：成员资格知识（建立在性别分类基础上对成员资格的知识）、性别典型性（个体感觉到的自己是性别分类里典型成员的程度）、性别满意度（个体对被分配的性别的满意程度）、感觉到的性别一致性的压力（个体感觉到的来自父母、同伴以及自身与性别刻板印象保持一致性的压力）、内群体偏爱（个体相信自己的性别优于异性的程度）。在个体发展性别认同的过程中，家庭、个人经历、学校及社会

---

① 黄顾.中美六年级小学生性别角色现状与差异[J].中国学校卫生，2021，42（10）：1540-1543.
② 王祯.儿童的性别刻板印象威胁及其干预[J].心理科学进展，2021，29（2）：276-285.

文化等因素都会对其产生影响①。

因此，面对在中学生群体中出现性别非典型性的情况时，教师不用过于担心，这是学生性别认同发展过程中的一部分。在案例中，从阿虎也想穿裙子等信息中可以看出，阿虎认同自己的女性性别，而阿娟在被同学议论"娘娘腔"时感到难过的心理，也说明他认同自己的男性性别，但是这些心理需要教师细心了解和发现，同时这也并不意味着，在外界因素的影响下，他们的自我性别认同不会发生改变。在中学生心理发展过程中，可能会存在性别认同烦恼，需要教师予以关注。

辅导建议

引导学生树立健康的性别观念

男女的生理差异是与生俱来的，但是由于社会化的影响，男女的性别差异并非仅仅局限在生理性别上。引导学生正确认识自己的生理性别，在此基础上悦纳自己的性别角色是性别教育的重要一环。因此，当教师发现班级中有像案例所述的具有明显女性特质的男孩和具有明显男性特质的女孩时，可以先了解他们对于自身性别角色的认知。只有当他们在对自身的性别认同上出现困扰时，教师才需要进一步了解、辅导。

引导学生学习异性的优秀品质

无论男性还是女性，都可以在科学认识两性性别角色的基础上吸收异性的性别优势，以更好地完善自己、发挥自身内在潜力。对于性别角色的认识不应该是刻板的。因此，在对学生辅导的过程中，教师可以鼓励他们在发挥自身性别优势的同时，互相学习彼此的优秀特质。他们可以是果断而又细心的男孩，也可以是坚强而又体贴的女孩。如案例中的情况一样，男孩可以心思细腻，在布置教室的过程中总是出很多主意，帮很多忙；女孩可以仗义执言，在体育课上总会帮同学搬垫子、收道具。教师应在班级中引导学生关注他们的优点与对班级的贡献，久而久之，潜移默化之下，学生们便会懂得互相学习。

关注有性别认同烦恼的学生的心理状态

值得注意的是，现今多元文化的冲击，可能加深部分持有明显异性特质的学生对自身性别角色的怀疑，从而影响其性别认同的可能性。因此，若发现学生存在性别认同烦恼，班级教师可以将学生转送至心理教师处，由心理教师加以辅导或者转送至医院。对

---

① 汪浪.性别认同研究的理论与实证综述［J］.太原学院学报（自然科学版），2016，34（4）：22-26.

于存在性别认同困扰的学生来说，他们可能对自身性别满意度低，同时可能承受着生理性别与社会性别不一致带来的压力。此时，教师需要给予学生一定的心理支持，帮助他们正确认知自身的性别角色，并对抗在性别认同发展过程中的压力。

16 二孩家庭中的大孩子常常觉得自己被忽视，家庭矛盾冲突增多，怎么办？

案例呈现

小欣，女，七年级学生。小欣有一个比自己小8岁的妹妹。小欣从小就比较独立，自主学习能力也很强，从小学开始担任班级干部，是教师的好帮手，与同学相处融洽。小欣从六年级开始在学校住宿。在大家眼中自主学习能力和独立生活能力都很强的小欣，对住宿生活表现出较为明显的不适应——入睡困难，晚上频繁电话联系父母，甚至因此影响了白天的学习生活。在这种情况下，小欣只能"住一天歇两天"式地断断续续维持住校生活。进入七年级，不仅以上住宿困境没有得到解决，小欣的脾气还越来越暴躁了，时常与父母发生冲突，同时出现拒学行为。父母对于小欣的变化始料未及，也措手不及。他们想不明白：小学时的那个懂事又独立的女儿怎么不见了？

讨论分析

学生青春期自我意识增强

上述案例中小欣的变化，虽然受到青春期生长发育的影响，但其发生的最主要的原因是作为二孩家庭中的大孩子，被家长忽视而产生的一系列问题。在很多这样的问题中，家长并不能第一时间觉察到是大孩子被忽视而引发了亲子之间的激烈冲突，只是深深地陷入"孩子怎么会这样""孩子以前不是这样"的困惑中。对于处于中学阶段的学生来说，青春期到来后，自我意识增强，情绪波动变大，更对二孩家庭的矛盾激化起到推波助澜的作用。

家长对学生的心理建设不充分

随着国家生育政策的调整，二孩、三孩家庭增多。二孩甚至三孩的出生，带给家庭的影响必然是全方位而深远的,家庭中每一个人都需为此承担相应的责任。所以,当家庭想要增加一名新成员时,应当获得每一个家庭成员包括孩子的理解和支持。家长在跟孩子说他(她)要做哥哥(姐姐)时,通常来说,说的都是对他(她)有利的一面,比如多了一个人陪他(她)玩等,而忽略了其需要与弟弟(妹妹)分享父母的关注和陪伴时间的现实。家长帮助孩子提前做好心理建设,能让孩子在面对家庭新成员时多一分坦然。但是值得注意的是,二孩家庭中的大孩子在家庭新成员出生之后,可能会因受到的关心不足而感到内心失落,家长与教师应多与其沟通,及时开导。

学生独立能力不足

当自己的孩子进入青春期,父母会有意培养他们的独立能力,让他们尽量自己的事情自己拿主意、自己做,多跟同伴交往。如果条件允许的话,父母还会让他们尝试学校住宿生活。但对于二孩家庭中的大孩子来说,就如案例中的小欣,父母有意的独立能力教育往往会被他们理解成"抛弃"。在这样的情况下,大孩子可能会出现与小欣类似的退行情况,对父母的依赖性再度增强并试图通过如案例所述的"状况不断"的方式重新赢回父母的关注和陪伴时间。

辅 导 建 议

帮助家长看到问题的根源

教师应与二孩家庭的学生家长进行充分、深入的沟通,了解作为大孩子的学生的成长经历,特别是从二孩出生以后的经历。比如,针对案例中的情况,教师可以问一问小欣的家长,了解:家长是否因为二孩的出生无暇照顾小欣,而让她长时间与祖父母一起生活,或者与小欣分床睡的时机是否与二孩有关;是否因为二孩的出生而改变了小欣的生活习惯(如不再给小欣讲睡前故事);在两个孩子出现矛盾时,是否常常要求小欣作出让步;周围是否有人对小欣做出过不恰当引导(如开玩笑说"爸妈有了二孩就不喜欢你了")……家长常常在与教师的沟通中猛然发现,二孩的出生的确给大孩子带来很多影响,而此前对此多有忽略。教师询问了解的过程,对家长梳理家庭关系有着重要意义,有助于他们看到目前冲突矛盾的根源。

提醒家长从亲子相处的细节入手改善亲子关系

二孩家庭中的大孩子从生活的点滴细节中感到被家长忽视,那么家长就需要从细节入手改善亲子关系。教师可以提醒家长注意,比如当给二孩准备礼物时,一定不能忘了大孩子；当周围有人说可能影响大孩子对于父母关爱的认知的话时，家长一定要及时制止和纠正；不以"因为你是哥哥（姐姐）"为由，要求大孩子让着二孩；等等。

最重要的是，教师应提醒家长留一些时间和大孩子单独相处。比如，一起去小区散步，一起去体育馆打球，去做一些和二孩一起做不了的、更适合大孩子做的事。这也是与大孩子聊天，了解其想法的好机会。

加强多学科合作的生命教育

在二孩家庭中，二孩的出生难免导致父母分给大孩子的时间和精力减少，而二孩家庭中的大孩子常常会忘记一个事实，即在二孩出生之前，自己独享了父母的宠爱。教师可以配合生命科学等课程，引导学生从自然界更宽广的视角去看待生命中的必然。教师可以通过"道德与法治"等课程，引导学生从社会秩序的角度去探究如何将有限的资源用于目前更紧急的，或者更有利于长远发展的事情上。比如，地铁上座位有限，大家会优先照顾"老弱病残孕"群体，这不代表大家不在意其他人，只是有些人更弱势，更需要照顾，所以社会作出了一定程度的资源与服务的倾斜。家庭亦然。

教师可以利用班会主题活动的形式，让学生分享家庭中二孩的照片，聊聊自己是怎样参与到照顾二孩的事情中去的；可以开展辩论类活动，让学生辩一辩二孩家庭是否有利于孩子的成长，引导学生从更客观和更全面的角度去评价自己作为大孩子的家庭生活。

17 父母抚养出现缺失，教师要怎么帮助学生更好地成长？

案例呈现

> 小唐，男，八年级学生。小唐性格较为内向，在人际交往中表现得不自信，注意力集中能力明显偏弱，成绩在班级排名中处于中下游。上课时，从教室门外走过一个人，甚至吹过一阵风的声音，都能引发小唐的长时间走神。教师经了解得知，小唐的父母从其幼儿园大班开始吵架，常常把"离婚"两字挂在嘴边，直到小唐升上六年级进入中学阶段，两人正式离婚。小唐虽然跟着妈妈生活，但是父母双方在离婚后都很快有了新的感情生活，他认为自己显得有些多余。小唐周末按约定去见爸爸，有时会遭遇爸爸爽约的情况，由此妈妈经常埋怨爸爸对小唐不管不问。

讨论分析

抚养缺失的具体情况

在有些家庭中，父母吵架不断，感情破裂，但是为了孩子决定不离婚。父母的婚姻关系稳定自然有利于孩子的成长，但这是建立在父母双方都恪尽职守，积极履行作为监护人的抚养教育义务的基础上的。对孩子来说，最重要的不是家庭的完整，而是父母抚养的有效。夫妻不和、离异、孩子单亲，还有当下越来越多见的丧偶式育儿等，都可能造成父母抚养的缺失。比如案例中的小唐，尽管在其幼儿园和小学时期父母并未离婚，但实际上，父母抚养出现缺失。

抚养缺失对孩子成长的影响

父母抚养，对于孩子的一生都起着至关重要的作用。安全型依恋关系、自我认知等都形成于童年期。著名心理学家阿德勒（Alfred W. Adler）曾说过，幸运的人一生都被童年治愈，不幸的人用一生来治愈童年。这里所谓的"不幸的人"，想必就是在童年时期遭遇父母抚养缺失的孩子。

糟糕的童年成长环境会带来很多问题。比如上述案例中的小唐，其注意力的问题很可能是因为在其小学阶段父母每天的争吵造成的。处于那个阶段的小唐如同一只惊弓之鸟，每天提心吊胆，竖起耳朵，时刻准备着在听见父母说要离婚时挺身而出，去维护他生命中最重要的东西。父母在离婚后对他的忽视，可能造成了他在人际交往中的不自信——怕给别人添麻烦，怕别人不喜欢自己，怕自己被拒绝，而干脆选择减少甚至拒绝人际交往。除此之外，父母抚养的缺失还可能造成孩子行为上的偏差。比如，对校纪校规的漠视，刻意违反公民基本道德规范，甚至出现更严重的问题。

辅导建议

通过家访直观了解学生成长环境

教师要了解学生，给家长打10个电话都不如亲身走进学生家庭来得直观。在家访时，教师很容易观察到学生和父母之间的关系如何。有的学生坐得距离父母很远，有的学生躲进自己房间不出来；当父母说起自己的孩子时，态度是引以为傲的还是不满的；当听到父母对自己的评价时，学生是悦纳的还是皱起了眉头，抑或不屑一顾的。诸如此类，见微知著。与此同时，家访还能让教师了解到家长在教育孩子问题上的态度——是双方态度一致、齐心协力的，还是一方做主，另一方尽管看上去有所不满也不表达。

没有调查就没有发言权。只有通过家访直观了解学生的成长环境，教师才能在辅导中对学生的处境有深切的理解，进而提出有效可行的建议。

努力寻找改善抚养环境的资源

家访是为了发现问题，更是为了寻找资源。部分教师过多地将关注点放在问题本身，比如父母离异的学生真可怜，或者因为学生的父亲是甩手掌柜，才造成了丧偶式育儿，又或者抚养者重病无力抚养学生，等等。寻找原因是必要的，但不能陷入过于主观的情绪中，进而忽略了为解决问题积极寻找资源。比如，案例中小唐的父母虽然离婚，且在承担对小唐的抚养责任上存在困难，但是教师发现小唐有个很喜欢他的姑姑，那么姑姑就是资源。教师可以与小唐的姑姑沟通，询问其是否能够更多地参与到孩子成长中。类似的，比如，学生的父亲想多陪伴孩子，只是碍于学生的母亲和他的教育理念不同而未能付出行动，那学生的父亲就是教师可挖掘的资源，等等。

另外，教师也可以在有条件的情况下，给家庭抚养缺失的学生安排多名导师，或者调整安排学生信任或者喜欢的教师成为他（她）的导师，由导师来承担部分原来应由原生家庭来承担的教育和引导的责任。

利用集体活动增强学生自信心

在中学阶段，处于青春期的学生会越来越重视同伴对他（她）的评价，教师可以充分利用这一成长时期的特点。针对案例所述情况，教师可以了解一下，小唐是否有特长和才艺，由此有针对性地创设一些活动或者比赛，帮助他提升在同学眼中的形象。如果小唐没有特别擅长的技能，教师可以建议他承担一些班集体事务，使其通过为集体和同学服务，提升自己在朋友圈中受欢迎的程度。

帮助学生提升内在能量

心理学家格拉瑟（William Glasser）在他的《积极上瘾》一书中提到，积极的上瘾行为，例如运动，能提升一个人内心的能量。人们常常知道该做什么，也知道该怎么做，只是缺少开始行动的力量。一个人若内心逐渐强大，对外界的依赖就会变少，同时知道自己想要什么，并有计划地开始行动，一点点朝着目标迈进。成长中的逆境对于内心强大的人来说，只是磨砺自己增长能量的途径。教师帮助像案例中的小唐一样身处成长逆境中的学生开阔眼界，使其看到更大的世界，有助于其更加清楚自己想要什么。当学生找到自己想要实现的目标时，成长的热情就会如火炬般熊熊燃烧起来。

18 贫困学生在集体中出现自卑等情况，怎么办？

案例呈现

小婷，女，七年级学生。小婷性格敏感内向，学习努力，喜欢阅读，成绩中等。小婷的爸爸从事环卫、物业等工作，妈妈因身体健康原因，没有稳定的工作，以打零工为主。作为外来务工家庭，小婷的家庭经济状况较为拮据。同学们发现自六年级入校以来，小婷的书包、文具、鞋子等物品都是旧的，在了解她的家庭情况之后，就想为她募捐。小婷知道同学们的这一想法以后大哭一场，拒绝了大家的好意，从此似乎更内向自卑了，几乎不与大家交流。同学们和教师都想帮助她，但不知道怎么办才好。她似乎非常抗拒大家走近她、了解她。

讨论分析

贫困对学生的影响

没有人是完美的，每个人都有缺点。对于敏感的人来说，无形的比较在人群中无处不在，他们可能会因为自己的不足感到自卑。就像案例中的小婷，为自己家庭经济状况的拮据而自卑。处于青春期的青少年自我意识增强，更重视个性与独立，以及群体评价。物质的贫乏是最直观、最容易被他人察觉的所谓"不足"。

但是，物质的贫乏并不是造成贫困家庭学生自卑的最主要的原因。教师要看到贫困对学生的成长环境造成的非物质影响。以案例中的小婷来说，她可能因为没有足够的经济条件的支持，和同学相比，存在眼界上的差距。无论是电子产品的使用、出门旅游，还是对新生事物的了解，等等，这些以一定经济基础为支撑的实践，可能正是困扰小婷的同伴压力的来源。同时，在经济和生活压力之下，小婷贫困的家庭更有可能产生不和谐因素。比如，家庭中时常出现争吵指责，对她的教养方式过于简单直接，等等，也会导致小婷的自卑感。另外，在校园中，像小婷这样家境贫困的学生可能会因为性格内向、朋友少而成为校园霸凌的对象。如果出现霸凌，或者类似的现象，那么学生的自卑感也会大大加深。

帮助不当的危害

当然，绝大部分的校园环境是友好包容的，教师和同学想要去帮助贫困家庭学生，却可能感到力不从心，有时甚至因为处理不当而对这些学生造成新的伤害。就像案例中的情况，小婷家庭贫困，但直接采取募捐的方式提供帮助是否合理？显然这一充满善意但有欠考虑的方案通常是行不通的。俗话说，救急不救穷。当他人有紧急用钱的需求时，也许捐款能够起到帮助作用。但对于某个家庭长期贫困的状况，捐款并不是根本性的解决方案，反而会让受捐者成为集体中的绝对弱势，会让他们感觉到自己小心翼翼隐藏的家庭秘密被赤裸裸地公开供大家评论，继而被大家施舍。这必然会大大增强像小婷这样的贫困学生的自卑感。

贫困家庭学生不是必然会自卑，自卑也不会必然成为学生成长中的阻碍，避免自卑的关键在于家庭的教养方式、教师的引导，以及校园环境的营造。

辅导建议

和学生成为朋友

贫困家庭学生在集体中感到自卑，常常会没什么朋友。首先，教师可以成为他们的朋友。当教师开始尝试走近像小婷这样的学生时，一开始可能是稍有困难的。但只要教师发自内心地真正想要去了解和帮助学生，学生会慢慢接纳的。教师要特别注意方式方法，与学生的交往可以从细微之处开始。比如，在学生的作业本上写几句鼓励的话，在遇见学生时真诚地微笑或热情地打招呼，课下与学生进行比较私密的线上或面对面聊天。如此持续一段时间，当学生感受到教师的善意，在心理上做好准备愿意接纳时，教师就可以增加与学生交流交往的频率和深度了。

和学生成为朋友，是教师影响、引导他们的最好开始。

通过家访了解学生的具体生活状况

当和学生成为朋友，获得学生的认可之后，家访是最能够直接了解学生生活状况的方式。但是要注意的是，如果没有建立足够良好的师生关系，贫困家庭学生可能会因为不想让自己的家庭状况被教师看到而比较抵触家访。

家访的主要目的是了解家庭教养环境——学生父母对生活的态度是什么，父母和学生之间是如何相处的，父母在价值观层面是不是能够正确引导学生的成长，等等。如果发现问题，教师可以先与学生家长建立良好关系，再逐步对其家庭教育方式进行指导，以改善学生的家庭教育环境。

通过班级、学校活动建立正确的价值导向

很多家庭贫困的学生就像上述案例中的小婷一样，虽然经济条件限制了他们的眼界，对其在同伴交往时参与学生共同话题造成了阻碍，但是他们也有独特的闪光点，比如动手能力强、喜欢阅读、学习努力、节俭、环保意识强等。学校和班级可以通过设计组织一些活动，让更多的学生从全新的角度发现这些同伴的优点；同时也意识到每个人在成长中都会受到一定的局限或负面的影响，但自己内心有所渴望，脚踏实地朝向目标才最重要。

让自卑成为学生成长的推动力

《被讨厌的勇气》一书讲到，自卑情结是人觉得自己在A方面不好，而做不成或者得不到B；自卑情结有碍于成长，从根本上说，它是逃避生活的借口。健康的自卑感，则是看到自己在某方面的不足，心生勇气，进而积极努力地去达成或接近内心的目标——这是让自己变得更好的推动力。

教师应尝试通过智慧的言行去影响像小婷这样的学生，让贫困成为他们奋发的推动力，甚至使他们因为自己的经历而"幼吾幼以及人之幼"，看到更多需要帮助的贫困学生，最终成长为一个有大视野、大胸襟、大抱负的人。

19 随班就读的学生无法融入班级，怎么办？

案例呈现

成成，男，六年级学生。成成是一名随班就读的学生。刚开学时，成成身边的同学总想着带他一起玩。但是，他们很快发现成成常常把自己弄得很脏，学习成绩差，简单的题目也不会做，在小组竞赛活动中总是拖后腿。渐渐地，同学们都不愿意带着成成一起玩。成成非常苦恼。

讨论分析

学校应落实好特殊教育政策

案例中的情况往往是随班就读的学生在校园里常常遇到的情况。上海市于1994年开始推进随班就读试点工作。上海市教育委员会先后颁发了《关于在本市普通中小学开展随班就读工作的暂行规定》（1997年）及《关于加强随班就读工作管理若干意见》（2006年），各区也成立机制性的特殊教育康复指导中心和学前特殊教育服务点。学校内部应将随班就读工作纳入学校发展规划，采取具体措施，组织工作团队，建立工作制度，为随班就读学生健康成长营造良好氛围。《上海市教育委员会关于加强随班就读工作管理若干意见》要求学校应因材施教，建立个别化评价体系，创设支持性环境，等等。学校应根据上级要求落实好特殊教育政策，保障随班就读学生在校的学习生活环境。

随班就读学生难以建立友谊关系是普遍现状

有研究表明，随班就读学生的同伴接纳情况总体呈现消极状态，随班就读学生和普通学生难以建立高质量的友谊，主要表现就是随班就读学生较少能够得到普通学生的正向提名，普遍会得到负向提名。这和随班就读学生的性格特质、行为表现、学业成绩有着极大的关系。随班就读的学生往往存在性格孤僻内向、行为不符合其他同学的期望、学业成绩不理想等情况。就如案例所述，大家本愿意和成成一起玩，但是随着时间的推移，发现成成身上一些不被喜欢的行为习惯和特质后，会慢慢疏远他。随班就读学生与普通学生建立友谊通常也是随班就读学生发起的，但普通学生无法用平常心来对待，交往行为仅止于为随班就读学生提供帮助或解说[①]。

因此，随班就读学生在同伴关系的建立上存在困难是普遍现象，更需要教师的帮助。

辅导建议

发现闪光点

教师不仅要善于发现随班就读学生身上的闪光点，还要引导班级学生一起发现。比如，案例中成成的学习成绩不理想，但是他有没有其他方面的优点呢？这是教师应该注意发现和挖掘的。可能有的随班就读的学生特别热爱劳动，在班级里负责值日卫生工作时总是特别积极，完成得也不错；可能有的动手能力较弱，但是特别善良，在身边同学需要帮助时总能借张纸巾、递块橡皮等，及时提供帮助。让班级学生一同发现随班就读学生身上的优点，有助于其对随班就读学生改观，并与他们建立良好的同伴交往关系。

促进同伴交往

随班就读学生对于同伴交往的学习是非常必要的。面对如案例中成成一样的随班就读学生，教师需要拥有更多的耐心，并对随班就读学生进行一些社交训练。比如，教授学生在什么时候向同学们提出活动邀请，怎么提出活动邀请；哪些行为是同学们所不喜欢的，哪些行为会让同学们更喜欢与之相处；等等，有时甚至需要教授他们包括如何保持自身整洁等在内的生活方面的技能。

而后教师也可以创设同伴交往的机会，邀请其他学生与随班就读学生共同完成某项任务。这项任务如果是随班就读学生所擅长的就更好了。如此，教师为学生提供建立友谊的契机，让学生在互动过程中感受到彼此的善意，这也能为他们日后友谊的持续发展打好基础。

营造关怀氛围

有随班就读学生的班级更加需要营造学生间互相关怀的友善氛围。教师在保护随班就读学生自尊心的同时，要让其他学生知道如何向随班就读学生提供帮助。教师可以通

---

① 张佳薇.随班就读学生的同伴关系研究［D］.兰州：西北师范大学，2021.

过亲自与随班就读学生互动作示范，或者设计"如果我是你"的活动，让学生尝试代入随班就读学生的身份，体验他们的生活常态，理解他们的处境等方式，向学生说明为随班就读学生提供帮助的办法。针对案例中的情况，教师可以寻找班级中比较热心的学生、和成成最初有过交往的学生、坐在成成周边的学生，了解一下他们对成成的看法，鼓励他们发现成成身上的优点，让他们一起教成成适应班集体的生活，从而营造友爱的氛围。

20 学生小团体间经常有摩擦，导致班级不团结，怎么办？

案例呈现

八年级某班总是状况不断——学生吵架天天有，破坏行为周周见。班主任在调查一些班级事情时，还会出现学生彼此包庇，甚至互相污蔑的情况。班主任了解到，在班级里之所以出现这种情况，主要是因为作为班长的小琳和在班级中很有影响力的男生小西，各自有一些拥护者，由此似乎形成了两个小团体。两个团体中的学生一旦有了矛盾，就会迅速上升为团体之间的摩擦。这样的状况不仅让学生无心学习，而且严重影响了班级风气。班主任也找班长小琳谈过。她表示，她和班里的很多同学都想把班级变得更好，但小西和他的朋友们却总是唱反调。小西则表示，班里很多同学都觉得班长的管理方式有问题，认为班级不应该由小琳一个人说了算，所以当他们觉得不满时，就要站出来表达。

讨论分析

正式群体与非正式群体

班委是由班主任任命或学生民主选举产生的班级正式管理群体，在班级管理中发挥着重要的作用，如案例中以小琳为代表的一群学生。班级中还存在非正式群体，是学生自发形成的，和正式群体是共存的关系。非正式群体一般是学生因为共同的兴趣爱好或相似的成长背景、价值观而逐渐形成的，如案例中以小西为代表的一群学生。

非正式群体对于班级发展的影响也不容小觑。在大部分情况下，正式和非正式群体能够和平共处，从不同方面对班级建设起到积极的推动作用。而且非正式群体的核心人物，比如案例中的小西，一般来说具有较强的号召力和个人能力，如果能在正式群体中担任一定工作，那么对于正式与非正式群体之间的融合与和谐相处，是非常有帮助的。

小团体摩擦的危害

班级的发展需要全班学生的齐心协力。如果学生的注意力集中于眼前的摩擦矛盾，甚至互相找茬上，那么必然无法看到能够一起努力的方向，因此，无论是集体发展目标的达成还是个人理想的实现，都将变得遥不可及。这是教师最不愿意看到的状况，但学生当局者迷，陷入其中难以自拔。例如，在上述案例中，已从不同团体中的个人矛盾，发展为团体之间的摩擦和冲突的程度。这明显超出了合理的范畴，需要教师及时处理。值得注意的是，很多青少年犯罪都是因小团体摩擦而起，同时青春期荷尔蒙的作用，也可能会放大这种小团体摩擦而导致不可预测的后果，甚至让学生悔恨终身。

辅导建议

通过沟通建立信任

教师应单独找学生团体的核心成员进行沟通，以倾听为主，了解在他们之间发生了什么事，以及怎么发生的，同时理解共情学生，与其建立信任。教师在沟通中应注意尽量不批评学生，并保持中立态度，不站队。针对案例中的情况，教师应既不偏袒小琳或者小西中的任何一方，也不在了解与倾听学生时，为了和他们搞好关系而在一方面前批评另一方。

在不同之中找共同

正如案例中的情况，班级中的小团体可能因为彼此成员的处事方式、生活习惯、兴趣爱好等不同而产生分歧。但是，在充分沟通、建立信任的基础上，教师可以邀请这些小团体成员一起坐下来聊聊天，引导他们通过沟通，在不同之中找共同。比如，不同小团体中的学生都希望班级变得更好，那么教师便可继续引导他们思考"最近班里发生的一系列事情，是否有利于大家朝着这个共同的目标迈进？"这一问题。

美美与共，和而不同，应是教师让学生明白、寻求的相处之道。

增加合作类活动和过程性评价

通过以上的沟通交流，学生应该能从认知上暂时进行调整。如果要将调整结果稳固下来，教师还需要引导学生在实践中不断尝试践行全新的相处之道。

无论是学习还是学校的一些活动、比赛，都是竞争类和结果性评价的活动——一方赢，意味着另一方输。学生往往会在努力去做一件事后，因为最终没有取得名次而认为所做的一切失去了意义。这样的环境放大了学生内心的争强好胜。是不是任何事都必定

"有赢就有输"呢？教师应引导学生思考这个问题，同时尝试创设比如一起给班级搭一个书架、一起照顾班级的植物，共同探究一个话题并开展小组演讲等类似的活动，增强学生的互助合作意识，使其尽量多地看见和肯定同伴在合作过程中的付出与努力，共同建设团结的班集体。

第二部分

学习辅导

1 学生新入学，不适应初中学习生活，怎么办？

案例呈现

> 小徐，女，六年级学生。小徐在小学时学习成绩不错，还是班干部，可到了六年级，她学习依旧努力，但成绩却没有在小学时好。小徐觉得进入初中后学习的科目多了，难度大了，发现教师讲的有些内容自己不能完全理解。有时候教师讲课讲得很快，第二天又要学新知识，小徐有时难以跟上学习进度，有些作业也不能独立完成，但又不敢去问教师，就去抄班级同学的作业。渐渐地，小徐觉得学习很累，成绩也越来越差。

讨论分析

案例中的小徐在进入初中后，遇到的第一个难关就是入学适应不良。所谓"中学入学适应不良"，指的是中学生在入学之初，所处的校园环境、学习环境和人际交往环境都发生了重大变化，但其在主观上对此没有足够的心理准备，依然沿袭以往的经验来应对新的学校生活和学习任务，继而出现一系列心理困惑、挫败体验和退缩行为[1]。我国学者张世瑞认为，入学适应是指新入学的学生个体在与新的环境和人际关系环境相互作用中，新生个体通过调整自我，主动地顺应、调控环境，最终达到新生个体与学校整体环境间的一种和谐关系及平衡状态[2]。对于小升初的学生来说，他们对初中的校园环境感到陌生，对初中的教师、同学存在好奇，对初中的学习生活存在忧虑，再加上他们正处于青春期，因此入学适应是一个不小的挑战。入学适应的内容涉及多方面，如学业适应、人际关系适应、校园环境适应、心理适应等。案例中小徐的表现主要是学业适应不良。小升初的学生在入学之后的学业适应不良主要表现在以下3个

---

[1] 钟志农.中学生入学适应不良及其应对［J］.江苏教育，2019（32）：31–36.
[2] 张世瑞.高一新生入学适应团体辅导的干预研究［D］.武汉：华中师范大学，2016.

方面。

对学习内容的不适应

以小徐为例，进入初中后，小徐明显感觉到初中的课程与小学大不相同，增加了很多新的科目，如地理、信息科技、道德与法治、科学、历史等；语文、数学、英语三门课程的学习难度也明显增加，每节课的上课内容比小学时多很多。从小升初学生的普遍情况来看，有些学生反映上课听不懂；小学的作业大部分能在放学回家前完成，但中学的作业量明显比小学多，写作业的时间明显增加。面对新而难的学习任务，如果学生不及时调整自我，很可能会出现跟不上整体学习进度的情况。

对学习方法的不适应

小学的学习内容少而简单，而且每次考试前教师会带领学生进行反复的练习，因此学生轻轻松松就能取得不错的成绩；初中的学习内容更多也更难，教师不可能把每个知识点都讲得很详细，部分学生上课来不及记笔记甚至不会记笔记，课后也不及时整理复习，遇到问题不主动去请教教师、同学。中学教师往往讲完一个章节内容就进行测试，有些学生如果不会自主复习，考试成绩很可能不理想。

对教师教学方式的不适应

中学教师的上课节奏相对比小学更快，小学教师基本都是"扶"着学生走——带着学生一起做练习，针对一个知识点反复强调好几遍。接手六年级新生的教师往往都刚刚结束毕业班的教学工作，教学方式和小学相比确实有很大的不同；同时，如果有些教师没有深入了解小升初新生的知识掌握程度，对他们的学习特点和学习习惯缺乏充分认识，可能会出现教学进度与学生领会度不匹配的情况。而且小学教师一般是一人同时教多个科目，班主任不离班，因此学生每天接触的教师相对不多；中学教师的专业性更强，每位教师基本都只教一个科目，因此在一天中，学生可能会接触到七八位教师，各位教师的个性和教学风格各不相同，这对学生的入学适应也提出了新的挑战。

辅导建议

六年级是学生学习生活的一个重要转折时期，学生又恰处于青春期，生理和心理都会发生急剧变化，因此这一阶段的入学适应显得尤为重要又充满挑战。如何帮助学生顺利平稳地实现小升初的良好过渡是教师关心的问题。针对学生三个主要的学业适应不良表现，提出建议如下。

引导学生培养良好的学习习惯

教师首先可以帮助如案例中的小徐这样的六年级学生了解初中学习内容的变化。初中的学习任务加重是客观存在的事实，因此教师要注重培养学生自主学习的意识，使他们学会制订科学的学习计划、有效管理自己的时间、广泛阅读课外书籍拓展知识、养成勤学好问的学习习惯，提高学习的效率。比如，开学初教师可以让学生准备一个计划本，制订每天的学习计划，完成计划后及时记录。教师可以根据学生完成计划的情况及时给予鼓励和表扬。教师也可以让班级中学习成绩好的学生分享学习经验。同时，教师可以加强家校合作，通过家长会、家长沙龙等方式为家长提供正确的指导，协同家长一起帮助学生养成良好的学习习惯。

帮助学生改进学习方法

教师首先要在六年级新生接受入学教育时，引导学生认识到掌握科学的学习方法是非常必要的，同时针对不同学科的特点开展学习方法的指导。教师可以向学生介绍以下学习方法：其一，要学会课前预习课本，对不懂的内容做好标记，带着问题去听课；其二，要提高听课效率，可以通过积极举手发言等方式让自己跟着教师的思路走，并及时做好课堂笔记，让自己无暇分神；其三，课后要及时复习，回顾课堂知识，整理和归纳知识点，独立完成作业，并做好错题集。

教师还可以充分发挥高年级学生的作用，开展朋辈引领活动，让在校高年级学生向入学新生传授自己各个学科的学习方法和窍门；也可以邀请毕业的优秀学生回母校，为入学新生开展讲座，以他们的实践经验劝勉入学新生做好初中阶段的规划，并传授一些自己的良好学习方法。

建立良好的师生关系并优化教学方式

教师作为学生在新学校环境中的重要他人，对学生的入学适应有着举足轻重的作用，良好的师生关系可以促进学生更快地适应初中生活。教师可以在开学之初准备一个幽默风趣的开场白，并尽快熟记学生的名字，这都会拉近和学生之间的距离。针对如案例中的小徐这样的学生，教师可以主动与她谈心。同时，教师可以多渠道了解小学毕业生的认知水平，重视知识的衔接，选择灵活恰当的教学方法，激发学生的学习兴趣。在开学一段时间后，教师还可以通过问卷调查或者访谈等方式了解学生的学业适应情况，及时调整教学方式。

2 学生偏科得厉害，怎么办？

案例呈现

> 小曹，女，七年级学生。小曹的语文和英语成绩在班级中名列前茅，可是数学成绩很差，经常不及格。在上语文和英语课时，她总是专注、认真，并与教师积极互动，主动举手回答问题；但在上数学课时，她经常无精打采，甚至有时候还会打瞌睡，对待作业也是马虎、敷衍。

讨论分析

案例中小曹的表现就是大家常说的偏科。学习偏科在学生群体中是非常普遍的现象，也是让教师和家长非常头疼的一个问题。有研究指出，偏科是指不能正确对待各科的学习，善于学习喜欢的学科，把主要精力集中在这个学科上，而忽视甚至放弃其他学科的学习①。也有研究从学习迁移论的角度来理解偏科现象，认为偏科是指学生在某一学科或某些学科上成功的学习经验，不能顺利地被迁移到其他学科的学习中，从而使其他学科的学习受到阻碍②。

调查研究表明，34%—67.5%的学生存在不同程度的学习偏科现象，而且这也给他们带来了很多负性情绪和困惑。某些学科成绩优秀，让他们有成就感和荣誉感，而另外一些学科成绩很不理想，无论尽多大努力，却收效甚微，又让他们有挫败感，甚至认为自己没有学习该学科的天赋，产生习得性无助，放弃学习该学科，从而使该学科成绩更加不尽如人意，形成恶性循环，也形成学科成绩的进一步不平衡③。有研究表明，虽然学生个体之间存在一定程度上的智力差异，但这些智力差异并不能完全成为学生偏科的

---

① 王欣.以积极的心态应对偏科［J］.同学少年，2006（11）：6-7.
② 黄玉兰，江玲.动机性迁移应成为纠正中小学生偏科现象的"驱动器"［J］.现代中小学教育，2008（3）：45-47.
③ 刘瑞华.中学生学习偏科的心理学实证研究［D］.上海：上海师范大学，2011.

根本原因。影响学生偏科的原因可能主要和以下因素有关。

学生因素

兴趣是学生学习的强大动力。案例中的小曹对于自己感兴趣的学科，更愿意花时间学习，上课也会更认真听讲，课后会主动总结并不断调整自己的学习方法，成绩自然就更优秀；优异的成绩让小曹更喜欢这个学科，在这个学科上也更有自信，从而进入良性循环，最终这一学科成为小曹的优势学科。然而，小曹对于自己不喜欢的学科，不愿意花时间，上课听讲也不够认真，并马虎对待作业，更不愿意去摸索、总结针对该学科的学习方法，长此以往，成绩越来越差；成绩差又会导致小曹对这一学科更没兴趣，甚至继而产生惧怕和讨厌心理，从而进入恶性循环，最终这一学科成为小曹的劣势学科。因此学生对不同学科的学习动机会影响学生的偏科情况。

教师因素

学生出现偏科的主要原因来自学生自己，但是也有一部分原因与教师密不可分，因为学生的学习离不开和教师的互动。师生关系是否和谐、教师是否具有人格魅力、教师的教学水平是否专业，以及教师的教学风格和对学生的期望等，都会引起学生对不同学科的学习兴趣和听课效率的差异，进而形成偏科。有的学生因为某位教师上课风趣幽默、知识面广而特别喜欢这位教师教授的科目，在上课时会特别认真，作业也会认真完成，学生这一门学科的成绩就会越来越好；反之，偏科现象也会自然而然出现。对于成绩优异的学生，教师一般都会给予高期望，会有更多积极的评价和肯定；反之，教师对学生的期望屡屡落空，会对学生进行更多的批评。学生往往都能感觉到这种差异，从而影响学生对不同学科的态度，进而导致偏科。同时，"班主任效应"也不容小觑。由于班主任有更多时间与学生接触，与学生的关系也会更亲密，学生自然也会比较重视班主任教授的学科，所以有些学生的优势学科往往就是班主任所教的学科。另外，学校的办学特色和课程设置也会影响学生的偏科情况。

家庭因素

父母对学科的偏见也会影响学生的偏科情况。调查发现，很多家长过分重视孩子语、数、外三门课程的学习，而忽视了政、史、地等课程，造成了学生对各门课的重要性认识不足，从态度上区别对待各门课，最后导致偏科[①]。还有些家长抱着"学好数理化，走遍天下都不怕"的想法，过分注重孩子理科的成绩，而忽视了文科，进而

---

① 袁小武.中学生偏科现象调查及研究［J］.当代教育论坛（学科教育研究），2008（11）：15-16.

导致孩子偏科。

辅导建议

培养学生对劣势学科的兴趣

当发现学生偏科时,教师要主动与学生沟通,了解其偏科的原因。教师首先要帮助学生认识到学科之间是相互联系的,可以向学生举例说明,比如这个学生数学差,而这可能会影响其综合成绩,也会影响其对物理等学科的学习,以此激发该学生对数学学科的兴趣。其次,教师也可以通过一些反面例子让学生意识到偏科可能会给自己带来的严重后果,以此让学生认识到自己的劣势学科的重要性,培养其对劣势学科的间接兴趣。若发现学生因为学习方法不当而导致偏科,教师可以引导其反思自己的优势学科和劣势学科的学习方法,鼓励其将自己的优势学科的学习态度和学习方法迁移到劣势学科的学习中去,多加练习,从而找到适合自己学习劣势学科的学习方法,并在这一过程中鼓励学生在劣势学科上逐渐取得进步,提高学生的自信心,进而激发其对劣势学科的兴趣。

提高教师自身人格魅力及专业水平

在日常教学过程中,教师要注重与学生建立和谐的师生关系,主动与学生亲近,倾听学生的心声,了解学生的需求。同时教师要不断提升自己的专业水平和专业素养,以此在学生面前建立威信。在课堂中,教师要根据学生的特点不断改善自己的教学方式,通过生动新颖的方式激发学生的学习兴趣。对于像案例中的小曹这样的偏科学生,教师要带着发展的眼光去看待,可以尝试和其他教师沟通,以更全面地了解学生,看到学生在自己的优势学科上的实力,并积极予以鼓励。教师还可以采取以下方法:主动与偏科学生谈心,让学生感受到教师的期望;对学生每一次小小的进步给予充分的肯定和表扬;在课堂上挑一些简单的问题让学生回答,以此增加学生的自信心;课后一对一地对学生进行额外辅导,耐心地指导科学的学习方法,等等。

更新家长的观念

家长是孩子的第一任教师,对孩子的影响是巨大的。教师要引导家长鼓励孩子全面发展。发现学生偏科后,教师可以主动与家长沟通,了解学生偏科的原因,引导家长用发展的眼光看待学生的偏科现象;在肯定学生的优势学科的基础上,鼓励学生将学习优势学科的好方法迁移到劣势学科的学习中,与学生一起设定具体可操作的目标;当学生达到一个小目标时,及时进行鼓励和肯定,以提高学生的自信心。

 学生平时测验成绩都不错，遇到重要考试却发挥不出真实水平，怎么办？

案例呈现

> 小孙，女，七年级学生。小孙上课认真听讲，每天都能按时独立完成作业。在六年级时，她平时的测验成绩都处于中上水平，但若遇上重要考试，她便经常发挥失常。在七年级第一次期中考试的前两天，小孙就开始有点紧张；考试当天，她觉得有点头晕，但还是坚持考完，结果数学发挥失常。小孙的妈妈担心小孙以后在中考时也发挥失常。小孙的妈妈平时非常关注小孙的成绩，在每次大考前都要反复叮嘱小孙考试一定要仔细。小孙总是担心若自己考不好，妈妈会说自己没用。

讨论分析

每个学生从上学起就要经历无数次大大小小的考试，考试是教师检测学生学习成果以及学校选拔录取新生的一种主要手段。知识水平是学生考试成功的基础，考生的心理状态是考试水平能否正常发挥的重要因素。像小孙的这种平时测验都不错，但是遇到重要考试就发挥不出真实水平的情况，在学生中是一种比较普遍的现象。导致这一现象出现的因素是多方面的，具体分析如下。

对考试过于焦虑

我国学者郑日昌认为，考试焦虑是在一定的应试情境激发下，受个体评价能力、人格特征与其他身心因素所制约，以担忧为基本特征，以防御或逃避为行为方式，通过不同的情绪反应所表现出来的一种心理状态[1]。

小孙在面对重要考试时总会有一些心理压力，产生一定程度的紧张感。这是正常现象。大多数心理学家认为，适度的考试焦虑有利于学生考试成绩的发挥。因为适度的紧

---

[1] 李艳平. 中学生考试焦虑与心理健康、学业成绩的相关研究[D]. 上海：上海师范大学，2003.

张能提高学生的活动效率，从而使学生的思考力、反应速度、动作敏捷性都得以提高。过度的考试焦虑则会影响学生的考试成绩发挥，因为过度焦虑容易分散学生的注意力、干扰学生的记忆力和妨碍学生的思维力。如案例中的小孙常常不能把注意力集中在复习和考试上，而是将其分散到了各种担心的事情上。比如，在考试前她常常会担心考得不好妈妈会批评自己；在考试时如果遇到难题不知从何入手解题，便会因此连对简单的题目也无心作答；等等。这些势必都会影响考试成绩的正常发挥。

自我效能感低

当代著名心理学家班杜拉（Albert Bandura）提出"自我效能感"的概念。随着研究深入，经过多番论证，班杜拉后来提出，自我效能感是指个体处于任务情境下，对于自身是否有能力完成或实现该任务的一种判断。自我效能感低的学生通常对自己的学业缺乏信心，在压力面前感到恐慌，面对学习有一种无助感。他们总觉得自己无法顺利通过即将来临的考试或者无法取得理想的成绩，进而产生焦虑。

以往的考试经历也左右着小孙对自己应对考试的能力的评价。如果小孙在以往的考试过程中"积淀"了对失败的恐惧以及对考试的消极态度，那么在以后的考试中，已有的认知将会引起小孙的情绪波动，导致她注意力分散、记忆力减退，使她既不能保持思路清晰，又不能集中注意力于考试内容。这时，考试情境将变得富有威胁性，因此她将对考试顾虑重重，失去信心。以往所有失败、不愉快、焦虑、紧张的消极情绪体验，都会增大她的无能感和自卑感，降低她的自信心，让她形成自己还会考不好的观念，在面对新的考试情境时显得特别紧张[①]。

过于关注考试结果

过于关注考试结果、害怕失败，让小孙在高压的考试环境中不知所措，而影响大脑正常思考，使其面临"大脑一片空白"的状况。越是重要的考试，情况越是如此——像小孙这样面对考试极度紧张的学生，十分重视考试的意义，会在内心告诉自己必须成功，这种心理容易扰乱大脑的正常思考，而且由于对事情的得失成败很在乎，心理压力更大。

家长期望过高

在家庭教育中，有些家长对孩子的期望过高。小孙的妈妈就是如此，全然不顾小孙的学习兴趣和实际能力，将她的学习成绩看得过分重要。这使得小孙一方面迫切想要达

---

① 李艳平.中学生考试焦虑与心理健康、学业成绩的相关研究[D].上海：上海师范大学，2003.

到家长的期望，另一方面又怕自己让家长失望，因而感到压力巨大。承受过大的压力会引起过度的焦虑、紧张等情绪反应，容易造成注意力分散、记忆力减退等后果，还可能会影响生理健康。有些学生可能还会出现疲劳、胃功能紊乱以及失眠等症状。这些都有可能影响学生在考试时的正常发挥。

辅导建议

引导学生保持平常心

在考试前，教师可以给小孙作考前辅导，帮助她放松心情，引导她正确看待考试。首先，教师应引导她认识到考试的意义——通过考试可以了解自己在一段时间内取得的学习成果以及存在的问题。其次，教师要让她知晓考前的适度紧张有助于考试成绩发挥。它不仅能使学生保持学习的警觉性以及保证注意力的集中，还有助于保持大脑的足够的兴奋性。再次，教师要使她开阔视野，认识到"条条大路通罗马"，无论面对何种考试，保持一颗平常心最重要，这样才能使自己情绪稳定，安心备考。最后，教师可以对小孙进行考试技巧的指导，以缓解她的焦虑情绪。比如：在答题时要讲究一定的方法，先易后难，合理安排时间；当意识到自己出现紧张情绪时，可暂停答题，伏在桌子上稍作休息，或看看窗外的景色，稳定一下情绪，或通过深呼吸放松自我；等等。在考试结束后，教师也要多关注小孙的反应。当她考试发挥失常时，可以引导她思考考试发挥失常的原因，坦然面对失败，并鼓励她寻找可以改进的方法。若小孙考前特别紧张、难以自我调整，教师还可以建议她主动求助于心理教师或者社区心理服务中心等。

提升学生自信心

在日常教学工作中，教师不仅可以多鼓励、表扬小孙，还可以帮助她细化学习目标，将大目标分解成几个小目标。当她实现一个小目标时，及时给予鼓励。这不仅能使她获得成功的喜悦，还能不断提升她的自信心。教师也可以引导她采用积极的自我暗示法，如在考试前和考试时暗示自己，"最近我学习很认真，也认真复习了，我相信一定能收获理想的成绩""我现在状态很不错"等。同时，教师可以在班级中开展"唱反调"活动，如让学生把自己消极的想法逐条写在纸上，在后续的备考过程中努力用积极的想法去对抗，以提升自己对考试的信心。

让学生了解过程比结果更重要

对于成长中的学生来讲，作出多大的努力远比取得多少分的成绩更重要。那些习惯于被表扬的学生,一旦成绩不好便会垂头丧气,失去信心。教师可以多给予小孙过程取向的表扬,即引导她关注完成学习任务的过程,肯定她为取得成功而付出的努力和尝试各种策略的行为。如此一来,她即使一时成绩不好,也不会失去信心,而会更加努力。

对家长进行针对性指导

教师可以通过开家长会或者举办家长沙龙等方式,让家长了解考试焦虑对学生的危害以及如何助力学生考试。教师应使家长认识到:首先,家长对学生要有合理的期待。过高的期待反而会让学生失去学习的动力,家长可以和学生一起设定学生努力一下就可以达到的目标。其次,家长不要对学生施加太大压力,而是要给学生更多的支持和理解,尤其对于一些会给自己过多压力的学生。再次,家长要注重营造温馨、和谐的家庭氛围,不能只关注学生的成绩,还要看到学生在学习过程中付出的努力,及时给予肯定和鼓励。

4 学生学习压力过大，怎么办？

案例呈现

> 小张，男，九年级学生。小张学习成绩优异，父母都是高学历人士。小张的表哥、堂姐都考进了市重点高中，因此父母对他也抱有很大的期望。逢年过节，小张最害怕的事情就是亲戚们问他的学习成绩，因为他们总是把他跟表哥、堂姐比较。小张担心如果自己中考没能考上市重点高中，会让父母很没面子。

讨论分析

压力主要有两类解释：其一，将压力视为心理和情绪上的紧张反应，强调对压力的感受[1]。其二，将压力视作个体与环境的相互作用。这一类定义将压力的内涵扩大化，既重视认知评价的作用，又重视压力的具体情境性，还重视个体与环境的交互作用。学习压力是指学生在学习过程中对外界环境所提出的要求进行认知和评价。如果学生认为这些要求超出了自己的应对能力，就会在心理上产生焦虑、紧张等情绪，学习压力也由此而生[2]。

学业压力是中国中学生最主要的压力源，也是中学生心理健康方面存在的3个问题之一。在中小学生的日常生活压力中，有50%以上来自学业方面。心理学研究发现，一定的压力对学生的学习有促进作用，但学业压力过大，往往会使学生考试成绩不理想，甚至出现厌学、拒学的现象。中学生学习压力的形成受多方面因素的影响，归纳起来，主要受内在、外在因素的影响。内在因素包括如心理承受能力、学习目标、对成绩的在意程度等；外在因素包括如家长的期望、考试、升学、成绩排名等。以下是对其中3个主要因素的分析。

---

[1] 张春兴. 现代心理学 [M]. 上海：上海人民出版社，1994：118-120.
[2] 孟迎芳. 初中生学习压力的心理分析及其应对措施 [J]. 福建师范大学福清分校学报，2001（3）：68.

家长的期望

一项在2000年对中小学生、教师、家长的大规模访谈研究发现，对中小学生而言，主要的压力并不仅仅源于课业，家长及外界施加给他们心理上的压力才是真正的负担。案例中，小张的压力也主要来自家长的期望。"望子成龙，望女成凤"是每个家长的美好愿望。家长适当的期望对于学生来说是一种学习的动力，但是过高的期望就会变成学生的压力。有些家长常常把所有对孩子的关注点都集中在学习成绩上，较少关注孩子的情绪、兴趣爱好等；有些家长经常拿自己的孩子和别的孩子进行比较；还有些家长把自己在年轻时没有实现的梦想强加在孩子身上，希望孩子能帮他们实现当初没有实现的梦想。家长的这些期望往往是不合理的，无形中会给学生带来很大压力。

考试

考试是评定学生成绩的标准，可以帮助教师和学生了解学习的成果，但也会对学生造成不小的压力。调查显示，真正让学生感到压力的不是考试，而是在考试之后要面临的来自家长和教师的批评、同学的评价、成绩排名，以及考试淘汰制等。因此，考试前后，很多学生都会感到紧张，部分学生还会过度焦虑。如果这些压力没有被妥善处理，不仅不会变成学生学习的动力，反而会使学生渐渐失去对学习的兴趣，降低学习动机，从而对学习产生厌烦情绪，严重者甚至还会出现厌学等情况。

学习目标

学生设定目标是一个很好的习惯，但如果设定的目标过高，又总是达不到，学生就在学习上得不到成功的体验，反而给学生造成更大的压力。

20世纪80年代，美国心理学家德韦克（Carol S. Dweck）提出了较为完善的成就目标理论。她主张，在成就情境中个体主要追寻的成就目标，可分为学习目标与成绩目标。具有学习目标的学生更关注自己能力的增长，具有成绩目标的学生更关注他人对自己能力的评价[①]。因此，具有成绩目标的学生更容易感受到来自父母、教师的期望以及同学的评价等方面的压力。

辅导建议

大部分学生有了压力以后能以积极的心态和方式应对，但也有一小部分学生存在一

---

① 李抗，杨文登.从归因疗法到内隐理念：德韦克的心理学理论体系及影响[J].心理科学进展，2015，23(4)：621-631.

些困难。教师可以尝试用以下方式帮助学生缓解压力，使学生在适当的压力下取得理想的成绩。

调整家长期望

案例中小张的学习压力主要源于家长过高的期望，教师可以主动与其家长沟通。教师应引导小张的家长认识到自己对孩子的期望值必须适度，要从孩子的实际状况出发，并要随着孩子的变化而不断地调整期望。与小张的情况类似的，比如，有的学生语、数、外三门功课都不及格，家长却非要让学生考重点高中，这样的期望反而会让学生压力倍增而失去学习动力。教师要提醒家长，在平时注重多花时间和自己的孩子沟通交流，了解孩子真实的想法，倾听孩子的心声。

同时，教师要引导家长注重培养孩子的心理承受能力以及积极乐观的生活态度，要适当为孩子提供锻炼的机会，磨炼孩子的意志，提高孩子的耐挫能力，为孩子今后的自主发展培养良好的心理素质。

另外，教师要用发展的眼光看待学生，多元评价学生，摒弃分数论，不公布学生的成绩排名，并为学生不断优化班级环境，营造学生间相互合作的学习氛围。

帮助学生接纳并积极应对压力

针对案例中的情况，教师应引导小张认识到压力是客观存在的，具有双重性——适度的压力具有积极的意义，进而帮助他接纳压力的存在，化压力为动力；同时，过度的压力会产生消极作用，教师可以帮助小张积极面对压力并提供一些缓解压力的方法。比如，运动、腹式呼吸放松法、听音乐、吃美食、做手工、睡觉以及和好朋友倾诉等。如果小张还是难以自我调节，教师可以鼓励他主动寻求帮助，来自朋友、家人、教师的鼓励和安慰有助于他应对压力，进而获得勇气和力量；如有需要，教师还可以建议他寻求学校心理教师或者社区心理服务中心等专业人士的帮助。

引导学生设置合理目标

教师可以引导小张根据自己实际情况，设置合理目标，让他通过努力达成目标，获得成功体验，从而受到鼓励，进而有信心、有动力向更高的目标继续挑战。

教师还可以有意识地培养小张的学习目标，引导他更多关注学习任务本身，使他明确学习的目的在于真正理解并掌握知识和技能，以任务的完成为标准；更多关注自身能力的发展，更多进行纵向比较，即将现在的自己与过去的自己作比较，而不是把关注点放在与别人的竞争和比较上，以此缓解学业上不必要的压力。

5 学生因为不喜欢某个学科的教师，不肯学，怎么办？

案例呈现

> 小钱，男，七年级学生。小钱很喜欢数学，数学成绩在班级中名列前茅。七年级开学后，小钱的班级换了新的数学教师。小钱在数学课上总是积极发言，但因为多次在上课时随意说话影响其他同学听课，被数学教师点名批评。小钱心里开始抵触数学教师，在上数学课时心不在焉，数学作业也是马虎对待。半个学期过去后，小钱的数学成绩直线下降。

讨论分析

师生关系是影响中学生发展的重要因素，尤其对中学生的情感适应、学习过程、行为发展以及人际关系等方面有重要影响。同时，大量的研究表明，师生关系对中学生的学习兴趣、课堂参与和学业成绩等也有很大影响。李春苗等指出，中学生主观地认为与科任教师的关系严重影响自己对这一学科的学习兴趣与学习成绩。有关研究表明，学生对教师的喜欢程度与对该教师所教学科的喜欢程度密切相关，一致率达95%以上；学生对教师的不满意程度和对该教师所教课程的不喜欢程度的相关性也达到80%；拥有不同师生关系良好程度的学生在学习兴趣、学习热情、责任心、好胜心、自信心、学习毅力方面，存在非常显著的差异。董奇等人以及张磊的研究均表明，中学师生关系与学生的学业成绩存在显著相关性[1]。

传统意义上的师生关系是指教师和学生在教育、教学过程中结成的相互关系，受教育活动规律和社会历史发展阶段的制约。随着社会的发展以及人们意识形态的变化，现今的中学师生关系呈现出一些新的特点和新的问题，即发展成一种新型师生关系。与传统师生关系相比，新型师生关系更注重教师和学生在人格上的平等、在互动活动中的民

---

[1] 阴山燕，张大均，余林.我国中学师生关系研究述评［J］.宁波大学学报（教育科学版），2008（2）：79-83.

主及在相处氛围上的和谐,其核心是师生心理相容、心灵互相接纳,是一种至爱的、真挚的情感关系①。

良好的师生关系是教育活动得以顺利开展的保证。在学校里,一些学生会因为喜欢某位教师而特别喜欢上这位教师的课,同样也像案例中的小钱一样,因为不喜欢某位教师进而不喜欢这位教师任教的某个学科。这是相当普遍的现象。古语云:"亲其师,信其道。"所有的教育活动都是教师与学生一起合作进行的。唯有良好的师生关系,才能产生师生的有效互动,提高教学质量。学生和教师作为师生关系的双方,是影响师生关系的重要因素,具体分析如下。

学生因素

中学阶段的学生正处于青春期。这个时期的学生自我意识开始觉醒,开始有自己的想法,面对教师,不像小学时那样无条件遵从。当教师以权威者的角色和学生沟通时,有些学生虽然没有明显的外在反抗,但心里可能会对教师产生反感,进而与教师疏远,对教师教授的科目也会产生反感。除此以外,青春期学生的情绪波动较大,思维容易倾向绝对化,往往不能理智地思考事物的多面性和辩证性。他们如果认为一个人某方面不好,则倾向于全盘否定这个人。所以,当学生看见教师区别对待同学或者不公平地处理问题时,学生会把对这个问题的不满转化为对教师的全盘否定,这不仅会影响学生和教师的关系,还会影响学生的学习状态。

现有的实证研究主要集中在学业成绩对师生关系的影响方面。教师会对有不同学业表现的学生表现出不同的期望。这些期望体现在教师对待学生的行为上,进而会对师生关系产生影响,学业表现好的学生一般都有更良好的师生关系。

教师因素

教师作为师生关系中的一大主体,对和谐师生关系的形成起着决定的作用。目前,师生关系的影响因素研究主要集中在对教师因素的探讨上。因为教师作为师生关系的一个主体,在现实教育过程中往往处于主动地位。

一方面,有些教师在和学生相处的过程中,仍然保持自己作为绝对权威者的相处模式,缺乏尊重和平等的意识,不顾及学生的感受,对学生进行过于严厉的批评和管教。另一方面,有些教师按成绩区别对待学生的现象也是客观存在的。对于成绩好的学生,他们会更关注,也会给予更多的表扬和肯定;对于成绩不理想的学生,他们往往消极评

---

① 王基伟.中学新型师生关系现状及成因分析[J].天津师范大学学报(基础教育版),2011,12(4):21-24.

价较多，不太关注这些学生的闪光点，较少给予表扬和鼓励。这些都容易导致师生关系疏远甚至师生发生冲突。另外，教师工作任务繁重，家长、学校对于学生的成绩又十分重视，导致教师与学生的交流时间较少，且交流的内容也主要集中在学科知识方面；而对于学生来说，更希望得到教师在情感方面的支持和关注。长此以往，使得师生关系产生诸多问题。还有个别教师自身存在一些问题，比如，有些教师不太注重自己的仪态仪表，有些教师非常严肃刻板、不苟言笑等，导致学生不愿与教师亲近，进而影响师生关系。

辅导建议

学生方面

学生作为师生关系中的重要主体，在师生关系中也承担着重要的角色。针对案例中小钱的情况，首先，教师可以主动与小钱谈心，进一步了解小钱不喜欢数学教师的原因，进而对症下药。教师可以引导他认识到学习是为了自己，不是为了教师，因为不喜欢数学教师而赌气不认真学习数学，最终吃亏的是自己。其次，如果发现小钱对数学教师有误解，可以帮助他分析产生误解的原因，引导他换位思考理解数学教师。如果发现他已经对数学教师产生偏见，可以帮助他了解数学教师其他的闪光点；同时也要让他明白教师也是人，难免有缺点，引导他全面看待数学教师，不要因为教师的某个缺点就全面否定这位教师。

教师尤其是班主任，还可以通过主题班会等方式培养学生积极的交往策略，通过小品表演、辩论赛等形式引导学生学习如何处理与教师的关系，进而提高学生的师生交往技能。若有需要，教师也可以建议学生寻求专业人士或机构的帮助，如学校的心理教师或者社区心理健康服务中心等。

教师方面

教师要清楚地认识到和谐的师生关系的重要性——师生关系并不是单纯地传递与接收知识的关系，更是一种心与心、生命与生命的对话互动关系，所以教师要注重与学生建立和谐的师生关系。首先，教师要紧跟时代的步伐，要对自己教师的角色有准确的定位，要有正确的学生观，不应认为教师高学生一等，而应把学生视作独立、平等的个体，尊重理解学生，以此获得学生的尊重。教师可以通过阅读书籍、听讲座等方式了解当下中学生的心理特征，并及时向深受学生好评的教师取经；还可以通过线上线下相结合的方式主动与学生沟通，倾听学生的心声，了解学生的需求和想法——有时候真诚的投入和积极的倾听也能给予学生积极的情感体验，有助于建立良好的师生关系。教师也要努力做到公平对待每一名学生，不因学生的成绩好坏、家庭状况等因素区别对待学生；对于成绩不好的学生，更应耐心指导，深入了解其成绩不好的原因，并给予针对性的指导，如激发学生学习的动机、帮助其找到适合自己的学习方法并养成良好的学习习惯等。

 学生学习很努力,但成绩不理想,怎么办?

案例呈现

> 小陈,女,七年级学生。小陈学习态度认真,上课能做到认真听讲,作业能按时完成,在语文和英语默写上准确率高,对待数学的错题订正从不拖拉。小陈在学习上花了很多时间,课间总是坐在座位上写作业。家长反映,小陈在家也会自觉做作业,不用家长督促,周末时间基本也都花在学习上,在考试前还经常刷题。但是小陈的考试成绩总是不理想,各科成绩平平,数学有时还会不及格。小陈不明白,为什么自己学习那么努力,但结果却总是不尽如人意?

讨论分析

众所周知,努力对学习来说是非常重要的,但影响学习的因素有很多,要想学习好,光靠努力是不够的。像小陈这样在学习上确实很努力,但仍然学不好的学生还是普遍存在的,这可能与以下因素有关。

学习方法

法国著名生理学家贝尔纳(Claude Bernard)曾说:"良好的方法使我们更好地发挥运用天赋的才能,而拙劣的方法则可能阻碍才能的发挥。"其实学习也是一样,学习只靠用功是不行的,了解学习的规律,掌握和运用科学有效的学习方法,才能提高学习的有效性。在学校里,教师经常会发现有一些学生似乎在学习上没有花很多时间,还能积极参与学校的各项活动,但学习成绩优异;另外,也有不少像小陈一样的学生,学习态度端正,几乎把自己所有的时间都用在学习上,但学业平平。前者善于在学习方法上下功夫,善于合理安排自己的学习时间,进而能在适度放松之余高效学习。比如,他们会用记忆诀窍来记英语单词,给自己设定目标,在学习中遇到困难时还会主动求助于教师并参加一些合作学习小组等。由此可见，学习是有诀窍的，缺乏智慧的蛮干行不通。有效的学习方法不仅能提高学习效率，还能提升学习成绩。

自我效能感

自我效能感是由美国心理学家班杜拉提出的，是指个体对有效控制自己生活诸方面能力的知觉或信念。学习自我效能感是指个体的学业能力信念，是个体对控制自己学习行为和学习成绩能力的一种主观判断，是自我效能感在学习领域的表现。有研究表明，自我效能感与学生的成绩具有高相关性，对学习表现有重要影响[①]。自我效能感高的学生会倾向于选择具有挑战性的学习任务，并尽最大努力将它们完成；在遇到困难时能积极寻求解决的方法，相信自己能解决困难，很少表现出紧张、焦虑等消极情绪，其自我调节能力也比较强。像小陈这样的学生自我效能感比较低，更倾向于选择简单的学习任务，不想做难题，常常担心自己能力不足、完不成任务，更容易表现出紧张、焦虑等消极情绪。实际上，很多学生并不是缺乏能力，而是缺乏对自己能力的信心。由此可见，学生如果缺乏自我效能感，即使很努力，也很难取得理想的成绩。

青春期学生的心理状态

对于学生而言，在成长过程中，青春期是非常敏感而特殊的时期，是他们从儿童向成人过渡的时期。进入青春期以后，学生的身心状态都会发生巨大的变化，其心理状态并不稳定，往往会有许多内心的冲突与困惑，而且其情绪会变得敏感而容易波动，在一切顺利时自信满满，在遇到挫折时又容易自卑。对中学生来说，学习是他们的首要任务，因此学习成绩自然会牵动着他们的喜怒哀乐。当学习有进步时，他们会有很多积极情绪，觉得很有成就感；当努力万分却未取得理想学习成绩甚至学习退步时，他们又会有很多消极情绪，若不及时调节，他们可能还会对学习过度焦虑，甚至厌学。学生在情绪状态不稳定时自然无法专心于学习，必然会影响他们的学习成绩。

辅导建议

指导学生掌握有效的学习方法

陶行知认为，所谓教学，不是教书，不是教学生，而是教学生学。教师首先可以把自己在学习中使用的一些有效的学习方法分享给学生。比如，针对案例中小陈的

---

① 边玉芳.学习自我效能感量表的编制与应用[D].上海：华东师范大学，2003.

情况，教师可以告诉小陈一些制订学习计划与时间管理的方法，背诵的小窍门，预习、复习和做笔记、做错题集的小秘诀。教师可以组织开展学习方法交流会，可以在班级内开展，让班级学生彼此分享，也可以请优秀毕业生回校交流，分享他们有效的学习方法，还可以邀请家长一起参与——因为家长是学生的第一任教师，家长也有丰富的学习经验和成功的学习方法能够传授给学生。教师要帮助像小陈这样的学生，通过运用有效的学习方法来提高成绩，让他们能感受到运用有效的学习方法带来的快乐。这样的成功体验会让他们更乐于运用有效的学习方法，更乐于思考如何更有效地学习。

对于那些学习基础较为薄弱的学生，除了学习方法的指导，教师还可以给予他们一对一的个性化辅导。

提高学生的自我效能感

案例中小陈的自我效能感较低，教师可以通过增加她在学习中的成功体验来提高她的自我效能感。教师可以根据她的学习状况给她布置适当的学习任务，并及时给予鼓励。比如，教师可以针对不同水平的学生设计不同层次的作业，对于一些有特殊情况的学生，可以进行个性化的作业设计，让他们从完成简单的学习任务开始，逐步接受越来越有挑战性的任务，以此提升他们的自信心。简单举例说明——针对英语基础差的学生，教师起初可以让他们每天背诵10个英文单词，同时在他们完成相应的学习任务之后及时给予鼓励；慢慢地，再鼓励他们尝试背诵英文句子、英文课文。针对小陈的情况，教师还可以去了解小陈是否有其他方面的特长，给她提供一些展示的机会，肯定、赞扬她在这些方面的才能。这会提高她的自我效能感，促使她努力克服在学习过程中遇到的困难。

关心青春期学生的心理状态

教师要时刻关心学生的心理状态，学会与他们的心灵进行对话。针对案例中的小陈，首先，教师要与她建立良好的关系，一个友爱的眼神、一个温暖的微笑、一次亲切的对话甚至轻轻地拍拍她的肩膀等，都可以帮助教师走近她的内心世界。其次，教师还可以创造机会让她通过"发牢骚"来调节自己的心理状态。比如，可以在班级里放置一个"心愿瓶"或者"心情桶"，抑或张贴一个线上二维码，让学生可以把自己日常的喜、怒、哀、乐或心情故事等写下来投进去，或扫码填写上传。对学生来说，这是一个宣泄的出口，能很好地帮助学生调节心理状态。考试前后，如果小陈的情绪波动比较大，教师可以通过主题班会来帮助如她一样的学生缓解压力。主题班会可以形式多样，比如：

让学生把压力吹进气球,通过踩爆气球来释放压力;通过冥想、深呼吸等方式放松身心。如果小陈的状态超出教师可以辅助调节的能力范围,教师需要及时联系家长,在必要时可以寻求来自学校心理教师或者社区心理服务中心等的专业帮助。

7 学生在学习上很被动，怎么办？

案例呈现

> 小张，男，六年级学生。小张在学习上很被动，在家靠家长督促，在校靠教师盯。上课时，其他学生都在认真听讲、记笔记，他有时打瞌睡，有时向同学传纸条，有时发呆，经常不在状态；一下课，他就"满血复活"，到处溜达。他经常忘做、漏做作业，从来不主动去找教师订正错题。回到家，他一放下书包不是看电视就是玩手机，总是在家长的反复催促下才磨磨蹭蹭地去写作业，在学习上可谓没有一点主动性。

讨论分析

小张的这种表现就是典型的被动学习，也就是所谓的"要我学"的状态——对学习没有主动性，没有教师和家长的督促，就不想进入学习状态。这在现在的青少年群体中是一个非常普遍的现象。导致这种现象出现的原因是多方面的，可能和以下因素有关。

缺乏内在学习动机

学习动机又称学习的动力。学习动机是指，激发个体进行学习活动，维持已引起的学习活动，并导致行为朝向一定的学习目标的一种内在过程或内部心理状态[①]。根据学习动机的动力来源，学习动机可以分为内在学习动机和外在学习动机。内在学习动机是因个体内在需求而产生的学习动机，如为了获取新知识，满足求知欲、兴趣、好奇心，等等。外在学习动机是指受外在环境因素影响而形成的学习动机，如为了受到教师表扬、父母称赞，考入重点中学，等等。一般来说，学生被动学习是缺乏内在学习动机所引起的。研究表明，具备内在学习动机的学生更有学习的自主性，并勇于克服在学习中遇到的困难，能在学习中得到满足而获得成就感，学习行为具有持久性。小张明显缺乏

---
① 李伯黍，燕国材.教育心理学[M].上海：华东师范大学出版社，1993：235.

内在学习动机。他对学习并不感兴趣，只是机械地把学习当作任务，因此体验不到学习所带来的快乐，遇到困难容易放弃，学习行为缺乏持久性，只能被动、应付式地学习。

对学习结果的不合理归因

社会心理学家海德（Fritz Heider）最早提出归因理论。学习归因是指学生对自己的学习行为及结果的产生原因进行分析、推论，对学生的学习行为具有深刻影响[1]。对学业的成功或失败的不同归因倾向会引起不同的期望和情感体验，由此产生不同的学习行为。有关归因的研究发现，高成就的学生把自己的成功归因于能力和努力，而把失败归因于不努力和其他一些内部因素；低成就的学生经常把自己的成功归因于个人可控因素之外的其他原因，而把失败归因于自己缺乏能力[2]。学生如果把成功与失败归因于自己的努力程度，就会更加自信，进而增加努力行为，会更加主动学习。然而，小张常把成功与失败归因于能力太低、学习任务太难等原因，于是变得自卑，进而减少努力行为，导致被动学习。

来自家庭和学校的不良影响

一些望子成龙的家长过分看中孩子的学习成绩和排名，与孩子谈论的话题主要集中在学习上，而忽略了对孩子情绪等方面的关心；有时因为孩子考试没考好或成绩退步就挖苦讽刺甚至打骂孩子；假期的大部分时间都让孩子在补习班度过，导致孩子过度学习。还有些家长对孩子有过高的期望，甚至把自己未能实现的理想强加在孩子身上，给孩子造成很大的压力，反而让孩子失去了本该有的学习动力，导致孩子被动学习。

另外，有些学校实行应试教育狠抓教学，而忽视了对学生的素质教育，让学生感受不到学习的乐趣。有些教师教学方法单一、方式老旧，只是一味地采用"教师讲、学生记"的刻板方式，让学生不断地刷题，导致学生失去对学习的兴趣，进而被动学习。

辅导建议

激发与培养学生的学习动机

教师可以采用多种教学方式，设计能引发学生学习兴趣的教学活动来培养学生学习的兴趣。例如，英语教师可以通过英语歌曲、英语动画电影、英语配音等方式来增加学生学习英语的乐趣，以此培养学生对学习英语的兴趣。

---

[1] 史海云.中学生学习归因的特点及其与学业自我效能感、学习倦怠的关系研究［D］.苏州：苏州大学，2009.
[2] 王凯荣，辛涛，李琼.中学生自我效能感、归因与学习成绩关系的研究［J］.心理发展与教育，1999（4）：22-25.

当然，教师也可以尝试通过合理运用奖赏等方式来激发学生的外在学习动机。比如，针对案例中小张的情况，他如果特别喜欢体育，当他有进步时，教师可以奖励他一次中午在操场自由活动的机会。有时候，来自他人的适当奖励能转化为学生的自我奖励，能持久地激励学生学习，因为在一定条件下，外在学习动机也可以转化为内在学习动机。对学生来说，教师的微笑、关切的目光、赞赏等始终是非常重要的，特别是伴有感情色彩的鼓励和赞扬[①]。

引导学生合理归因

合理的归因可以提高学生的自信心，所以当小张在学习上遇到困难和失败时，教师可以引导小张积极归因，正确对待学习的失败。比如，当小张考试不及格时，他可能觉得这是因为自己能力不行或者试卷太难。不合理的归因方式会导致他失去信心，进而不想努力。教师可以引导他反思自己平时的学习态度和学习习惯，如上课走神、写作业马虎等，让他明白考试不及格是因为他不够努力，从而减少他的消极情感，增强他努力的动力。同时，教师可以和他一起制订努力的目标和具体计划。在他努力的过程中，当他有进步时给予他鼓励，让他体会到努力是有成效的，以此来提高他的自信心。如果班级中有其他像小张这样学习被动的学生，教师可以将他们组成一个学习成长小组，通过案例分享、头脑风暴、角色扮演等方式，让这些学生认识到努力对于成功的重要性，引导学生合理归因。

调整家长的观念

教师可以主动与小张的家长沟通，如果发现小张的被动学习与家长不合理的家庭教育方式有关，首先可以对家长望子成龙的心情表示理解，但同时也要提醒家长不要对孩子有过高的期望，以免孩子压力过大而适得其反，如让孩子过度学习导致其对学习反感。教师可以建议家长多与孩子沟通，了解孩子的想法，尊重孩子的意见，并与孩子共同设定合理的学习目标。当孩子学业面临挫折时，耐心与孩子一起寻找学习中存在的问题；当孩子有进步或达到目标时，及时肯定孩子的努力，让孩子在学习中体验到成就感，从而增加学习兴趣和信心。

教师也要时常自我反思，如果很多学生对自己教授的科目不感兴趣，可以通过多渠道了解学生的想法，及时调整自己的教学方式。

---

① 吴增强.青少年心理辅导［M］.上海：华东师范大学出版社，2013：117.

8 学生本来会的知识在考试时却想不起来,怎么办?

案例呈现

> 小金,男,九年级学生。小金半年后要参加中考,但在最近的几次考试中,他经常突然脑子一片空白——平时默写英文单词和古诗文都能满分,但在考试时却默写不出;本来熟背数学和化学公式,但在考试时怎么也想不起来。然而,待考完试再做题目时,他又能想起来这些内容了。为此,小金心里很着急——如果在中考时也这样,该怎么办?

讨论分析

很多学生可能都会有类似小金这样的困惑。平常会的知识在考试时却想不起来,但是在考试后又能想起来,这种现象俗称记忆堵塞,属于记忆心理学中的暂时性遗忘现象。这种暂时性遗忘并不是真正的遗忘,所学知识其实仍然在学生的记忆中,只是学生在提取它们时遇到了困难。学生出现这种现象可能与以下因素有关。

情绪紧张

对大部分的学生来说,考试会不同程度地引发心理压力。在考试时,小金因为压力而产生了紧张的情绪,而紧张的情绪会干扰知识在记忆中的提取过程,导致在考试时想不起来的状态;考完试后,他的情绪放松了,紧张感消失了,知识又能顺利被提取了,所以他就又能想起来了。

复习方法不当

根据德国心理学家艾宾浩斯(Hermann Ebbinghaus)的遗忘曲线,人的遗忘规律是起初遗忘速度快、遗忘量大,之后遗忘速度减缓,遗忘量也随之减少。小金可能没有遵循这一规律及时复习,而在学习知识后过了一段时间,临近考试时才开始复习,导致没有很好地巩固新学知识。还有些学生在考前临时抱佛脚,在短时间内往大脑中装进太多的学习材料，导致学习材料之间互相干扰；或者长时间地连续刷题，大脑一直处于疲劳的状态。这些都会增加学生在考试时出现暂时性遗忘现象的可能。

记忆方法不当

有些学生在学习时只是死记硬背，不注重理解，但理解是记忆的基础，只有理解的内容才能够被很好地感知，从而形成长期记忆；还有些学生在学习新知识时，并没有将新知识与已学会的知识进行联系，没有用已学会的知识来理解新知识，因此难以形成系统的知识结构，导致在提取知识时出现困难。

辅导建议

调节情绪

首先，教师要引导小金认识到，在考试中出现这种现象是正常的，也是普遍存在的，以此缓解他的紧张情绪。针对这一现象，教师在考前可以对他进行辅导，引导他进入考场后要保持镇静，可以深呼吸，并进行积极的自我暗示——心中默念"放轻松"，以保持情绪的稳定。情绪的稳定，一来可以减少在考试中出现暂时性遗忘现象，二来有助于当暂时性遗忘现象出现时恢复记忆。如果小金有需要，教师可以建议他考前求助于学校心理教师或者市区心理咨询机构进行一对一的心理辅导。

科学而有规律地复习

为了避免小金在考场上出现暂时性遗忘的现象，教师可以鼓励他在考试前进行科学且有规律的复习，同时注意劳逸结合——学而有序有助于科学用脑，提高学习效率。教师可以给小金讲解艾宾浩斯的遗忘曲线，让他了解遗忘的规律，鼓励他及时复习每天学习的知识，加深和巩固对知识的理解。教师也可以让他在考前制订一个复习计划表，科学地安排时间，充分利用好最佳学习时间，把对重要的或者困难的科目的学习放在自己的最佳学习时间去完成。教师还可以鼓励他采用多种多样的复习方法，如小组合作共同复习、多种感官协同复习等。

科学而有效地记忆

为了帮助学生在考试时顺利地将记忆中的知识提取出来，教师可以为他们指导一些提高记忆力的方法。比如，在教授新知识时，教师引导学生将新知识与之前所学的知识进行联系，有意识地在记忆时将新知识进行分类，以形成清晰的知识结构。

巧用考试小妙招

在给学生进行考前辅导时,教师一方面可以在班级中征集学生在考试中让记忆再现的一些成功经验;另一方面也可以分享一些令记忆再现的小妙招。比如:环境联想之追忆法——答题前先回想一下背诵单词、公式时的情景。审题之画龙点睛法——再仔细审查一遍考题,圈出考题的关键词,对考题反复琢磨几次,看看考题中有没有一些激发记忆闪现的词语;借助这些关键线索找到解答方法,或回忆起相关的知识点;新鲜事物之启动法——当出现暂时性遗忘现象时,先把笔放下,什么都不要想,短暂地眺望窗外的景色,使视觉器官受到新鲜事物的刺激,以帮助激活中断的记忆[①]。

[①] 李静.冲破"记忆堵塞"的五大玄机[J].高中生,2018(36):21.

9 学生在学习上总是粗心大意，怎么办？

案例呈现

> 小黄，男，七年级学生。小黄天资聪颖，性格外向，性子急，上课常常踊跃与教师互动，积极完成作业，但是总在作业中犯各种小错误。考试时，他总会因为粗心大意失分——有时是审题不清，有时是计算错误，有时是漏做题。小黄在每次考试前都是信心满满，但在拿到试卷看到错题后又觉得很懊恼。他很担心如果继续这样下去，自己可能会考不上理想的学校。

讨论分析

在现实生活中，像小黄这样在学习上粗心大意的学生很常见。粗心现象是中小学生在学习过程中的一种常见但很难克服的心理现象，主要表现为学生已经掌握某一知识或技能，但在完成考试或作业时，由于各式各样的原因而出现疏忽与遗漏，造成答题失误，导致考试结果或作业质量不能真实反映学生对知识掌握的实际水平。这一现象久而久之可能会影响学生的学习积极性。学生容易出现粗心现象可能和以下因素有关。

注意力不足

注意力既包括对目标刺激保持长时间警戒的持续性注意力，也包括合理分配注意资源并排除无关刺激干扰的选择性注意力。有研究结果显示，粗心型学生的选择性注意力显著差于细心型学生，但在持续性注意力上，两组学生并不存在明显差异。这意味着，在完成作业或考试的过程中，粗心型学生容易被无关信息干扰而分心或走神，继而抄错、抄漏内容等。这很可能是因为他们在选择性注意力上存在某些不足①。

---

① 徐晓波，庞维国.中小学生数学学习粗心现象与注意能力的关系［J］.心理与行为研究，2016，14（1）：80-86.

冲动型认知风格

"认知风格"最初是由美国心理学家奥尔波特（Gordon W. Alport）在1937年提出。不同研究者对认知风格的分类有所不同，其中一种分类是将认知风格分为冲动型和反省型。这两种认知风格的学生在学习上各有优势和劣势。案例中的小黄属于冲动型的认知风格。在面临需要解决的问题时，他常常不假思索地立即作出反应，但这种快速反应的正确率较低；反省型学生，在作出行为反应前，较多关注行动方案是否适宜，力求准确，其反应速度相对较慢[1]。

不良的学习习惯

粗心其实也是一种不良的学习习惯，与家庭教育有很大的关系。教师了解到，小黄在专心做事时，有时父母出于关心，一会儿送点水果，一会儿问小黄一些问题，但这样的关心方式不利于学生集中注意力。有些学生家里来来往往的人很多，学生无法在安静的环境中学习，经常会被周围的人分散注意力；还有些学生一边做作业，一边听听音乐、吃吃东西、玩玩文具，注意力在无形中被分散。对此，家长如果不及时制止任其发展，学生这样的行为慢慢就会变成坏习惯，进而导致粗心。

思维定式

据心理学理论，先前的心理活动所形成的准备状态，决定着将要发生的心理活动。比如，学生在做一道题时，很容易受前面题目的影响，但两道题目完全不相干；或者当学生看到一些比较熟悉的题目时，习惯把它和以前的某道题目进行比较，并把原来的答案套在这道题目上，但事实上，这两道题目并不同属一个类型[2]。如此"想当然"式的粗心其实就是思维定式的表现。

除此以外，书写不规范、缺乏解题动机、学习负迁移等因素，均可能导致粗心现象的发生。

辅导建议

提高学生专注力

教师可以鼓励小黄多参加体育活动，如羽毛球、乒乓球等，或指导他快速阅读，或组织抢答竞赛，等等，以培养他高度集中注意力。

---

[1] 吴增强.学习心理辅导［M］.上海：上海教育出版社，2000：132.
[2] 周晓峰.学生粗心大意的成因及对策［J］.小学教学研究（教师版），2009（5）：37-38.

除此以外，教师可以建议家长在家里尽可能减少孩子的学习环境中那些会让孩子分心的刺激因素。比如，在孩子做作业时，把手机等电子产品放在房间外，不在学习桌上放置零食，等等，并让孩子的学习环境尽量保持安静。这些有助于孩子集中注意力，进而减少粗心现象。家长如果发现孩子确实存在注意力缺陷障碍，需要遵医嘱用药以治疗。

给予学生个性化指导

教师需要了解学生在认知风格上的差异，采取与学生认知风格相适应的教学方式，促进教与学的相互适应，进而激发学生学习的兴趣，提高学生学习的自主性。认知风格为冲动型的学生通常要比反省型的学生发言积极踊跃，敢于表达自己的观点。对于小黄这样的学生，教师首先要对他的积极表现给予肯定，然后再建议他更全面地思考以提高反应的准确率。教师还可以帮助他了解自己的认知风格，进而扬长避短，甚至学会变换自己的认知风格去适应不同的学习任务。教师也可以建议家长让小黄做一些有利于静心的活动，比如练字、拼图等，以此培养他全面思考、耐心做事的好习惯。

培养学生良好的学习习惯

粗心是一种不良的学习习惯。当发现小黄粗心大意时，教师要及时向他指出，并让他认识到粗心的后果，激励他主动改正粗心这个坏习惯。为了避免学生粗心，教师可以培养学生在做题时认真审题、书写规范以及及时检查的好习惯。家庭环境对学生的影响很大，教师可以协同家长一起帮助学生养成好习惯，同时也要让家长意识到榜样的力量，以身作则给自己的孩子做好榜样。

帮助学生突破思维定式

思维定式对学生的学习具有积极和消极的双向作用。教师既要利用思维定式的积极作用，也要想办法避免思维定式的消极作用。比如，针对数学学习，教师可以利用一题多解的方式帮助学生突破思维定式，同时以此调动学生学习的积极性，通过展示每种解法的思考过程，引导学生寻找各种解法之间的联系与区别，培养学生思维的广阔性，减少学生在做题和考试时因为思维定式而出现的粗心。当然，为了给学生做好榜样，教师首先要打破自己的思维定式，才能引导学生去突破他们的思维定式。

10 学生多次考试没考好后自暴自弃，怎么办？

案例呈现

> 小陆，女，六年级学生。小陆在上小学时英语成绩一直很优秀，也很喜欢英语，但进入初中后，她的几次测试成绩都低于班级平均分。她尝试了很多办法，但还是无法提高成绩。她觉得很失落，也努力想要考好，但始终不能如愿。慢慢地，她开始讨厌英语，在上课时思想开小差，作业也写得马马虎虎，对英语学习丧失了自信心，后来干脆自暴自弃，因此她的英语成绩越来越差。

讨论分析

案例中的小陆可能因为多次考试失败产生了"我不行"的想法，内心很有挫败感，甚至对学习失去信心，乃至对自己本能完成的任务也不作努力，对未来不抱希望，最后自暴自弃。这样的表现在心理学上被称为"习得性无能"。所谓"习得性无能"是指，个人在经历了失败与挫折后，再次面临问题时所产生的无能为力的心理状态与行为。"习得性无能"最初由美国心理学家塞利格曼（Martin E. P. Seligman）在研究动物行为时提出。学生在学习上的"习得性无能"即学业习得性无能，主要表现在：认知上怀疑自己的学习能力，觉得自己难以应付课堂学习任务；情感上心灰意冷、自暴自弃，害怕学业失败，并由此产生高焦虑或其他消极情感；行为上逃避学习[①]。学生学业习得性无能的产生，往往不是单一因素作用的结果，而是多种因素交互作用的结果，可能与以下因素有关。

为了维护自尊

尼克尔斯（J. Nicholls）等人的研究发现，在能力和努力之间存在一种平衡，最大的努力和失败的结合意味着个体的低能。也就是说，当小陆经过努力仍遭到失败时，他

---
① 吴增强.习得性无能动机模式简析[J].心理科学，1994（3）：188-190.

人以及她本人通常会认为她能力差。这不仅对她的自尊心造成伤害，还会使她感到自卑、沮丧和无助。不努力导致的失败则不同，无论他人还是她本人都不会贬损她的能力，会认为只要下次努力就可能反败为胜，因而就很少伤及自尊[1]。为了获得对自己能力的肯定，进而维护自尊，小陆慢慢就不再努力而自暴自弃。

自弃性倾向

美国心理学家德韦克的研究发现，具有同等能力的儿童在失败情境或挑战性任务面前有两种不同反应倾向，一种是自弃性倾向，另一种是自主性倾向。前者在面对失败和困难时，往往过低估计自己的能力，对任务反感、厌倦，并有退避倾向；后者表现得更加自信，相信通过自己的努力，运用自己的技能和策略可以解决难题。除此以外，他们对自身能力的信念也不同。案例中的小陆认为，自己能力低是一个不可改变的事实。她不相信经过努力自己可以克服困难，提高能力。于是，她不大可能设置进取性的目标，而是在困难面前显得信心不足、无能为力，容易形成消极的自我概念[2]。因此，小陆会选择自暴自弃。

对失败的不合理归因

追求成功和不想失败是所有学生共同的愿望，但在学习的过程中，失败是不可避免的。小陆在经历了多次考试失败后，对失败的恐惧远大于对成功的期待，在对失败的归因上产生偏差。她把失败归于能力差这个原因，甚至认为自己一门课没学好就代表学习能力不行，以致每门功课都学不好。这种归因方式使她的自我效能感下降。她感到自卑、无助，提前对下一次的失败感到无能为力。这种对必然失败的预期使她很少采取积极的策略或通过努力去改变现状，而是焦虑地等待着再一次的失败。久而久之，这成为她对待失败的习惯性归因方式固定下来，使她表现出对学习无望[3]。

来自家长和教师的消极评价

教师对学生的态度和评价会直接影响学生的学习积极性和学习效果。当学生多次考试都失败时，教师若不及时给予安慰和鼓励，或者提出针对性的意见，而是冷嘲热讽，说出"你就不能努力点吗""这么容易的题目你都能错""你怎么这么没用"之类的话，就会使学生认为"我再不可能考好了，既然注定失败，不如就不要再努力了"，而直接放弃。

---

[1] 拉塞尔，卡罗尔主编.学生动机研究［M］.邬大光，傅博，译.重庆：重庆出版社，1990：7、51、80、101-104、107.

[2] 吴增强.学习心理辅导［M］.上海：上海教育出版社，2000：92-96.

[3] 李梅.学生动机中的回避失败倾向与教育对策［J］.教育科学，2003（6）：38-40.

家长如果在孩子考试多次失败后，也给予孩子消极的评价，如批评、抱怨、否定、讽刺等，会更加让孩子觉得自己是一个失败者，对自己的能力产生怀疑，由此感到灰心、沮丧，认为自己即使努力了也学不好，干脆就不努力学习了，进而自暴自弃。

此外，学生的学习方法不当、心理素质低、各种认识误区等都容易使学生产生习得性失能感。

辅导建议

引导学生坦然面对失败

在学习中遇到困难和失败是不可避免的，对于学生来说，怎样去认识它们是更重要的问题。任何事物都有两面性，失败也是如此。教师可以通过一些名人和身边人的励志故事，引导小陆认识到失败的积极意义，让她把失败看作一种挑战性的学习机会，进而鼓励她坦然面对失败，并和她一起从失败中找到可以改进的地方。

注重过程，淡化结果

对于学生来说，学习成绩固然重要，因为它是升学的决定性因素，但重视学习的过程才能取得更好的成绩。在对学生进行评价时，教师也要重视过程性评价，既要肯定学生学习成果的价值，也要注意学生学习的过程也是反映其学习质量水平的重要方面。另外，教师更要多多鼓励像小陆这样的学生重视学习的过程，多把时间和精力花在学习的过程中，不要因学习结果而患得患失。

帮助学生对考试失败进行合理归因

合理的归因可以提高学生的自信，错误的归因会导致学生产生自卑心理，甚至自暴自弃。教师可以通过创设失败情境让小陆进行角色扮演，或者通过列举其他同学和自己的经验教训与她讨论，引导她把失败归因于努力和情绪等可控的因素，通过多次练习让她相信改变预期的失败是有可能的，进而增强她对成功的期望。

尊重学生差异，多元评价学生

教师要有科学和积极的教育理念，要相信每个学生都是有潜能的，同时也要尊重学生的差异，避免唯分数论；不要因为学生多次考试没考好就给学生贴上失败者的标签，要多看到学生的闪光点，多对学生进行纵向评价、发展性评价；及时鼓励和肯定学生在学习过程中的每一个小小的努力和进步。同时教师要加强家校合作，把积极的教育理念传递给家长。

11 学生上课经常走神，难以集中注意力，怎么办？

案例呈现

> 小陈，女，七年级学生。新学期开始，教师们发现，小陈的上课表现不太好。她以往在上课时特别认真，几乎每节课都目不转睛地盯着板书，聚精会神地听课、记笔记，但现在却时不时地走神——眼神空洞，手里拿着笔却迟迟不落笔。若让她回答问题，也是一问三不知，一脸茫然、不知所措的样子。班主任得知后，对此很担心。
>
> 面对班主任的关心，小陈很无奈："我不是故意的，就是听不进去。课上着上着，一转眼看手表发现10分钟过去了，思路早跑到十万八千里之外，台上老师在讲什么也听不明白。"

讨论分析

未成年人的注意保持能力不及成年人，所以小陈在上课时会走神——或许玩玩文具，或许交头接耳，或许安安静静坐在教室里，但其实什么都没听进去。许多教师会认为，频繁出现这种情况的学生心思不在读书上，或者武断地给学生贴上注意缺陷多动障碍的标签。

事实上，不同学生看似一样的上课走神分心行为的背后，有着各式各样的原因。对此，教师一旦盲目下结论，很容易就采取不恰当的应对策略——既无法达成让学生在上课时保持注意力集中的目的，还让学生平白受挫，甚至失去信心。

排查注意缺陷多动障碍

杜亚松主编的《注意缺陷多动障碍综合干预手册》第二章提到，近年来较常用的评定工具为SNAP量表，包含18个题目，分为2个分量表（下页表2-1、表2-2），每题均按四级评分法来评估[①]。

[①] 杜亚松.注意缺陷多动障碍综合干预手册[M].上海：上海科学普及出版社，2012.

教师可以根据日常观察，参照量表对学生的行为进行打分。如果得分偏高，那么应及时联系学校心理教师或将学生转介到更为专业的机构寻求帮助。

表2-1 "注意力不集中"分量表

注意力不集中	完全没有	有一点点	还算不少	非常得多
1.在学校做作业或者参加其他活动时，无法专注于细节或出现粗心的错误	0	1	2	3
2.很难持续专注于工作或游戏活动	0	1	2	3
3.看起来好像没有听到别人对他（她）讲话的内容	0	1	2	3
4.没有办法遵循指示，也无法完成学校作业或家务（并不是由于对立性行为或无法了解指示的内容）	0	1	2	3
5.很难组织规划工作及活动	0	1	2	3
6.逃避，或表达不愿意，或很难从事需要持续性动脑的工作（例如学校作业或家庭作业）	0	1	2	3
7.会弄丢作业或活动所必需的东西（例如铅笔、书、工具或玩具）	0	1	2	3
8.很容易受外在刺激影响而分心	0	1	2	3
9.在日常生活中忘东忘西	0	1	2	3

表2-2 "多动-冲动"分量表

多动-冲动	完全没有	有一点点	还算不少	非常得多
1.在座位上玩弄手脚或不好好坐着	0	1	2	3
2.在教室或其他必须持续坐着的场合，任意离开座位	0	1	2	3
3.在不适当的场合，乱跑或爬高爬低	0	1	2	3
4.很难安静地玩或参与休闲活动	0	1	2	3
5.总是一直在动	0	1	2	3
6.话很多	0	1	2	3
7.在他人的问题还没问完前就急着回答	0	1	2	3
8.在游戏或团体活动中，无法排队或等待轮流	0	1	2	3
9.打断或干扰别人（例如插嘴或打断别人的游戏）	0	1	2	3

有意注意时长不足

注意是心理活动对一定对象的指向和集中，是伴随着感知觉、记忆、思维、想象等心理过程的一种共同的心理特征。注意有两个基本特征，一个是指向性，是指心理活动有选择地反映一些现象而离开其余对象；二是集中性，是指心理活动停留在被选择对象上的强度或紧张程度[①]。随着大脑的发育，有意注意的持续时间会相应变长。这也是国家规定小学一节课35分钟，中学40分钟，而到了大学基本都是两节课连上的科学依据。一般来说，中学生的有意注意持续时间是20—30分钟，短于一节课的时间。

缺乏学习兴趣

学生可能对一门或多门学科缺乏学习兴趣，内在驱动力不够。学生更愿意做自己感兴趣的事情，比如看看窗外的小鸟、玩玩放在课桌里的笔和尺子、折折纸飞机等。小陈在课上走神，"思路早跑到十万八千里外"。这里所谓的"思路"代表的就可能是她感兴趣的内容。

学习困难

学生对课堂内容不熟悉，为了听懂教师讲授的内容，不得不打起十二分精神，或者即使打起精神用尽"洪荒之力"，对这些知识也只是一知半解，这时学生很可能会疲惫和懈怠。"台上老师在讲什么也听不明白"——小陈走神过后听不懂老师讲授的内容，有很大可能会陷入恶性循环，再次走神。

睡眠不足

很多学生上课走神由睡眠不足导致。睡眠不足的原因可能是学习效率低、学业任务超出可承受的范围，也可能是花了大量的时间在网络游戏、短视频或漫画、小说上。学生在早晨勉强起床后，到校昏昏沉沉、无精打采。

应激性事件

注意学生近期是否经历应激性事件。比如身体不适或受伤、父母离异、亲人去世、丢失自己喜爱的物品、和好朋友吵架甚至绝交等。

辅导建议

教师在授课时的音量和声调很重要，切忌整节课使用同一个讲话节奏、同一个语调。在上课至一半，或临近下课时，教师可以更换一下刺激信息的渠道。例如，让学生

[①] 赵海楠,于丹丹.青少年注意力训练方案研究综述[J].才智,2016 (12): 48.

们动一动身体、唱一唱、看一看视频等。在本案例中，如果教师在授课过程中发现小陈走神，可以故作随意地走到她身边，让她有所察觉，重新集中注意力；如果她仍未有所知觉，可以轻轻地用手搭在她的桌面上或者肩膀上，以示提醒。

如果学生对一门学科缺乏学习兴趣，那么相应的学科教师应适时调整讲授的方式。同时，教师可以引导学生树立人生目标，明确自己努力的方向，从而提升学习动力。

教师应引导学生掌握必要的学习策略，如及时预习、复习，如何记录笔记等。这些学习策略对于学生而言尤其重要，且具有实用价值。同时，不同学科的学习方式必然存在不同，各科教师应根据学科特点进行讲授。

教师可以提前几分钟到达教室。如此，教师既可以了解学生的预习情况，又可以确认学生的作息是否规律、身体有无不适，以及是否存在情绪波动等。

12 学生做作业拖延，怎么办？

案例呈现

> 小许，男，六年级学生。小许是年级里出了名的交作业困难户。各科教师布置的大大小小作业，小许总是迟迟不交，几乎每天课代表都会站在他的桌前三催四请，而他好不容易交上去的作业本往往又有大半题目空着未做，实在令教师头痛不已。在小学低段时，小许的学习成绩还处于中游水平。如此几年下来，成绩下降明显。同时因为作业的原因，他和各科教师的关系也相当紧张。进入初中后，新班主任发现小许的作业拖延情况，十分担忧。

讨论分析

类似小许这样的作业拖延行为十分普遍，几乎在每个班级都会出现，但长此以往，无论是对于有这种行为的学生本人的学业，还是对于班级管理而言，都不是好事。针对作业拖延行为的形成原因分析如下。

学生学业基础太薄弱，在新知识的习得上存在困难

不同学生对课堂教学内容的理解程度是不一样的。学业不良的学生对旧知识的掌握不牢固，知识结构未建立完整，无法进行迁移学习。这就像观众看刑侦剧一样，一旦跳过某一集，直接看后面的情节，必然摸不着头脑，需要绞尽脑汁地去想错过了什么关键性的线索，但很难有所收获。对于小许这样的学生来说，跳过的远远不止"一集"。由于基础太差，所以即便他想要作出改变，想要抓紧时间完成作业，但当天课堂教学的新知识和新技能也无法被顺利吸收，完成作业困难重重。于是，他要么乱写一气，要么无从下笔，干脆空着不写。

师生关系不和谐

随着年龄的增长，学生的想法日趋成熟，自然而然地会根据自己的价值观对他人产生评价，包括教师。

对于如何科学合理地布置作业，如何公平又高效地处理班级事务等问题，不同的学生想法不同。教师如果没能及时发现学生的情绪，并妥善处理，学生容易对教师产生负面评价。当学生"戴着有色眼镜"与教师相处时，学生很有可能不会主动完成任务而变得拖拖拉拉。

学生自控能力弱，时间管理能力有待加强

有时，学生完不成课后作业，课代表三催四请没用，但一到教师的办公室里在教师的监督下完成，就下笔如有神。究其原因，无一例外是学生自控能力弱，时间管理能力差。在办公室外，各种吸引学生注意力的因素实在太多，学生时不时地就被诱惑，无法安安心心地做作业。

学生畏难情绪强，自我设限

一方面，学生会担心作业题目难，需要花费很多的脑力和时间，而最终也未必能完成作业。另一方面，长时间的畏难情绪会转化为自尊的需求——"只要我一直拖延，别人就会认为我就是不想做罢了，我只是懒罢了，不会有人发现我不会做，我才不是因为笨而做不完作业。"学生甚至会因为长期的来自他人的负面评价而产生不合理信念，即"我是不可能准时完成作业的"。

家庭教养方式欠妥

专制型父母在学生完成学校布置的作业后，会马不停蹄地给他们布置新的任务。学生在"疲于奔命"之后发现早早完成学校作业反而会加重自己的负担。久而久之，学生学会用拖延来应对父母的强压，进行无声抗议。溺爱型父母则无休止、无底线地满足学生的需求。在国家政策引导下，各大游戏平台、短视频平台开发青少年模式供未成年人用户选择使用。溺爱型父母往往主动或"无奈"同意学生使用自己的身份证件进行成年认证，配合学生进行刷脸识别成人身份，导致学生长时间使用电子产品，沉溺其中。在部分家庭中，父母教育缺席，学生的生活由祖父母负责，但他们大多无法应对目前学生的学业指导需求。

辅导建议

查漏补缺

教师应帮助像小许这样的学生在学业基础方面查漏补缺，重新夯实知识基础。在这个过程中，教师需要付出极大的耐心。大多数的学生期待自己成绩进步，但只靠自己的力量做不到，需要教师以专业性和包容心带领他们取得进步。

分层作业设计

教师可以给像小许一样的学生布置适合他们的作业内容。因材施教是教育永恒的基调。教师需要将整体教学辅导和个别辅导相结合，进行分层作业设计，让学有余力的学生得到更多的思维训练，让基础薄弱的学生反复巩固基础，各取所需。教师在进行作业设计时还可以考虑趣味性和灵活性；趣味性可以激发学生的学习兴趣，让他们更愿意动手试一试；灵活性则可以让学生有掌控感。

小组合作的作业形式

教师可以尝试安排小组合作完成任务的作业模式，为学生提供交流的平台。在任务的驱动下，小组同伴会自发对有拖延行为的学生进行督促。注意防范其他学生对拖延行为的过激反应，例如剧烈的争执、肢体冲突等。

培养融洽的师生关系

在心理辅导中，心理教师最关注的是咨访关系。只有与来访学生建立起良好的咨访关系并时刻注意维护，他们才会愿意打开心扉，说出自己真实的想法和感受，教师的心理辅导工作才能更好地推进。在教学方面，也是一样的道理。师生关系越和谐、融洽，学生对于教师布置的作业就越有完成的动力。

及时鼓励学生，培养其良好的学习习惯

课后作业只是学习的环节之一。学生在完成课后作业方面长时间出现拖延问题，很有可能在其他环节也存在困难——例如课前预习、课上的听讲与笔记、书包与书桌的整理等。在考虑解决课后作业拖延问题上，教师不妨将格局打开，从学生的学习习惯着手。针对案例中小许的情况，教师可以和小许约定，将他每日需要完成的任务可视化，按照任务和日期制成表格，让他进行每日打卡。连续打卡和累计打卡分别对应一些小许喜欢的奖励。物质奖励可以是文创文具、书籍等，精神奖励可以是口头表扬、每周一星的纸质奖状，甚至是"免抄单词一次"兑奖券等。教师应利用好每一次机会对学生好的学习行为进行强化。

加强家庭教育指导

教师可以采取家校合作的方式对学生的作业拖延行为进行干预——通过家访、电话等与家长沟通学生的家校学习情况，在得到家长理解支持的前提下，提供家庭教育指导，避免家庭教育的缺席。教师应告知家长，他们的一言一行对于学生而言皆是教育，要用积极肯定替代责怪抱怨，营造良好的家庭教育氛围。

13 又长又多的记忆内容,教师反复讲过的重点,学生记不住,怎么办?

案例呈现

> 小吴,男,八年级学生。小吴这次的练习题又错了一半以上。教师从一堆默写本里翻出了他的默写作业,果然也是正确率不高。对此,教师头痛不已。不仅单词,还有教师在上课时反反复复讲过的重点,小吴始终记不住。他的学习态度并非不好——他在学习上确实花了大量的时间和精力,甚至在校期间,他往往都在完成作业和背书中度过休息时间。可他总是一边学,一边忘。小吴自嘲自己不是学习的料,平时是在假用功。

讨论分析

记忆,指的是人脑对过去经验在脑中的识记、保持和再现。根据识记目的,识记可以分为无意识记和有意识记。无意识记的特点是人们会对特别新奇或带来强烈情绪体验的东西记忆深刻。对于学习而言,大量的识记应通过有意识记来进行,这就体现了预习的必要性。通过预习,学生可以明确当天课程的学习内容、学习目标,进而在课堂上有意识记。

信息加工理论认为,记忆是对信息的编码、存储和提取的过程。其中,编码是对信息的再加工,是非常关键的阶段。如何编码更有用?不同的材料应用哪些不同的编码方法?

小吴在学习上花了大量的时间和精力而收效甚微,多半是记忆策略出现了问题。教师帮助小吴了解记忆的规律,可使他在进行记忆时事半功倍。

根据艾宾浩斯遗忘曲线揭示的规律,遗忘的速度总是先快后慢,教师应引导小吴及时、多次复习。

由于首因效应和近因效应,材料的头、尾部分容易记忆,中间部分不好记忆。教师可以引导小吴进行分段记忆、起床后或临睡前复习。

另外，有意义、形象的材料更容易记忆。教师可以引导小吴用谐音法、联想法、归类法、口诀法进行记忆。

教师应充分理解并利用好记忆过程的特点，帮助小吴掌握记忆学习材料的方法，达到最佳学习效果。

辅导建议

有意识记

有意识记过程是在识记目的支配下进行的。教师可以根据课程需求布置预习作业，同时对这节课的教学目的进行简单介绍。这更利于学生在课堂上集中注意力，有目的地进行识记。识记过程可以通过笔记辅助，为了这个过程的有效性，教师需要利用好板书或多媒体，提供笔记的规范，同时这也是提示学生了解本节课内在逻辑的方法之一。

运用思维导图

前摄抑制是指一个人拥有的旧知识会影响新知识的学习，而后摄抑制是指新知识的学习会影响对原本已掌握的旧知识的记忆。两者都会给学习者带来一定的学习干扰，甚至导致记忆的错漏、缺失。为了避免学生出现记忆混乱，教师应有意识地在讲新课之前带领学生复习、回顾已学的相关知识。例如，以表格的形式列出新、旧知识的区别，增强学生进行知识迁移的可能，让学生真正融会贯通。教师也可以给学生布置任务，要求他们绘制单元知识思维导图。

利用多感官进行记忆

许多学生在背诵材料时只默默地瞪着双眼看，而没有朗读或动笔写一写的习惯。这或许也是案例中的小吴记不住的原因之一。结合多种感官进行记忆，效果会更好，其中利用听觉是较容易实现的一种方式。网络上有许多流行的歌曲曲调，教师可以让小吴将自己记忆困难的材料编排成歌曲的歌词，结合节奏曲调进行记忆。

选择有效的复习时间

根据艾宾浩斯遗忘曲线，人们的遗忘规律是速度先快后慢。所以有效的复习应该是从学习结束的那一刻开始。教师可以带领学生在上课期间多次回顾之前学过的内容，例如在上课10分钟时、某一板块知识讲解结束时、课上至中间时，同时在下课前再次进行归纳总结。教师可以引导学生养成在下课后用1分钟快速回忆课堂学习要点、睡前快速回忆当天学习要点以及早起后快速回忆前一天的学习要点的习惯。学生需要通过练习进行知识巩固。为推动"双减"政策有效落实，对于练习的内容，教师需要好好筛选，以让学生真正做到有效复习。

采取不同的学习材料呈现方式

就初中阶段的英语学习而言，已有实验研究证明，词汇表呈现方式对形成短时记忆效果最好，语境呈现方式对形成长时记忆效果最好，例句呈现方式次之。同时，通过词汇表呈现方式形成的记忆遗忘速度最快，例句呈现方式次之，通过语境呈现方式形成的记忆遗忘速度最慢[1]。因此，在英语学科日常教学的过程中，教师可以优先采取语境呈现方式。图片、动画、影像呈现方式对英语词汇记忆与输出的学习效果的影响也很明显[2]。另外，教师还可以将词汇的词性、相匹配的学习基础等纳入教学呈现方式的考虑因素之中。

---

[1] 王静.词汇呈现方式对初中生英语词汇学习记忆效果的影响[D].西安：西安外国语大学，2014.
[2] 刘凌，秦晓晴.词汇呈现方式对英语词汇学习影响的实证研究[J].外语界，2014（2）：67-75.

14 学生学业失败，进而对自己失去了信心，怎么办？

案例呈现

> 小黄，男，六年级学生。班主任发现小黄近期精神萎靡不振，原本上课时积极踊跃的他，现在精气神明显不足，在完成作业方面也变得拖拉起来。班主任思来想去，认为小黄应该是从上一次测试成绩出来后开始这样的。尽管在"双减"政策的背景下，成绩排名、在试卷上呈现具体的分数都不被允许，但从等级制的结果来看，小黄的测试成绩属于B级。小黄小学时的学习成绩一直名列前茅，他很清楚现在试卷上那些醒目的"红色叉叉"意味着什么。面对学习成绩的一落千丈，小黄对自己失去了信心。班主任一时不知该如何帮助小黄重振旗鼓。

讨论分析

归因方式

归因方式主要分3类：内部因素和外部因素、稳定因素和不稳定因素、可控因素和不可控因素。当小黄在考试失利情境下作出不可控、不稳定的归因（运气、家庭环境不好、教师的帮助不够等）时，就很难再继续保持努力的状态——努力并没有肉眼可见的效果。

更多具体内容见本书第二部分第七篇"学生在学习上很被动，怎么办？"。

应对方式

在面对生活中的挫折时，学生会采用各种各样的应对方式。在我国学者黄希庭等人编制的中学生应对方式量表中，包括了解决问题、求助、退避、发泄、幻想和忍耐6个维度，其中，解决问题和求助属于积极应对方式，其他属于消极应对方式[1]。小黄上课

---

[1] 黄希庭，余华，郑涌，等.中学生应对方式的初步研究［J］.心理科学，2000（1）：1-5，124.

不再踊跃参与答题、完成作业拖拉的情况，都是消极的应对方式。

非理性信念

"我这一次考不好，下一次也不会考好了，下下次也是。我以后再也考不好了。"这种非理性的信念会使得小黄心力耗竭，失去学习动力。若是考试多次失败，小黄更可能会在反复的自我验证中面临新的问题——习得性无助，即产生"我再怎么努力都没有用"的信念。这对他的后续发展极为不利。

辅导建议

接纳学生考试失败后的情绪

小黄正处于青春前期，容易情绪不稳定，教师要留心观察小黄在校期间的情绪变化，同时要注意理解他没有直接表达的内在情感——在考试失利后，以沉默不语、无所谓的姿态掩藏的焦虑和失落。教师不要急着帮忙解决问题，而是要耐心等待和倾听他的感受，给他提供一个温暖安全的情绪释放空间。

客观分析失败的原因

在本案例中，小黄的考试失利的原因是什么？是否由意外因素的干扰造成？例如：考试前存在睡眠或饮食上的困扰、人际关系上的困扰、身体不适，等等；或者是否存在学业适应困扰？例如：基础知识掌握得不稳固、学习方法掌握得不熟练、不了解答题的规范等。对于此，教师应在客观分析后，有指向性地对他进行指导，帮助他提高学业水平。

引导学生调整自己的认知

一方面，教师应引导小黄摒弃非理性信念，例如"这一次考不好，下一次也一定考不好"的这种绝对化信念。另一方面，教师应有意识地布置难度适宜的练习，帮助小黄在学习上体验新的成功；引导他在成功体验带来的积极情绪影响下，进行自我认知的调整练习。行动和信念之间的相互影响循环往复，在有意识的引导下，这种相互作用的循环将有可能从恶性循环转向良性循环。

间接表达对学生能力的肯定

班主任可以在其他任课教师、学生面前表扬小黄的思维能力、学习潜力等优秀素质。当这些肯定之言通过他人之口传达至小黄时，小黄也许可以重拾学习信心。这种非面对面的肯定对于敏感的学生而言，更具有说服力。

做好家庭教育指导

教师应提醒小黄的家长,除了注意理解小黄的情绪、调整教养方式、以身作则等以外,家长还可以向他讲述一些自身的失败经历,将他在一两次考试中的失败看作亲子沟通的机会和帮助他调整学习状态的好时机。

15 学生考试很焦虑，怎么办？

案例呈现

小张，女，七年级学生。一年一度的期末考试到了。脸色苍白的小张坐在课桌前，死死盯着眼前的试卷却迟迟没有动笔。不知从何时起，她的额头上就布满了细密的汗珠，缩在袖子里的左手隐隐地颤抖着。小张再一次举起手，示意想去洗手间——这已经是她在本场考试的第三次了。监考教师意识到她的紧张焦虑，拍了拍她的肩头。其间，监考教师用眼神多次鼓励小张无果，对此也很无奈。

讨论分析

焦虑是一种情绪，本身没有好坏之分。适度的焦虑有助于个体应对挑战，严重的焦虑会使得个体注意力减弱、记忆力下降、易激怒，还会导致心慌胸闷、呼吸困难、尿频尿急，甚至肠胃不适等。

在本案例中，小张在考试前产生明显的焦虑不安情绪，且随着考试时间的临近越发严重，在考场上出现严重的焦虑表现，比如手脚颤抖、思维空白，无法正常发挥自己的真实水平。导致这种情况发生的原因有很多，教师需要好好鉴别，以便帮助学生对症下药。

能力与期待不匹配

也许小张在小学时的学习成绩较好，而到了中学后由于不适应初中的教学内容、教学风格，跟不上其他同学的步伐，但又抱着"我很优秀"的期待，于是，两者的不匹配为小张带来极大的焦虑感。这时，教师如何引导小张合理归因，是非常重要的一步。归因分为内在归因和外在归因。内在归因，例如，"我近期没有原来努力""我的真实水平没有达到班级成绩第一梯队的均值"；外在归因，例如，"卷子出题出得不好""教师上课时没有把这道题讲清楚""同考场的同学影响我临场发挥"。归因在一定程度上可以帮助小张将自我期待调整至合理水平。

考不好可能将面临精神或肉体惩罚

在专制型家庭中，学生的考试结果若令父母失望，父母可能将采取粗暴的沟通方式。这种方式事实上并不能够真正帮助学生在下一次考试时获得好的成绩，反而使得学生越来越焦虑，越来越排斥学习。对于生活在专制型家庭中的学生而言，仿佛学习是始终与挨揍联系在一起的。如果小张的父母属于这类情况，教师应做好家庭教育指导工作。

班级里盛行唯分数论价值导向

倘若班级里盛行唯分数论的价值导向，那么在小张的日常生活中将充斥压抑。由且仅由分数决定某个学生在集体中的地位将可能导致非常糟糕的后果。在这样的班级环境中，为了获得更好的人际交往环境，或者仅仅为了避免被排斥于集体之外，小张不得不重视成绩。当这种重视超过了她能承受的限度，她将必然产生考试焦虑的情绪。

非理性想法

小张在经历过一次考试失利后，可能会将这次的失败无限扩大，产生"我上次没考好，这次也考不好""他们都说我考不好，那我一定考不好""妈妈让我不要紧张，那一定是因为知道我会紧张才这么说的"等非理性想法。这些非理性想法在小张的脑海中不断循环，会使得她的心力被耗竭，她自然就无法承受后续的压力。

辅导建议

学习方法的指导与监督

解决焦虑的方法不一定可以解决小张的根源问题。学业成绩的提升在一定程度上是最有效解决考试焦虑的方法。同时，学习必然需要付出大量时间和精力，在这个过程中，他人的监督非常重要。教师可以及时讲评试卷内容，帮助小张厘清解题思路，而不只是让她知晓答案对错，也应注意对练习进行及时讲评，并时常对小张的努力学习行为，以及认真踏实的预习、复习行为给予正反馈。

分层训练，提供成功体验

教师应引导小张对学业抱以合理期待，同时提高学业自我效能感。教师可以帮助她在日常练习中进行适当的分层训练，既让她对自己的真实水平有所了解，又给她提供足够多的成功体验。

做好家庭教育指导

教师应引导小张的家长正确看待考试结果，和小张一同进行反思和进步。考试结果只代表了学生在过去某一阶段的知识掌握情况，但学生的学习行为是会发展变化的。教师应引导家长和小张回顾已经掌握的部分，分析在答对的题目中，用了哪些方式、做过哪些努力，以及这些方法和努力是否可以继续保持，是否可以用在其他学科的学习上。

在班风建设中引导价值导向多元化

教师应在班风建设中引导价值取向多元化，为学生创造可以根据兴趣爱好、性格特点、为人处世等各项因素选择朋友的班级环境。同时，教师要对具有不同学业水平的学生进行多样化的鼓励和表扬，可以表扬学生在日常生活中表现出的耐心、责任心、爱心，也可以肯定学生在绘画、歌唱、体能等方面的天赋，降低学生在学习成绩方面的社交压力。

调整学生的非理性想法

教师可以向小张解释理性情绪ABC的理论，让她知晓事件和情绪并不是一一对应、一成不变的，个体的情绪与个体对事件的看法有直接关联；从而陪同她一起调整，引导她正确认识考试，以及考不好的后果。

让学生系统脱敏

教师可以向小张介绍脱敏的大致原理，教会小张进行肌肉放松的基本流程，并带领她练习。在这一过程中，也可以使用正念的相关音频。教师应和她沟通，共同建立焦虑等级层次，对考前、考中、考后不同阶段会发生的事情进行记录，并根据0—10焦虑程度打分、排序，带领她从焦虑程度最轻的事件开始想象。当她在想象过程中感到焦虑时，教师就提示她放松，让她在放松后继续想象。如此反复，直到确认当她想象这些事件时不再焦虑为止。

16　学生不肯上学，怎么办？

案例呈现

> 小贾，男，八年级学生。早晨到教室，教师发现小贾的座位又是空的，拿出手机一看，果然小贾的母亲发来信息，说小贾今天感到不舒服，要请假一天。"这已经是这个月第五次了……"教师很无奈，不由得想起上一届的学生小陈，也是隔三差五地请假，后来直接不肯上学了。小陈家长曾告诉教师自己拿孩子没办法，无论是好声好气相劝，还是大发雷霆以棍棒教育，都不管用，小陈软硬不吃。相比之下，小贾目前还在通过反复找不同的理由逃避上学的阶段。教师担心日后小贾会变得和小陈一样。

讨论分析

像小贾这样的拒学行为，有别于逃学、退学、学校恐惧症等情况，特点是长期缺课、存在情绪困扰、父母知晓实情和无反社会性质。这样的学生往往会经历间歇性请假到长期缺课的过程，伴随一系列的身心不适。通常拒学的影响因素可被概括为个人因素、家庭因素、学校因素和文化因素等。其中，教师可以针对家庭因素和学校因素开展工作[①]。

家庭方面的因素

拒学学生的父母在教养方式上呈现控制欲强、挑剔、忽视学生等特点，同时可能存在夫妻关系紧张的情况。例如，父母无法理解学生想当电竞选手的愿望；父亲因母亲全职在家而心生优越感，当着学生的面对妻子多加苛责等。这样的家庭关系、亲子关系的

---

① 阮琳燕，史晓宇，何丽. 家校社协同育人视角下的"拒学"概念、成因及应对策略［J］.中华家教，2021（4）：92-96.

冲突，会给学生带来焦虑情绪和压力。

学校方面的因素

拒学学生可能感受到过高的学业压力，或是来自同伴的社交压力。如果小贾只是拒绝上学，而不是拒绝学习本身，那么一定是在学校内发生了什么他不喜欢、抗拒，但又无法改变的事情。例如，无法满足教师对自己的过高期望；昔日要好的同伴因为一些原因不理会自己，感到自己被抛弃又无能为力；等等。

辅导建议

做好家庭教育指导

部分家长在面对学生拒学问题上表现出极高的自我防御——坚信"我没有做错，这一定是学校的问题"。这种暴躁的情绪和无端的指责，事实上是一种因无力解决问题而产生的无奈感和挫败感。教师首先要理解家长的这种无措，在做好情绪的安抚工作后，再做家庭教育指导。教师最好能够同时约谈小贾的父母，向他们强调家庭氛围的重要性，并引导他们调整家庭内部的沟通模式，从而积极影响小贾。其次，教师要帮助小贾的父母更好地理解小贾，做好桥梁工作，必要时可以指导他们如何进行有效的亲子沟通。

保持敏锐观察，识别早期信号

教师应当敏锐地关注小贾身上的变化——所有因学业问题引起的拒学现象在发生之前大多有迹可循。例如，反复出现无故拖延、抄袭作业的情况，课堂作业的错误率变高，上课走神，等等。这些变化无一例外都是小贾在无声呐喊"我跟不上节奏"。教师应当在发现征兆时及时关照，充分利用好全员导师制度，让小贾感受到被关注、被温暖、被支持。同时，教师应为他设计与他的学业水平相匹配的分层作业，从改变小贾的学习态度和能力上，双管齐下。

引导同伴关心

教师在每日工作之余，无力关注到每一个学生的全部状况，因此，应充分利用学生的洞察力，引导他们在发现身边的同学出现情绪状态不佳、社交问题（例如吵架、绝交等）时，相互关心，彼此支持鼓励、给予温暖。教师由此可以在第一时间判断学生出现状况的严重程度，将其情况反映给班主任或心理教师，成为学校心理健康防护的第一道防线。

多举办集体活动

学生在集体中成长,如果小贾能在学校的集体活动中获得足够的归属感,建立属于自己的社会支持网络,那么对他来说,便又少了一个拒学的理由,多了一个"复学"的诱惑。教师可以多多创造机会,举办各类集体活动,例如,合唱比赛、拔河比赛、生日会、趣味运动会等。

17 如何帮助学生建立学习计划？如何在变化中调整计划？

案例呈现

小沈，男，八年级学生。新学期开始，小沈在书桌上贴了硕大的标签，写着"好好学习，天天向上"。他几乎每节课都坐得笔直，笔记也记得十分详细。但没过几周，教师发现小沈又回到了原先的自由散漫状态。经过一番询问，教师了解到，小沈这学期每天早起晚睡，忙忙碌碌，似乎抓紧了一切碎片时间进行学习，连上厕所都要带着自己做的单词卡见缝插针地背诵。然而，在一次小练习中，小沈发现自己的成绩不仅没有提升，反而还降了几个名次。沮丧不已的他开始怀疑，"好好学习，天天向上"的目标自己是否可以实现。当教师询问关于这一目标的具体计划时，小沈却抓耳挠腮说不出个所以然。

讨论分析

凡事预则立，不预则废。学习计划对于学业成就而言，是不可或缺的部分。若没有学习计划，学生在学习过程中将漫无目的；而若学习过程缺乏计划性，学生也难以坚持。

学习风格存在个体差异

若从信息加工的角度来界定，学习风格由学习者特有的认知、情感和生理行为构成。它是反映学习者如何感知信息、如何与学习环境相互作用并对其作出反映的相对稳定的学习方式。不同学生有不同的学习风格。例如，有人适合白天学习，有人适合夜晚学习；有人习惯听着音乐做作业，有人只能在安静的环境里完成背诵任务等。尊重并了解个体差异，才能进行有针对性的训练。

左右脑分工及遗忘规律

记忆是指对信息进行选择、加工、储存和再现的过程。在课堂学习中，相对而言，逻辑思维更依赖左脑，形象思维更依赖右脑。

遗忘规律可参考这一部分"又长又多的记忆内容，反复讲过的重点，学生记不住，怎么办？"中的介绍。另外，遗忘存在前摄抑制和倒摄抑制两种现象。先学习的内容对后学习的内容的记忆有干扰，称为前摄抑制。例如，小沈在学过汉语拼音之后再学习英语单词，记忆英语单词的效果受之前拼音学习的影响。反过来，后学习的内容对先学习内容的记忆有干扰，称为倒摄抑制。例如，小沈后学习的英语单词对回忆早前学过的汉语拼音产生影响。

完成计划带来成就感

很多人都能做到制订计划，但有不少人做不到执行计划这一步。这就好比每年1月1日都会有人在社交媒体平台朋友圈晒新年目标，却在年底时一个都没有完成，直接在内容上把年份修改，重新发送。对于小沈而言，能够完成短期计划，是一个成就感满满、提升自我效能感的好机会。

指导学生设定合理目标

目标设定分长期目标和短期目标。长期目标的时间跨度可以很长，例如一年、三年、待中学毕业时等。短期目标的时间跨度则可以是一学期、一个月，甚至一周。在本案例中，教师的目标设定一定要考虑到小沈本身的学习状况，尤其是在针对已经出现短板的学科时，帮助其克服畏难情绪，使其学业稳定发展；同时，设定的目标应该是一个他经过努力可以达成的目标。例如，如果小沈的词汇量不过关的话，教师可以和他商量，将目标设定为在一周内反复复习一个单元的词汇直至掌握。如果达不到，就将达成目标的时间调整为两周。在设定目标时绝不能好高骛远，以免望洋兴叹，直接放弃。

进行目标分解细化，形成能坚持的具体计划

教师应帮助学生细化目标。例如，引导小沈在网课期间每日按照课表，坐在固定的学习位置进行听讲记练，使其逐渐形成一种学习行为习惯。同时，教师应提醒小沈留出预习、复习时间，教师为其指导预习、复习方法。不同学科的学习方法不同，但考虑到遗忘规律的一致性，教师可以指导小沈在中午休息时段复习上午的学习内容，晚上复习下午的学习内容。尤其注意，教师应提醒小沈在时间表上留出部分的空白，以便在特殊情况发生时有调整计划的机会，否则"一步错，步步错"，反而会带给他无尽的挫败感。

文体任务交替

教师可以建议小沈在学习间隙进行肢体活动，例如散步、跑跳，有利于激活大脑的不同区域。适当的放松、任务的交替完成可以大大提高学习的效率。

定期分享数据和感受，商量计划调整的内容

教师可以建议小沈定期分享自己在执行计划过程中的感受。教师应与他约定好监督管理制度，并做好对他的及时肯定。对于没有执行到位的部分，教师应不急于苛责、批评，而要悉心、平静地与他商讨计划的可行性。如果确实执行困难，应作出及时调整。

18 学生看到别人学习成绩好，自己心理不平衡，怎么办？

案例呈现

> 小丁，男，七年级学生。期末考试的最后一个科目终于考完了，学生三三两两都在收拾书包。平时成绩不错的小李被好兄弟小贾抓着问了好几个题目的答案。小李强忍着不耐烦，抽出自己被小贾攥紧的袖子，看了看手表，表示自己坐车要晚点了。好不容易得到小贾的放行，小李正想往外冲，却听见边上小丁阴阳怪气地说道："人家优等生，才懒得跟你多讲。说不定要回家偷偷刷题补课去了。有什么了不起的，不就是成绩好点、教师对他偏心一点嘛，至于脾气这么臭嘛。"小贾头也不抬说："就是比你好。"小丁听后张嘴就骂："我是没他好，可我比你这个学渣好多了，你个渣渣。"
>
> 讲台边目睹了这一切的班主任十分头痛，遇到这种看别人成绩好，自己心理不平衡的学生，怎么引导比较好？

讨论分析

自我同一性发展

青少年正处在自我同一性发展的关键期，常常使用社会比较的结果作为自我评价的标杆。对于小丁来说，学习是主要任务，学校是在家以外待的时间最长的地方。他将自己和别人在学习方法、学业成绩等方面的表现进行比较，形成对自我能力的评价。

学业嫉妒

小丁看到别人学习成绩好，自己心理不平衡，产生羞愧甚至怨恨的复杂情绪，表现出嫉妒行为。学业嫉妒不仅是负性情绪问题，还会带来人际冲突，影响个体的自我评价，进一步影响个体最终的学业成就。

一方面，小丁嫉妒别人的成绩，并且将别人的好成绩归因于不可控因素，这可以在很大程度上保护自尊心。同时，和不如自己的同伴进行比较，有助于他维持对自己的积极评价——"我没那么差，我还可以"。

另一方面，一些研究发现，以成绩相似或更好的同伴为比较对象的学生，更容易提高成绩，因为他们相信自己可以通过努力得到想要的好名次，也就是自我效能感更强。这体现出教师对嫉妒心理进行干预的必要性[①]。

辅导建议

引导学生进行正确的自我认知，提升自我价值感

教师应引导学生全方位客观认识自己，认识到除了学业成绩，还有很多可以与同伴进行比较的方面，例如书法、唱歌、跳舞、表达能力、运动能力、劳动技能、人际交往能力等。同时教师应引导学生看到自己的不足和优势，不断扬长避短、自我完善。或许部分学生因家庭因素，没有在成长关键期获得足够的赞扬和肯定，对此，教师应加以关注。必要时教师可联系家长，进行家庭教育指导。

引导学生重视过程而非结果

教师应引导学生将目光放得更长远些，使其在现阶段重视学习态度、学习方法，享受学习的过程，而非过度重视一两次的考试成绩。

引导学生通过合理归因，调整负性情绪

许多学生会把好成绩归因于运气好、教师出题简单、天赋好等不可控因素。这样一来，当他人成绩更好时，便会体验到无力感，认为不公平。当学生把好成绩归因于是否努力、方法是否正确时，那么即使当下成绩不如意，也有"通过努力，下一次可以考得更好"的信心。

进行学业能力指导

看到别人学习成绩好，自己心理不平衡，还有一个很重要的内在意思是，"我比不上他"，甚至是"我努力了也比不上他"。如果教师能针对小丁的学业瓶颈，进行学习方法的指导，切实提高他的学业成绩，让他对这门学科的学习产生信心，他自然也就没有

---

① 白学军，刘旭，刘志军.初中生社会比较在成就目标与学业自我效能感之间的中介效应[J].心理科学，2013，36（6）：1413-1420.

必要对同伴心存嫉妒、阴阳怪气。

进行人际交往能力指导

在本案例中，小丁看到别人学习成绩好，并不会将嫉妒心理升华为自己学习的动力，成为自己成长的养料。他或许会在这个过程中，受到负性情绪的影响，或在群体中出言不逊，或因不友好举动引发恶性事件。教师需要时刻关注他，进行人际交往能力的指导，引导其以合情合理的方式宣泄情绪，在群体中保持正常交际行为。

19 学生对自己的学业期待很高，但暂时无法达成，怎么办？

案例呈现

> 小林，女，六年级学生。教师发现小林近来总是心事重重，愁眉不展，于是在下课后把她叫到办公室了解情况。原来是因为小林最近几次默写和小练习的成绩不如意。"老师，我觉得我可以做得更好，但不知道为什么总是不行。我是不是有什么问题啊？"在沟通中，小林透露自己心仪的高中是一所市重点。提起那所学校，她眼睛里闪烁着光亮。但一说到现实，她表现得十分沮丧，认为自己与达成目标差距还很大。

讨论分析

父母学业期望和自我学业期望

在家庭氛围中，很重要的一个因素是父母对子女的期望。如果小林父母对小林的期望和小林对自己的期望存在不一致的情况，小林将产生心理焦虑。研究表明，初中生知觉到的父母对自己的学业期望显著高于父母对子女的学业期望，父母知觉到的初中生对自己的学业期望显著低于初中生对自己的学业期望[①]。也就是说，学生感觉父母对自己期望太高，而父母总觉得学生不爱读书。这种冲突会给学生带来极大的压迫感和认为自己不被理解的孤独感。

他人评价影响自我效能感

来自教师和父母的批评、同学的嘲笑，会导致学生焦虑不安。处于义务教育学龄的学生大多没有完成自我认知的整合任务，还不能完全准确地认识到自己是个什么样的人。在这个过程中，重要他人对学生的评价十分重要，会影响其观点选择。当学生面对批评和嘲笑时，会产生对自我的怀疑，自我效能感或被破坏。此时，社会支持系统的重

---

① 刘林林.初中生父母学业期望与自我学业期望的互动过程及其影响[D].临汾：山西师范大学，2015.

要性也不容小觑。

期待和能力的不匹配带来焦虑

自我期待性焦虑会带来隐患。这和小林不能达到自己所期望的目标，或者在努力实现目标的过程中遇到无法攻克的难关有密切联系。一方面，由于自身的条件限制，小林对自己的学业期待过高，短时间内无法达成；另一方面，她因各种原因又不能轻易放弃这一期待。这两者之间产生冲突，日积月累，给小林带来极大的焦虑感，可能会导致小林放弃努力，甚至是拒学，乃至休学。

辅导建议

与家长沟通学生的实际情况，并做好家庭教育指导

教师应了解家长对学生的教育理念和期望，与其沟通校内、校外的实际情况，整合出合适学生的目标，使学生合理期待。同时，教师要做好家庭教育指导工作，避免家庭成员给学生过大的压力，指导家长营造更好的家庭氛围，建立亲密稳定的亲子关系。对此，教师可以为增加亲子互动提出建议，如共进美食，一起打羽毛球，由学生教家长掌握使用一个新的手机软件，等等。

关注社会支持系统

学校应当做好教职工的心理健康教育工作培训；班主任应当关注班级氛围，在学生需要时做好陪伴、鼓励与支持工作。育人先育心，当学生感到被支持、被关怀时，他们就更有力量面对挑战。

做好学生的认知调整工作

针对案例中的情况，教师可以让小林拿出近几个月的学习材料，一起对她的学业情况进行梳理。小林一旦对自己形成合理定位，那么即使目标远大，也能够接受暂时无法达成目标的事实，并分解目标，逐步前进。

扎根现实基础的能力培养

教师应关注小林的学业状况，通过例如预习、复习的方法指导和效果评价，检查笔记、作业的规范，考查听课的效率等方法，着重关注其学习方法的培养。教师尤其要注意，小林的理想化目标的背后是否出现了言行不一致的情况，也就是说，她有没有真正地努力向目标靠拢。这就有赖于学科教师的教学智慧，一步步慢慢引导。当学生的实际能力得到提高，那么随着与期待目标的距离变短，他们的焦虑也就随之下降。

20 学生经常漏写作业，怎么办？

案例呈现

小徐，男，七年级学生。周一早晨，班长抱着一摞作业备忘录走进办公室说："老师，今天小徐的语文卷子和美术作业都没交，说漏记这两项作业了，不知道需要完成。小庄的数学错题本没写，理由一样。"教师无奈地挥挥手，让班长先回教室。这才开学1个月，这样的漏写作业理由教师已经听了不下10遍，伸手找到这两人的备忘录，打开一看，字迹倒是很端正，但两人都在周末作业备忘录里少写了几笔——课代表在黑板上写的是"数学练习订正并整理错题"，这两个小伙子都记成了"订数"，直接把工作量减半。教师回想起，每次把他们叫来询问，他们总是一副诚恳认错、积极补做的模样。对此，教师很是困惑："他们到底是真的在记录作业时偷懒而导致漏做作业，还是在跟我玩文字游戏、钻空子呢？"

讨论分析

学生的作业漏写现象实属常见。学龄段低至小学三四年级的学生，高至大学生，都可能出现漏写作业的情况，原因可能是记不住作业要求的完整内容，也可能是内心并没有迫切想完成所有作业的动力，也就是"不想记"。

单纯的"记不住"

学生一天要上七八节课，每门学科或多或少都会有作业任务需要学生完成。学生可能在接受作业任务时决心要记住任务、完成任务，但当接下来一个新的课程和任务出现时，他们之前的记忆就很容易地被"覆盖"了。尤其对于小学低段的学生而言，单靠脑子记作业任务，常常是记不住、记不全的。

单纯的"不想记"

学生"不想记"有以下几类可能的原因。

（1）学生盲目自信，觉得自己能记住作业任务，懒得动笔记录

在本案例中，小徐还不能真正理解作业备忘录的意义以及完成全部作业的重要性，也不能正确地认识自己真实的记忆能力，需要教师与家长进行正确引导。

（2）学生参照自己的学业水平，觉得作业太难

学生可能在权衡之后认为漏做作业比不会做作业更有面子一些。心理学称这种情况为自我设障。学生因为担心失败，提前为失败找了一个合理的理由——我只是没有做作业，而不是我不会，并不代表我的能力差；我的考试成绩不理想，不代表我不聪明，我只是不努力、不在乎成绩罢了。在本案例中，小徐可能也产生了这样的自我保护意识，以漏写作业行为避免自尊心受损。

（3）学生懒得动

当学生对学习没有兴趣时，将会尽可能回避做作业，把时间拿来做自己更有兴趣的事情。一部分学生会尽量想办法避免面对不做作业的惩罚，而有一部分学生即使面对惩罚，也不为所动。

（4）学生想引起特定人的关注

部分学生的父母常年忙于工作，只有当教师与其联系沟通子女的情况时，才会停下手中的工作，对子女进行管教。成年人和未成年学生在问题解决的行动选择上有着天壤之别。通常，成年人倾向于分析问题的来龙去脉，找到问题根源，进而推演解决问题的办法；但学生不会首先选择分析问题，而是直接尝试不同的方法去解决问题，直到发现某个办法有效，就会重复使用这个办法。学生发现自己一旦漏做作业，或者是在学校惹了麻烦，父母就会和自己多说几句话——哪怕是训斥——学生会认为自己成功地引起了父母的关注，养成"爸妈我错了，下次还敢"的态度。

辅导建议

培养学生良好的学习习惯，端正学习态度

针对案例中的情况，首先，教师可以建议家长陪小徐选一本他自己喜欢的、好看的作业备忘录，指导书面记录每一科作业的格式，让他养成完成一项勾掉一项的习惯。其次，教师可以在每天放学前，安排学生同桌之间互查作业备忘录，让学生确认记录完整规范，签上名字。这将从根源上杜绝学生漏记、错记作业的可能。不过，教师要谨防学生以"贿赂"同学逃避互相监督、完成作业。

引导分层完成作业，循序渐进

教师应逐步提高学生在学科学习上的信心。随着自我效能感得到提升，学生就会愿意接受和自己水平相当的，甚至比自己水平稍高的挑战，从而循序渐进地跟上教师的教学节奏。

提醒家长关注作业备忘录

父母应当树立家庭是孩子的第一个课堂、家长是孩子的第一任教师的责任意识。了解孩子在学校里的学习态度、学业成就，便于父母全方位认识孩子。

及时肯定学生

当发现小徐在尝试一系列举措后，漏记作业的频率有所降低时，教师就要及时肯定他的进步。"你之前在一个星期内漏做了四项作业，但这个星期只漏做了两项，有进步哦！"当他得到及时肯定，会获得成就感。这有助于他获得对行为的控制感，能够鼓舞他持续努力。教师也可以提前和小徐商议，达成在完成某个阶段性目标后给予奖励的约定。例如，获得一次当值日班长的机会、一次和喜欢的教师共进午餐的机会等，对他的进步行为进行强化巩固。

第三部分

生命教育

 如何与经历心理危机后的学生相处？

案例呈现

> 小君，男，七年级学生。小君在前段时间跟父母争执不断，也曾经在家中扬言要做出自杀等危险举动。最近，他在校表现为不做作业，上课不认真，与同学发生矛盾等消极状态。经评估，小君存在心理危机。通过学校班主任、心理教师的多次辅导，班级活动以及教师与家长反复沟通，继而对其进行家庭教育指导等方式，小君的状况有所好转，心理危机消除。

讨论分析

案例中的小君因为亲子关系，出现了心理危机，具体表现很典型。

心理危机实质上包括3个基本部分：①危机事件的发生；②对危机事件的感知导致当事人的主观痛苦；③惯常使用的应对方式失效，导致当事人的心理、情感和行为等方面的功能水平较突发事件发生前降低①。对于身处心理危机中的学生，不能按照其之前或者参照同龄学生的认知水平和情绪调节能力来看待。他们处于一个特殊的时期，同时，青春期学生普遍具有的情绪冲动性、自我认识不全面等特点，这使得情况更为复杂。

对于青少年而言，心理危机的产生可能有一个诱发事件，如案例中小君和家长的多次争执，但是真正导致其形成心理危机的因素有很多。如果个体本身具有某些易感性特质，那么导致其在青少年时期产生心理问题的危险因素相对更多。在缺乏足够的保护因素的情况下，较为重大的负性生活事件，很容易引发其出现各类心理、行为问题。比如小君的家长就表示，小君从小就比较"不耐挫"，对于各种兴趣班的学习也不能坚持下

---

① 甘秀英，聂衍刚，罗蕴琪.中学生心理危机与社会支持、应对方式的关系[J].心理与行为研究，2009，7（2）：114-120.

来。外在压力源也是导致青少年心理危机的危险因素——童年创伤,家庭环境糟糕,养育者失责,学习压力大,与教师、同伴的关系紧张,学习成绩不理想,等等。但作为外在因素,家庭、学校既可以成为危险性因素,也可以成为保护性因素。良好的成长经历、家庭环境和父母教养方式,以及拥有较好的同伴友谊并能持续维持的个体通常有较好的心理健康状况①。

辅导建议

构建良好师生关系

教师是学生社会支持系统中的重要一员。"亲其师,信其道",良好的师生关系有助于增加学生在校时获得的支持力量。教师可以通过课后与学生亲切谈话、关心学生学业等方式增进师生关系。如果学生主动来寻求支持和帮助,教师可以以同理心耐心地倾听学生的想法,不要急着讲道理,先让学生有一个可以真实表达自己想法的机会,再有针对性地提出一些有益的建议。

适当调整学习要求

经历了心理危机的学生,其恢复的过程因人而异,有的学生恢复得快,有的学生恢复得慢,而且其情绪问题也可能会因为其他事情有所反复,还可能出现上课注意力不集中、完成作业情况不理想等情况。对此,教师需适当调整对其的学习要求。教师可以采用课后辅导、引导学生同伴互助或让学生自选作业等方式,鼓励学生积极行动起来。这能让学生感受到教师的关心,增进师生关系,使其成为学生的支持系统之一。

遇事冷静化解矛盾

如果在课堂上遇到经历了心理危机的学生与其他学生发生矛盾,或者与教师发生矛盾,教师首先要冷静,通过倾听、共情等方式安抚学生情绪,维持班级纪律。教师要了解处于心理危机恢复期的学生,其情绪的管理和调节能力以及认知能力都受到了一定的影响,所以在处理问题时要对症下药。如果上述学生出现多次影响课堂规范,导致上课无法正常进行的情况,教师应及时向班主任、学校反映,讨论相应的处理方式。

关注班级其他学生

青少年的情绪具有强烈的感染性,这与青少年处于特定的身心发展阶段有关。因

---

① 曾红,严瑞婷,王爽,等.青少年个体心理危机的生成机制及影响因素[J].心理学探新,2018,38(6):539-545.

此，教师，尤其是班主任、心理教师要关注突发心理危机学生所在班级中的其他学生。同时，教师应注意校园舆论对于处于心理危机恢复期学生的影响。如果发现校园中有不了解情况，但是随意指责、嘲讽出现心理危机学生的学生，要及时加以制止，并在保护出现心理危机学生的隐私的情况下，告知对方如何正确地理解出现心理危机的学生并与之友好相处。

家校互动形成合力

教师可以通过组织丰富有趣的班级活动，凝聚班级合力，以此促使学生在活动中激发活力，帮助其恢复心理危机带来的心理创伤①。同时，家长的助力必不可少，教师要适时联系家长，反馈学生的在校状态，尤其是好转的方面，给予家长在家庭教育上的信心。

虽然教师在面对班级中正在经历心理危机的学生时难免有些手足无措，但是有"危"就有"机"。教师每天要与学生朝夕相处，可以努力成为学生在学校中的保护性因素，用爱心和耐心，帮助学生度过人生中的这段灰色时光，迎接美好的明天。

---

① 罗元珊.例谈中学生突发心理危机干预及校园安全管理［J］.中小学心理健康教育，2021（1）：67-69.

2 如果学生说不快乐，怎么办？

案例呈现

> 小林，女，七年级学生。小林看起来总是闷闷不乐，平时在班级中独来独往，在课堂上极少主动发言，对参加学校活动积极性也不高。班主任在和她交谈的过程中发现，小林觉得自己就是一个不快乐的人，认为没什么事值得自己高兴。

讨论分析

小林觉得没有什么事值得自己高兴，和她对快乐的感知能力以及对快乐的定义有关。青少年对于快乐的理解和定义处于探索时期，他们的个体特征、学习和家庭等诸多方面都会对此产生影响。

来自个体特征的影响

一个人是否幸福快乐，并非源于其是否从来都只经历好事、快乐的事，而从不遭受挫折或苦难。快乐和挫折会伴随每个人的一生，但是乐观的人在遭受挫折时，反而会生出更多的力量，更能感受到生活中的快乐。"积极心理学之父"塞利格曼曾提出，乐观是一种解释风格。在面对成功与成就时，乐观型解释风格的人会认为这是自己的内在原因促成的，而且这一因果机制是长久的，在其他事情上也能发挥效用；而悲观型解释风格的人则会认为这是运气加成的结果、是暂时的。面对失败和挫折，两者的归因方式正好相反。

来自家庭的影响

在青少年的成长过程中，家庭必然是一个非常重要的因素。研究表明，父母的教养方式对中学生的主观幸福感有重要影响。父母的教养方式对女生的主观幸福感的影响比对男生的更大；其各影响因子中，父母的情感温暖、理解能显著提高中学生的幸福感水平，而父母的拒绝、否认、惩罚、责骂等会显著降低中学生的幸福感水平。

来自生活事件的影响

生活事件与中学生主观幸福感之间关系密切。中学生的主观幸福感受各类生活事件的影响都比较大，负性生活事件会大大降低中学生的幸福感水平；在生活事件的各维度中，学习压力对中学生的幸福感水平影响最大，人际关系、受惩罚等因素也对中学生的主观幸福感有较大影响[①]。

辅导建议

提升情绪调节能力

学生遇到消极生活事件，比如考试没考好、受到父母批评等，会产生消极的情绪，这是十分正常的现象。但是有的学生能够较快地调整情绪，而有的学生可能一直沉陷其中。教师可以向学生介绍乐观型和悲观型解释风格的知识，引导学生觉察自己是属于乐观型还是悲观型解释风格的人。如果学生发现自己在日常生活中具有悲观型的解释风格，总是情绪比较低落，感知不到快乐，教师可以通过使用情绪ABC理论辅导学生如何换个角度看待消极事件，从消极事件中获取积极的成分。情绪ABC理论认为影响个体情绪的不是事件本身，而是个体对这个事件的解释和评价。因此在与学生探讨其定义的消极事件时，教师可以引导其不断地找出其他积极的解释方式。

提升家庭养育能力

家庭的教养方式对学生的主观幸福感影响很大，尤其是中学生随着青春期的到来，自我意识不断觉醒，父母的养育方式如果没有跟上学生的变化，很多学生在家庭中将与父母有诸多冲突。在全员育人导师制度背景下，教师可以直接联系家长，使得家长了解应该如何与青春期的孩子进行交谈，多给予孩子一些情感温暖和理解，少对孩子进行否认和提出严苛要求，用平等对话的方式与孩子更好地进行沟通。

提升学业能力

学业压力是影响学生主观幸福感的重要因素。学业不良往往会对学生的自尊心、人际交往等产生影响。相反，提升学生的学业能力有助于提升学生的主观幸福感。因此，教师可以帮助学生设定阶段学习目标，制订学习计划，逐步提升学生的学习能力，增强学习自信心。

---

① 王香美.初中生生活事件、父母养育方式与主观幸福感关系的研究[D].长春：吉林大学，2006.

提升人际交往能力

中学生非常在意同学对自己的评价以及自己在人际关系方面的表现。教师可以通过指导学生一些人际交往的技巧，提升其人际交往的能力。

青少年对于快乐的定义具有高变动性和模糊不清的特点，教师可以通过亲身示范以及科学指导，让学生在追求快乐的道路上少些忧虑，多些方法，用积极乐观的态度迎接生命中的各种经历。

3 如果学生说找不到生命的意义，怎么办？

案例呈现

> 小怡，女，八年级学生。小怡一直和英语教师关系不错。有一天，她本来正在跟英语教师讨论怎么制订英语复习计划，突然提起自己最近总在想，活着到底有什么意义，如果死了，是不是一切又重新开始了。

讨论分析

小怡向自己信任的教师说出目前的困惑——活着到底有什么意义，人生是不是可以重新开始，这种思考是学生开始长大的标志。对于人生是否可以重来的认知困惑，可能与他们接触的一些亚文化有关。

这是一个亘古不变的话题

"人为什么而活着"，这个议题可谓是经久不衰的研究对象。由此可见，它是印刻在每个人心中的问题。虽然每个时代的主流思想对这个问题都有着不同的理解，但是对它的探索一定是基于个人的这一特点，是始终不变的。

这是对自我同一性的探索

在青少年的成长过程中，自我同一性的发展问题是一个核心问题，将为成年期的自我发展奠定基础。在探索自我同一性的过程中，青少年试图认识自己，了解自己——自己具有什么样的价值观，自己的理想和价值是什么，等等。所以他们会对生命的意义产生疑问，这是十分正常的。

这是生命教育的一部分

生命意义是生命教育的重要组成部分，心理学家弗兰克（Victor E. Frankl）提出人要有目的地生活，强调了人本身所感受到的关于自我和人生目标的价值体验。了解自己生活的意义，能够帮助个体在混乱的环境中生存下来。斯戴格（Michael Steger）构建了生命意义的二维模型,将生命意义分解为拥有意义和追寻意义,认为人们只有积极地追寻生命的意义,才能获得真正有意义的人生①。

这可能是一个危险信号

对于部分学生而言,这是基于生命的发展历程进行的正常思考,但是有些学生之所以提出这个问题,是因为他正面临心理危机。心理危机是指个体在遇到突发事件或重大挫折、困难,当事人既不能回避又无法用自己的资源和应激方式来解决时所出现的心理反应。面对危机情况,当事人往往会不自觉地通过一定的方式发射求助信号。

辅导建议

评估是否属于危机情况

在本案例中,小怡是在向教师请教如何提高英语成绩时提出的这一问题,那么教师需要结合小怡目前的学习情况考虑她提出这个问题的原因。因此在学生说到类似"不知道生命有什么意义",或者"活着究竟为了什么"的话题时,需进一步询问,学生为什么会对此产生好奇,最近是否遇到困难不知如何解决;也可进一步询问学生是否有自我伤害的想法或计划——这样的提问不会进一步诱导学生实行相关行为,相反学生会认为教师很理解自己。经过评估,学生的情况如果属于危机情况,教师要上报学校危机干预领导小组,在危机干预领导小组到来前,确保学生的安全;如果不属于危机情况,学生只是对这个问题产生好奇以及思考,则可以进一步与学生探讨。

真诚耐心地与学生探讨

在本案例中,小怡选择了英语教师进行提问,足以说明,她对英语教师充分信任,也希望通过与教师的交谈解答自己的一些困惑。

对于青少年而言,面对这个问题,他们是迷茫的,但是又缺少可以沟通的对象;而同龄人对于该问题的看法相对同质,参考的意义不大;同时,有些学生不愿意和父母沟通这一问题,担心父母会不理解自己。青少年构建世界的方式就是与成人不断进行对话互动,且其构建的内容随着对话内容的多样化而不断丰富。这就要求教师和家长在教育学生的过程中,特别重视学生对这个世界的表达和困惑②。教师要相信真诚的对话是对学生最好的教育。

---

① 张羽璇,严壮锋.心理学视角的生命教育:内涵、研究范式与发展[J].教育观察,2017,6(18):8-11.
② 汪亚芳.青少年生命意义的虚无与重建:透析蓝鲸游戏[J].教育观察,2019,30:68-69.

引导积极心态

对生命意义的思考应该是一个长期动态的过程。积极心理学将生命意义分为拥有意义和追寻意义。对于青少年而言，人生才刚起步，度过人生最好的方式是聚焦当下，过好每一天，并在追寻意义的过程中，不断发掘生命的价值。所以教师在引导学生时，可以从关注当下、记录生活里的美好、记录所做的有意义的事情等角度，激发他们对现实生活的美好感受。

组织生命教育主题班会或活动

课堂教学和课外活动（节日、纪念日教育，仪式教育，班级团队活动，学生社团活动，社会实践活动）包含丰富的生命教育议题，参与其中的学生可以体验和感悟到生命的意义[①]。案例中的英语教师可以将小怡的相关情况反映给班主任；班主任组织开展相应的生命教育活动，以促进小怡和学生加深对生命意义的认识和体会。教师可以通过榜样教育、同伴分享等方式，让学生意识到并不是只有自己有这方面的困惑，这是一个大家都会思考的问题，如此通过将问题普遍化，以减少学生的焦虑。

关于生命意义的探索应该是伴随个体一生的功课，实际上，教师也仍处于探索的过程中，因此和学生的探讨，就是一种生命的对话。教师对于学生的意义不仅在于传递知识，还在于精神的引领、榜样的示范。

---

① 吴增强.敬畏生命：生命教育实践的再思考［J］.中小学心理健康教育，2020，31：4-6.

4 如果学生有烦恼，不会寻求心理支持，怎么办？

案例呈现

> 一节班会课上，班主任让学生完成一个活动。活动的内容是，在3个层级的圈里写出当自己遇到烦恼困惑时，可以求助的人的名字。有几个学生连一个名字也没有写，还有的仅仅写下一两个名字。当班主任在课后询问时，他们说不知道可以写谁。

讨论分析

案例中不知道可以向谁求助的学生在每个班级都有那么几个，他们或是同学之间人际关系不理想的，或是亲子关系不理想的，又或是情感感知的能力较为低下，需要外部关注的学生。

古希腊学者亚里士多德曾说"人类是天生的社会性动物"。每个人都需要社会关系，必要时还要向他人求助。社会支持系统是以个体（被支持者）为中心，个体及其周围与其有接触的人们（支持者），以及个体与这些人之间的交往活动（支持性的活动）所构成的系统[1]。社会支持系统包括支持源、支持行为或活动以及被支持者对支持活动的主观感知和评价3个方面[2]。社会支持系统的功能包括尊重的支持、情感的支持、信息的支持、工具性支持，以及产生新的社会接触。有些青少年觉得自己没有支持系统，可能与他们对支持系统的一些误解有关。

误解一：支持系统中的支持者要承担所有方面的支持

每个人在成长的过程中都需要得到不同方面的支持，既需要精神上的尊重、温暖

---

[1] 易进.儿童社会支持系统：一个重要的研究课题[J].心理发展与教育，1999（2）：58-61.
[2] 李田伟,陈旭,廖明英.社会支持系统在中学生学业压力源和应对策略间的中介作用[J].心理发展与教育，2007（1）：35-40.

等，又需要获得实实在在的帮助，如需要他人帮其做一件具体的事情或者为其提供需要的信息。然而，很难有一个支持者能满足以上全部支持要求。通常在不同的情境和事件中，个体求助的对象是不一样的。

误解二：支持系统中的支持者只在"我"遭遇困难时才需要出现

有些学生误以为社会支持系统就是当遇到困难时，自己可以求助的对象，其实在社会支持系统中还包含可以与自己一起分享快乐、共享有价值信息的人，所以日常生活中的一些朋友、同学、亲戚等也可以是社会支持系统的一分子。

误解三：被支持者与支持者的社会支持系统必须有交集

有些学生可能会认为自己与某个人的关系不对等，所以无法将这个人"写"入自己的社会支持系统。比如，学生觉得可能对某个人而言，自己并不是其支持系统中的一员，所以当然不能将其算作自己的支持系统中的一员；又或者觉得自己近期正在与某个人发生矛盾冲突，那么这个人就不再属于自己的社会支持系统中的一员。其实不然，社会支持系统虽然是动态的，但是也是相对稳定的，在思考自己的社会支持系统时，可以从一个较长的时间周期来考虑。

误解四：社会支持系统中的支持者只能是周围的人

社会支持系统还包含社会环境中的人或机构。对于中学生而言，除了周围的父母、教师、同学，昔日的教师、同学，一些社会机构都可以是构成社会支持系统的一分子。

辅导建议

针对案例中几个学生的情况，教师可以通过告知全员导师和班主任的方式，让他们引起重视，同时可以从以下几个方面来帮助他们。

提升向他人寻求帮助的意识

教师在对相关学生进行辅导时，首先要提高学生向他人寻求帮助的意识。教师首先要让他们相信自己也会是其他人重要的支持力量，比如他们的父母、兄弟姐妹等，所以应具备社会支持的理念。其次，教师要让他们意识到他人支持的重要性——它可以让个体更好地面对困难与挫折，走出困境，也可以缓解个体的精神压力，因此，在必要时要懂得向他人寻求支持，在快乐时要懂得与人分享。最后，教师应让学生明白所有的人际关系都需要用时间和精力去打理，打造属于自己的人际支持系统同样如此。

提升家庭支持力，加强与家人之间的联结

对于每个人而言，家庭都是最重要的社会支持系统。但是正处在青春期的学生，在遇到烦恼或心情烦闷时最愿意找同学、朋友倾诉，因为他们认为父母不会理解自己或者怕家人担忧。然而，对于解决某些问题，可能父母才是能给出最大支持的人。因此，教师可以鼓励学生用合适的方式，向父母说出自己的困扰；同时，平时要多与家人分享自己的开心事，加强与家人之间的联结，让家庭成为心里最温暖的地方。

提升校内支持力，加强同伴交往能力，促进师生关系

对于处于初中阶段的学生而言，朋辈支持是社会支持的重要力量，尤其是在情感支持方面。所以，教师可以辅导学生有意识地结交朋友，用心建立友谊，在交友过程中懂得付出、分享，相互信任；在他人需要帮助时，力所能及地为他人提供社会支持。与此同时，教师是学生在学校里的重要社会支持力量，可以引导学生在学校里向信任、喜欢的教师寻求帮助，与其建立良好的师生关系。

提升外在支持力，加强专业机构的介入

社会支持系统也包含一些专业的机构，辅导教师可以告知学生其中能够提供帮助的机构名称及联系方式，让他们在觉得自己有无法解决的困惑时，可以有处可询，有人可问。

大量研究表明，在同等压力状态下，那些较多获得来自亲人、朋友、教师或领导、同伴、同事，以及各种专门机构的物质或精神支持的人，比较少获得支持的人身心更为健康[①]。一些青少年会过于消极地看待自己以及身边的资源，所以教师需要帮助学生正确看待和建立自己的社会支持系统，让每个学生都能带着温暖和友爱，与他人建立起一座心的桥梁。

---

① 戴家隽，莫闲，王华容，等.青少年社会支持系统与心理健康水平的关系[J].中小学心理健康教育，2008（11）：10-15.

5 如果学生有自伤行为，怎么办？

案例呈现

> 小静，女，七年级学生。天气逐渐炎热，学生都换上了短袖。张老师发现小静总是戴着一个腕带，一开始以为小静是为了时尚，也没有多想。有一次，张老师在无意中发现，小静的手腕处有很多条划痕。她通过讲解习题的机会，主动找到小静，耐心真诚地询问这些划痕的由来。小静在张老师的善意询问下坦露说，她在非常难过时，会用刀划自己的手腕。

讨论分析

案例中的小静会在非常难过时选择以用刀划手腕的方式，宣泄情绪。这一行为属于自伤行为。自伤行为是指个体在可以意识到伤害性结果的前提下，仍然故意对自己实施对身体和心理产生伤害的行为。姚树桥等在中国9个城市，对13—18岁的青少年自伤行为进行调查，在所有检出者中有11.9%的女生和8.2%的男生有过咬伤、抓伤、撞伤自己的行为，13.8%的女生和9.5%的男生试图割伤和烫伤自己[①]。青少年在实施自伤行为时选择伤害的位置通常比较隐蔽，不易被发现。青少年的自伤行为通过切割、灼烧、咬、抓或撞等伤害手段实现，其中最常见的自伤方式为用刀割，其次是用力抓，此后依次为击打、干预伤口愈合、咬、灼烧等。女生的自伤行为首发年龄较男生更早。女生更多采用割和刮的方式，男生更多采用烫伤的方式。

青少年的自伤行为可能是一种释放压力的方式

青少年的自伤行为多数是因为觉得压力大，通过这种方式释放压力，宣泄情绪。刚刚进入初中阶段的学生，往往会遇到很多压力事件。比如，进入新学校的适应问题——

---

① 姚树桥，王孟成.我国青少年健康相关危险行为状况调查之自伤自残状况［C］.//中国心理学会.中国心理学会成立90周年纪念大会暨第十四届全国心理学学术会议，2011：43.

学习内容、学习方式、学习环境等的改变可能会让部分学生倍感压力。同时，处于青春期的学生与父母在观念上的不一致、沟通上的不顺畅，也会导致亲子关系紧张，从而给学生造成心理压力。此外，初中阶段的学生非常在意同伴评价，因此人际关系也会是初中生的主要压力来源。如果在这一阶段，学生遭遇其他负性生活事件，如亲人、好友离世，父母感情破裂等问题，也会感受到相当程度的压力。如果他们缺乏有效的情绪调节办法，部分学生就会选择用自伤这种直接粗暴的方式来进行情绪宣泄。

青少年的自伤行为也可能是为了引起关注

自伤行为就像青少年在无声地呐喊一样。当无法用正常途径去沟通或解决问题时，他们便可能会无奈选择自伤。例如，有些学生不善于语言表达，或者语言表达可能会让他们遭受更多误会或痛苦，那他们就会选择以肉体的痛来传递内心感受到的痛苦、孤独、愤怒等，以此来引起他人的注意或重视。这个"他人"，可能是家长或他们在意的其他重要的人。一旦有些学生觉得自伤行为能够换来关注，要求能被满足，那么这种自伤行为也可能会被反复强化，持续保留。

青少年的自伤行为也可能是一种模仿或为了追求刺激

同伴关系对青少年的认知、情绪、人格发展起着重要作用，青少年同伴之间很容易互相影响、互相模仿。部分学生如果看到周围有其他学生做出某个行为，也许会去模仿。也有部分学生受网络不良信息的诱导，觉得自伤行为是一种非常酷的行为，还会在网络社交平台晒照，企图引起他人的注意，追求刺激。

导致青少年自伤的原因可能存在个体因素

出现自伤行为的青少年可能在情绪调节上缺乏策略，不擅长用一些积极有效的情绪调节方法来释放自己的压力、缓解不良的情绪。通常情况下，具有早期抑郁倾向、自卑、冲动、攻击性较强的青少年较易产生自伤行为。

辅导建议

细心观察、主动询问

青少年的自伤行为多以刀割、烫伤等外伤行为为主。教师通过在生活中对学生的仔细观察，可以对部分具有自伤行为的学生进行识别。教师平时要对一些家庭功能不够完善、学习成绩不理想、在校人际关系不佳的学生，多一些主动关心，与其建立良好的师生关系。如果看到学生身上有疑似的伤口，教师可通过主动询问伤口来源，或向其他学生了解情况等方式,判断学生是否具有自伤行为。建议教师在找该学生谈话时,选择一个安静的地方,预留一段较为宽裕的时间,注意倾听、理解学生,不对学生的自伤行为进行批评,了解学生近期遇到的困难,鼓励学生表达真实的想法。

初步评估危机程度,及时转告班主任和心理教师

自伤行为会严重影响青少年的社会功能,而且会显著增加自杀事件的发生。因此,在面对具有自伤行为的学生时,教师须评估其是否存在心理危机,如直接提问"你是否有一些消极的想法或有没有相应的计划",直接向其表达自己的担心和关心,并告诉学生自己会将情况告知班主任和心理教师,但会对其他教师和学生保密。当学生发生自伤行为时,通常需要更多的专业力量介入,所以任课教师一定要及时联系班主任和心理教师。

引导学习积极的情绪调节方式

部分青少年产生自伤行为是因为没有其他应对消极情绪的情绪调节方式,因此教师可以通过自身经历,引导学生了解积极的情绪调节方式,比如捶打枕头、大喊、听歌等,帮助学生找到其愿意尝试使用的情绪调节方法,并与其约定尽量减少自伤行为。

持续关心,提供帮助

任课教师可以通过增进与学生的日常沟通、良好的课上互动,以及鼓励学生参加课后活动等方式持续表达对学生的关心,优化其在校的学习环境。全员导师可以与父母取得联系,提供一定的家庭教育指导。

青少年自伤行为背后的成因复杂多样,但是与具有自伤行为的学生每天朝夕相处的教师,若能做到及时发现、科学干预、持续关心,也许就能成为他们成长过程中的一缕阳光,陪伴他们一起慢慢走过这段寒冷的时光,静待春暖花开。

6 如何帮助学生理解生与死的意义，从而培养积极的生命态度？

案例呈现

> 课上，心理教师问学生："你们最早思考生与死的问题，是什么时候？又想知道什么呢？"一些学生说自己在四五岁时就开始思考"我到底是从哪儿来的"这一问题，现在又想知道"人死了到底会不会有灵魂，有下辈子"。从学生的这些问题中，心理教师注意到，他们对生命是有所思考的。然而，这些思考更多地集中在出生和死亡的具体事件，缺少对生命过程的意义探究。

讨论分析

生死教育的缺位

生与死是一体两面、不可分离的，死亡依生命而存在，是生命的一部分。在推行生命教育的过程中，生死教育取向是通过对"死"的探讨来关注"生"。但是在我国，由于传统文化等因素的影响，大部分人极少讨论死亡，导致很多学生对死亡的认识大多来自一些文学作品或影视作品，在认知的过程中可能产生偏差。在生死教育上，很多父母还是会用玩笑、回避等方式拒绝与孩子谈论，使得孩子对"生"的下意识感受不是温暖的，而是冷漠的。

消极的生命态度

对生命的体验和态度最能反映每个生命个体的生命观，直接影响着个体对待与生命相关的行为。个体对生命的体验与其行为是息息相关的，对生命的体验如何，影响着其对自身的生命态度。现代社会的快节奏、高压力，也直接显现在青少年的学习生活中。他们把更多的时间花在学习上或者与学习相关的其他事物上，但是体验生活、感受生命的机会却大为减少。这导致他们在形成生命态度的过程中，出现只以学习成绩或未来可能获得的经济地位等作为衡量自己成败因素的倾向，形成僵化单一的生命态度，较少关注自己生命的意义。

辅导建议

多维度多形式开展珍爱生命的教育

有一研究表明，约42%的学生表示，不管对生命的体验如何，自己都会热爱珍惜生命，但也有32%的学生不能够坚定自己对生命的立场[①]。由此可见，在青少年群体中，还有相当一部分学生对于生命没有敬畏之心，缺少对生命的责任感。教师可开展多角度的生命教育。比如，通过讲解生命的孕育过程，让学生掌握科学的生命诞生及婴儿发育过程的知识，并结合青春期教育，引导学生认识性生理和性心理的变化，了解怀孕征兆及相关问题，认识常用避孕措施，培养学生的自尊、自信、自爱和维护基本权利的意识。比如，通过心理教育，聚焦学生对于生命的主观感受，通过对学生进行人际交往和应对挫折等能力的培养，提升学生幸福感。同时，在健康教育方面，教师要引导学生养成良好的生活习惯，远离毒品、吸烟等危害身体健康的行为，掌握一定的自救自护知识，使其拥有健康的体魄[②]。

教师可通过节日教育、社团活动、社会实践3种形式，选择恰当的内容，设计相应的活动，如参观烈士陵园、做志愿者等，通过让学生在实践中感受生命的美好，引导学生理解生与死的意义，珍爱生命，关心他人。

通过家庭教育指导，提升家长的生命教育能力

家长对生命的认识和对生命教育的重视程度直接影响孩子对生命的认识。教师可通过与家长的日常沟通、家长会、主题讲座等形式，传递正确的生命教育指导方式，提醒家长在内容上，侧重于在积极生命态度方面的言传身教。如果父母对生命抱有消极的态度，势必对孩子的生命态度产生负面影响。家长只有对生命保持敬畏、尊重的积极态度，才能让孩子在耳濡目染之下也形成积极的生命态度。父母也可以与孩子一起通过饲养宠物或种植植物等方式，进行实践体验。生命教育不是一朝一夕可以完成的，在孩子的不同阶段，父母需结合不同的生活事件，反复开展生命教育。

对生与死的思考是人类长久以来的探索，在青少年的成长道路中，他们也必然经历这一过程。如果学校和家庭能在其中起到积极的正向引导作用，使他们树立正确的生命观，则能让他们在未来最大限度地实现生命的价值。

[①] 陈彩虹.在校青少年生命观及其教育研究[D].武汉：湖北大学，2014.
[②] 刘怡.高中生命教育中深化学生生命观培养的研究[D].上海：华东师范大学，2008.

7 如何帮助学生更好地尊重其他生命?

案例呈现

> 小成,男,八年级学生。小成在与教师的沟通中提到,近5周以来,他一直被一个想法困扰着,并且这个想法让他很害怕——他会想要去伤害路边的猫,并且也曾经尝试踢了一下猫;踢完之后,他对自己的表现很是懊恼、后悔,但是又觉得刚才踢得太轻了。小成说,他在和爸爸争吵的过程中,头脑里也会出现想要伤害爸爸的想法,虽然知道自己并不会真的这样做,但是这个想法本身已经让他很恐慌了。他担心自己有一天会真的控制不住自己,去做伤害他人或动物的事情。

讨论分析

案例中的小成在面对自己"邪恶"的想法时非常害怕,也对自己是否会去实施这样的行为感到焦虑。处于青少年时期的个体,人格发展还未健全,对自我的认知也不全面,所以在遇到这样的内心冲突时产生恐慌也是正常的。面对这样的学生,教师可以从以下几个方面来思考及应对。

学生正在遭遇青春期的严峻挑战

青少年正处于身心发展极不平衡的时期,他们的心理发展尚未成熟,在面对生活中的压力事件时,他们如果不懂得合理地宣泄,而其心理承受能力又较低的话,可能会产生心理障碍和困惑,导致情绪失调,对生命的态度显得消极,由此就可能做出伤害生命的行为——有些是对内攻击,如自杀或自伤;有些是对外攻击,如近年来发生的令人痛心疾首的弑母、虐待动物等事件。

学生缺乏科学正确的生命观

生命观,是指个体对生命所持有的基本观点,包括个体对生命及其价值和意义的认识、理解与把握。生命观是否科学决定了人们对待生命的态度和行为是否正确。青少年时期是世界观、人生观、价值观形成的阶段，也是生命观形成的重要阶段。如果在这一阶段，学生缺乏对生命观的正确引导，则会出现对生命漠视的行为。

辅导建议

安抚情绪，引导合理归因

案例中的小成之所以非常恐慌，是因为先前受到的家庭教育和学校教育，以及从其他渠道（如影视作品、文学作品）获得的相关信息，让他知道一个人对其他生命要予以关怀，不可以做伤害其他生命的事情。所以当他产生与这些认知相悖的想法时，他感到很害怕，甚至开始设想自己是不是存在第二人格。教师首先要安抚小成的情绪，理解他对这种矛盾想法的担忧，肯定他在这个过程中努力保持理智的做法，缓解他的焦虑；其次通过了解近期发生在小成身上的事情以及小成日常应对不开心、焦虑的方式，找到他产生这种想法的根本原因。对此，教师应引导小成在面对压力事件时，以不伤害自己和他人、不破坏公物的原则，采用其他情绪宣泄的方法。

开展生命教育活动

生命教育，即以生命为核心，教育生命个体认识生命、尊重生命、珍爱生命，处理好生命与自我、他人、社会以及自然的关系。教师可以班级为单位，开展生命教育活动，引导学生树立正确的生命观。生命教育活动要有实效性，需考虑学生的投入程度。建议教师以开展体验式活动为主，通过组织志愿者服务，培养学生的爱心和责任感，让学生感受生命的价值。同时，教师可以在班级中增设植物角和动物角，让学生体会生命的可爱与奥秘。这样的亲身体验，能够增强青少年的生命情感，使他们更珍爱生命，更深刻地理解生命的意义。

营造充满生命力的校园氛围

校园文化是教育的重要组成部分，也是实施生命教育的重要载体。教师可以通过组织丰富多彩的校园文化活动，创设学生之间的亲密互动，让他们增进同学情谊。同时，教师可以通过增设生命教育的宣传展板、张贴标语等活动，在校园内营造积极开展生命教育的氛围。此外，教师应以身作则，以人为本开展教育教学，为学生树立尊重他人的榜样示范。

生命个体在现实生活中，不是孤立存在的，而是处在一定的自然环境和社会关系中。只有对此有充分的认识之后，个体才能形成正确的生命观。因此，教师除了要引导学生看到自己的生命价值之外，也要引导其看到除自己之外的人、事、物，培养其对生命的责任感。

8 如何对学生开展青春期生理、心理教育？

案例呈现

> 小容，女，七年级学生。小容最近很苦恼，因为她被其他同学传绯闻了。她和班上的男生小乐玩得比较好，其他同学就认为他们在谈恋爱，有位女同学甚至把这种揣测到处传扬。小容不解，其实她和另一个男生小君也玩得挺好的，同学们却只传她和小乐的绯闻。她担心如果教师听说了这一传闻，也会以为这是真的，并会让她放弃担任班干部；她更担心如果父母知晓了这一消息，情况会更加糟糕。

讨论分析

案例中小容被传绯闻的经历，在初中生群体中还是比较普遍的。小容的担心，集中于父母、教师知道这件事情之后可能作出的反应。可见，当下针对青少年的异性交往问题，学校、家庭教育依旧存在着缺失或不足。

青春期学生的性意识萌发

青春期是人的第二生长发育期。在这一时期，男女生都要经历第二性征的发育。随着生活水平的提高，学生在营养吸收较好的情况下，第二性征的发育普遍提前，生理和心理发育的迅速，使得学生的性意识不断萌发，与异性交往的愿望也日益强烈。然而，这有时会给他们带来较大的冲击和压力，所以有些学生就会以投射的方式呈现出来，具体表现在喜欢传绯闻、"组CP"等形式。

成人对青春期异性交往的误解

案例中的小容透露出了她对于父母和教师在知道这件事情之后的态度的担忧。的确，当下仍有不少家长甚至教师对于青春期学生的异性交往问题，抱有较多偏见。比如，他们认为这一定是一件非常糟糕的事情，甚至会带来严重的后果，所以在日常生活中对此类事情总是打压禁止，导致学生对此也存在矛盾心理——既好奇又害怕。

学生对青春期性心理的恐惧

面对对异性同伴产生陌生而又汹涌的情愫，一些学生可能会产生害怕的想法。但实际上，这是性发育后的正常心理现象。如果学生过度地排斥和否定，反而不利于建立正常的异性交往关系。中学阶段的异性交往对培养人际交往能力、为未来的恋爱和婚姻打下基础具有关键作用。

辅导建议

储备知识，了解青春期学生的心理特点

教育教学是教师的第一要务。教育的关键是在了解学生的基础上，开展相应的教育活动。因此，在日常教学中，教师可以通过书籍阅读、理论学习、与学生沟通等途径了解自己所教学生的身心特点，提升相应的知识储备。在面对学生的问题时，拥有平常心，进而更加淡定从容，用耐心和爱心有的放矢地开展相应的教育。

传递知识，减少学生和家长的焦虑

面对作为生理和心理发展的"疾风暴雨期"的青春期，学生和家长都会有些手足无措。教师作为专业的教育者，须主动承担起传递相关知识的重任。教师应通过主题班会、日常谈心、家长会、家庭教育指导等方式，将青春期学生的心理和生理变化的特点告知学生和家长；同时将如何应对这种变化的方法和策略反复强调，减少学生和家长的紧张焦虑情绪，避免因双方过分紧张而发生亲子冲突等负面情况。

创设条件，为学生提供更多正常的异性交往机会

青春期学生的异性交往会经历从疏远到吸引的变化。在疏远期，男女生之间可能会因为觉得别扭而刻意地彼此不来往，但是随着年龄的增长，又可能会出现一些青春萌动的现象。异性交往是人类社会不可缺少的重要组成部分。在异性交往的过程中，青春期学生可以在个性的碰撞中成长，获得情感安慰，还能吸收彼此的优点。因此，教师需鼓励正常的异性交往。教师可以在学校通过开设活动，如趣味运动会、团体游戏、合作课题、课堂讨论等，促进男女生之间的互动与交往。

设立底线，杜绝性骚扰、性侵害的发生

随着青春期性生理和性心理的发展，学生身边可能也会发生性骚扰和性侵害事件。教师首先要引导学生识别什么是性骚扰、性侵害，并且掌握一定的应对方法——在日常生活中如何避免，或者遇到问题该如何处理。其次，教师要开展网络安全的相关教育——目前针对未成年人的网络安全事件频发，要提醒学生警惕网络交友以及避免不良网站的侵害。

整合资源，合力完成学生的青春期教育

青春期教育，不单是班主任或心理教师、卫生教师的责任，对学生应负教育责任的所有主体应合力整合学校内外的教育资源，共同完成对学生的青春期教育——从了解生理、心理发展的相关知识，到青春期的自我接纳，再到拓展青春期正常异性交往的活动平台，通过多方面的青春期教育同时启动，让学生能在这场青春的风暴里平稳地度过。

9 如何对学生开展预防艾滋病教育？

案例呈现

> 在艾滋病宣传日，对于学校张贴的一些相应主题的宣传海报，很少有学生驻足关注，教育效果不显著。询问走过的学生，有些学生说对这一方面的知识已经有所了解，有的则担心驻足观看会被同学嘲笑，还有一些学生表示根本没有关注到这些海报。由此可见，学校开展的预防艾滋病的健康教育活动效果甚微。

讨论分析

青少年艾滋病防控现状

2006—2018年，全球艾滋病相关死亡总数持续下降，而在青少年中并未表现出下降趋势[①]。2008—2015年，我国青少年学生艾滋病感染人数呈现逐年上升的趋势。自2015年开始实行高校预防艾滋病教育试点措施后，趋势基本平缓，但每年还是有3000例左右的青年学生感染艾滋病。其中15—17岁年龄段人群感染艾滋病的比例还是呈上升趋势，这主要与学生发生性行为的年龄在前移有关。因此，虽然目前报告的病例平均年龄在20岁，但是其实学生的很多风险行为可能已经在他们进入大学前就存在了。所以在中学阶段，开展切实有效的预防艾滋病教育非常重要。

预防艾滋病教育现状

健康教育是实现行为干预目标的一种有效途径。不论从学生的接受教育的人群广泛度还是教育者的专业性而言，学校都是开展预防艾滋病健康教育的最理想场所。现行的《中小学健康教育指导纲要》对中学阶段学生的教育目标和教育内容已有明确规定，然而，在开展教育的过程中，缺乏专业的教材，教学内容无法统一，也缺乏对相关教师的

---

① 马迎华.中国青少年学生艾滋病防控的关键要素 [J].中国学校卫生，2020（12）：1761-1771.

专业培训，教育形式单一或不具有对学生的吸引力等情况，导致教育效果大打折扣。

辅导建议

加强教师自身知识储备

《中小学健康教育指导纲要》中的教育目标及内容明确规定：在初中阶段，学生需对这些内容进行学习：艾滋病的基本知识；艾滋病的危害；艾滋病的预防方法；判断安全行为与不安全行为，拒绝不安全行为的技巧；学会如何寻求帮助的途径和方法；与预防艾滋病相关的青春期生理和心理知识；吸毒与艾滋病；不歧视艾滋病病毒感染者与患者。因此，教师需要对以上内容有所了解和学习，以应对学生在这一方面的问题。

开展相关主题活动

教师应充分利用好12月1日艾滋病宣传日的这一契机，开展丰富多样的主题活动，如艾滋病宣传主题班会，艾滋病防控知识竞答、团体辅导等。通过组织参与度高、趣味性强的主题活动，让学生掌握预防艾滋病的相关知识。同时教师可以结合青春期教育，通过主题班会、讲座等形式，增强学生的性健康意识。

开展预防艾滋病同伴教育

青少年群体处于自我意识飞速发展的时期。在这一时期，他们对教师或家长存在一定的抵触心理，更愿意倾听来自同伴的意见或建议。因为艾滋病教育的话题相对敏感，情况则更是如此。因此利用同伴教育开展艾滋病教育显得尤为重要。同伴教育是指具有相似年龄、背景或生理、经历、体会、社会经济地位及相同性别等具有共同语言的人在一起分享信息、观念或行为技能。同伴教育者易唤起身边同伴的心灵共鸣，从而实现教育目标[①]。要实现同伴教育，首先学校要有一套相应的机制，如针对同伴教育志愿者的专业培训，同伴教育活动的开展落实等一系列保障。教师可以在班级中挑选同伴教育志愿者，从艾滋病的预防、艾滋病的传播方式与传播途径、中学生在预防与控制艾滋病中的作用、生活技能、关爱艾滋病病人等几个方面对他们进行培训。然后，组织他们通过案例分析、角色扮演、现场演示等同伴教育的活动方式，调动学生参与的积极性。

宣传教育是青少年艾滋病防治工作中最重要的，也是最经济、最有效的。学校作为主阵地，教师理应发挥主动性，引导学生主动学习艾滋病防治知识，树立健康第一责任人的理念，筑起艾滋病防治的坚固防线，促进学生健康成长。

---

① 张眉.重庆市中学生预防艾滋病同伴教育效果评价及模式探讨［D］.重庆：重庆医科大学，2010.

10 如何对学生开展生态环保教育？

案例呈现

> 在学校食堂，教师发现不少学生剩菜剩饭，经了解得知，学生能意识到这种浪费行为不好，是不节约的表现，但是不能更深入地认识到这是一种破坏生态的行为。然而在意识层面，很多学生知道要爱护环境、节约资源等。由此可见，学生在生态环保意识和生态环保行为上存在脱节现象。

讨论分析

针对青少年开展生态环保教育的重要性

当前全球面临生态环境日益恶化，严峻的资源枯竭等问题，关注生态环保问题已经成为人类迫在眉睫的任务。这使得人们不得不重新思考如何在未来更大程度上地实现人与自然和谐共生。青少年是国家的未来，并且正处于世界观、人生观、价值观的塑造时期。青少年具有良好的生态环保意识和行为将对国家的可持续发展具有重要意义。

青少年生态环保意识和行为的现状

据调查，中学生的生态文明意识在很多方面状态良好——大部分中学生对温室效应、白色污染了解较多，也认为环保很重要，并且已经意识到青少年学生的生态文明意识有待提升。但是存在的问题也比较突出，较多中学生不了解何为"生态文明"，不清楚全球煤炭资源的状况，不能客观看待经济发展与环境保护的关系，不太能接受为了环保而提高产品的价格。整体来看，中学生的生态文明意识还有待提升。当前我国青少年学生的生态文明行为表现不太良好，最突出的是在剩饭、随手扔垃圾和使用一次性餐具上，同时在参加环保类志愿活动、分类处理垃圾、使用回用水、关注商品的环保标志等环保行为方面积极性、参与度不高，在人走断电、节水节能等方面表现得也不尽如人意。然而，他们也有表现较好的方面，例如，大部分青少年愿意向身边人宣传环保知识，在出行时倾向于选择公交车、自行车、步行等环保方式。

学校在青少年生态环保教育中的优势

学校是学生教育的主阵地，而且调查指出，学校层面的因素影响中学生生态文明行为的程度最深。其中，学校是否有环保类社团组织和教师日常的行为是否环保最为深刻地影响着中学生的生态文明行为，其次是学校是否组织学生参加环保类活动、是否开设环保类课程，以及道德与法治或思想政治课是否涉及与环保相关的教学内容三个因素[①]。

辅导建议

多维度提升学生的生态环保意识

意识和行为是相辅相成的，意识决定行为，行为体现意识。所以在开展生态环保教育的过程中，生态环保意识的培养至关重要。教师可以从马克思主义生态观教育、生态文明知识教育、科学消费观教育、生态法治教育4个维度，通过课程讲解、组织活动、各类宣传等形式，提升学生的生态环保意识。

教师可以通过组织一些观察生活、感受大自然的活动，比如自然摄影、野外郊游等活动，让学生感受到优美环境带来的温馨、舒适，从而坚定保护自然、保护环境的信念。

同时，教师可以通过优化校园生态环境，如设置环保设施——分类垃圾桶、废电池回收箱等，以及设立宣传橱窗、张贴标语等方式，以环境育人，传递环保理念。此外，教师要以身作则，在日常生活中，注意自己的言行举止，为学生树立环保的榜样。这样的隐性教育，可使青少年学生的环保意识在不知不觉中被提升。

引导学生多渠道实践生态环保行为

正所谓实践出真知，对于学生的生态环保行为的培养也是如此。教师可以通过组织丰富多彩的活动，引导学生参与到生态环保的行动中。比如，利用世界环境日开展节日教育，开展环保主题活动——如学雷锋校园清扫活动、植树节植树行动——并组建环保志愿者队伍，开设环保类课程，组织成立环保社团等，让更多的学生行动起来。

多方面制约不环保行为

教师可通过在班级中设立"环保小卫士"一职，监督学生在校期间的不环保行为。

---

① 董国静.青少年学生生态文明行为培育研究[D].北京：华北电力大学，2015.

比如：是否存在浪费粮食、浪费水、破坏生态资源的情况；并建议家长在家庭中组织开展家庭环保行为自查活动，如垃圾分类、节水节电等。

地球是人类的共同家园，人与自然和谐共生，需要每一个人的努力，教师应加强对学生的生态环保教育，其任重而道远。

11 如何觉察学生是否正处于心理危机状态？

案例呈现

> 小杜，男，八年级学生。小杜这次的练习成绩又不太理想。家长对他进行了严厉的批评，并给他施加了较大的压力。在小杜早上出门前，家长又因这次练习的事情，和小杜爆发了激烈的冲突。到校后，小杜的情绪十分低落。在数学课点名时，教师发现小杜不见了。学校立即启动了危机干预预案。经过多名教师寻找，终于在校园的角落找到了小杜。小杜说，他产生了自杀的念头。经心理教师评估，小杜的自杀风险很高，正处于心理危机中。那么，教师应如何觉察学生是否正处于心理危机状态？

讨论分析

什么是心理危机

心理危机是一种失调的心理状态，是指个体在遇到重大问题时无法回避，且应对能力又不足，而产生的暂时性的严重心理失衡状态。重大问题导致的心理失衡状态表现为各类情绪、认知、生理和行为症状，包括焦虑或抑郁的情绪，严重时会出现自杀或暴力行为。负性或应激性生活事件是青少年产生心理危机的主要因素[①]。比如，考试失利、失恋、校园暴力、人际交往受挫。此外，童年经历、问题应对方式、人格、情绪等因素也会影响心理危机的发生。

心理危机的分类

从青少年心理危机的性质上来说，通常把危机分为以下3类。

---
① 曾红，严瑞婷，王爽，等.青少年个体心理危机的生成机制及影响因素[J].心理学探新，2018，38（6）：539–545.

（1）发展性危机

发展性危机又叫适应性危机或成熟性危机，是指个体在成长过程中，因生理的不断变化而引起的应激反应，如青少年的第二性征的出现、新生入学时的环境适应危机等。这些危机是每个个体从幼年到成年所必须经历的变化，只要顺利面对这些改变，接纳生理和心理成长，就能顺利度过危机。

（2）境遇性危机

境遇性危机是指在面对罕见或突如其来的超常事件，个人无法预测和控制时出现的危机。境遇性危机与其他危机的根本区别是，引发危机的异常事件是青少年个体无法预料的或难以控制的，如父母离异、暴力侵犯、人际关系的强烈冲突等。对当事人来说，这些事件是强烈的、灾难性的、随机的。

（3）存在性危机

存在性危机是指随着重要的人生问题而出现的个体心理的内部冲突和焦虑。个体可能将会终身面对这一问题，比如关于孤独、自由、死亡和自我认同的问题[①]。

辅导建议

教师要具备作为学生心理危机"守门人"的责任意识

对于青少年来说，学校是其生活学习的主要场所之一。学生心理危机预警系统的成员主要包括学校直接领导者、班主任、科任教师、心理健康教师以及班级心理委员等。许多教师目前都担任了学生的"成长导师""德育导师""结对导师"等职务，主要关心、关爱学生的成长。对青少年心理危机的识别和发现非常重要，如果教师能及时发现学生的心理危机，就可以帮助学生得到及时的干预或转介，从而帮助学生顺利度过危机。教师作为学生在校生活和学习的直接接触者，需要具备作为学生心理危机"守门人"的责任意识，从多方面、多角度发现学生的心理危机。

教师要在观察学生心理和行为动态过程中发现心理危机

心理危机主要表现在情绪反应、认知、行为改变和躯体方面。具体表现为：①生理方面，当个体产生心理危机时，会出现心跳加快、血压升高、失眠、头晕、出汗、食欲下降、肌肉紧张等一系列机能反应；②认知方面，当个体对应激源不能形成积极的认知评价，其自信和自尊就会下降，常表现为记忆困难、注意力不集中、犹豫不决、不能把

---

① 王爽.青少年心理危机预警的调查研究[D].广州：广州大学，2017.

思想从危机事件上转移等；③情绪方面，常出现害怕、焦虑、恐惧、怀疑、忧虑、悲伤、易怒、绝望、麻木、孤独、紧张、烦躁等负性情绪；④行为方面，呈现社交退缩、沉默、过度活动、没有食欲或暴饮暴食、易冲动、出现过去没有出现过的非典型行为等状态。教师可以通过日常关注，也可以通过学生的周记、作文、作业等，观察学生是否存在上述心理和行为表现，从而发现心理危机[①]。

教师要在关注高危学生过程中发现心理危机

教师作为学校的学生心理危机预警系统中的重要组成部分，在相应的学生心理危机预警工作中，需承担起关注高危学生从而发现心理危机的任务。根据学生心理问题的严重程度和心理危机干预工作的需要，可以将学生分为心理危机高危对象（包括精神病性障碍者、有明显人格缺陷者、创伤后应激障碍者、发生家庭变故或患严重躯体疾病者、有过自杀企图或行为并经常产生自杀意念者、存在明显的攻击性倾向或行为者、丧失或长期缺乏社会支持系统者）、心理危机重点干预对象（包括曾经谈论并考虑过自杀者，严重自卑者，在恋爱、学业、人际交往中受挫并有强烈的心理冲突或心理症状体验者，心理疾病边缘患者，中度抑郁症、躁狂症患者，长期存在睡眠障碍并严重影响学习、生活者）、心理危机日常关注对象（包括有中度以上心理问题者）[②]。教师要重点关注以上学生，及时发现他们的心理危机并使其得到干预。

危机解除后，教师还需要继续关注学生的心理状态

对发生危机的个体进行专业的心理危机干预，包括专业的心理咨询、心理治疗、药物治疗等，能改善其心理健康状况。在学生摆脱心理危机、恢复常态后，教师还应继续关注他们的心理行为状态，如问题应对方式、焦虑情绪、情绪稳定性等，以便及时作出危机预警反应。

[①] 蔡哲，赵冬梅.大学生心理危机的干预与调解[J].河南师范大学学报（哲学社会科学版），2001，28（4）：106-107.

[②] 廖深基，张本钰."四维度"心理危机干预体系的研究[J].高校辅导员学刊，2009，1（1）：21-24.

12 如果学生正在经历应激性生活事件，怎么办？

案例呈现

> 小可，女，七年级学生。教师发现小可最近愁眉不展，经常闷闷不乐。小可在日记里写道："我太难了！不如意的事情接二连三，考试没考好已经让我很郁闷了，更让我郁闷的是最要好的朋友也对我不理不睬，我的心情降到了冰点。我感到很无助，也很焦虑，心里很乱，我该怎么办？"教师经过了解得知，小可正在经历一些应激性生活事件，并产生了焦虑无助的负面情绪。

讨论分析

应激性生活事件普遍存在

应激性生活事件也称为负性生活事件，是指个体在生活中突然遭受到急剧的、在心理上产生剧烈反应的重大事件。中小学生的身心处于快速发展的时期，这个阶段的学生也面临着学习和生活中的各种冲突，不可避免地会经历各类负性生活事件。一些研究表明，从发生数量上看，男生比女生面临的负性生活事件更多。从事件的影响率上看，女生面临负性生活事件后受到的影响大于男生[1]。青少年的负性生活事件随其年级的升高，呈现先增多后减少的变化趋势，而被评价为有较大影响的负性事件则随青少年所在年级的升高而不断增加[2]。

然而，同样的事情对有的人来说是应激或负性生活事件，对没有感到痛苦焦虑和抑郁的人来说，就不是应激或负性生活事件[3]。个体的情绪管理能力、认知调节能力、对

---

[1] 崔丽霞，雷雳.中学生问题行为群体特征的多视角研究[J].心理发展与教育，2005，21（3）：112-119.
[2] 邢存瑞.青少年负性生活事件对社会适应的影响：情绪调节的作用[D].太原：山西大学，2018.
[3] 杜瀚.青少年负性生活事件的调查分析——以菏泽某一中学为例[D].北京：北京理工大学，2017.

痛苦的敏感程度和社会支持水平等多因素，都可能决定应激或负性生活事件是否对个体产生影响，以及影响程度[①]。

应激性生活事件的影响差异

青少年的应激性生活事件，包括学习压力、人际关系冲突、受到惩罚、亲友丧失、健康适应不良以及其他事件。学习压力、人际关系冲突是中小学生面对的主要应激性生活事件，其次是受到惩罚、亲友丧失、健康适应不良及其他事件。一项关于上海市中小学生的应激性生活事件的研究结果显示，对中小学生影响较大的前10个应激性生活事件，依次是考试失败或成绩不理想、亲友死亡、亲友患重病、被人误会或错怪、被人侵犯隐私、学习负担重、升学压力、家庭施加学习压力、与同学或好友发生矛盾、家人之间有矛盾。有的事件发生频率高，影响程度也较大，如考试失败或成绩不理想、被人误会或错怪、与同学或好友发生矛盾、家庭施加学习压力、家人之间有矛盾。其中考试失败或成绩不理想最需要引起关注，发生率最高，影响程度也最大。因为考试的失败，会被学生认为是个人可控制因素的失败，是个人的无能、不努力所致，是个体内部因素。有的事件发生频率不高，但影响很大，也是值得关注的，例如亲友死亡、亲友患重病等。有的事件发生频率比较高，但其对中小学生的影响程度相对要轻，如当众丢面子、受人歧视或冷淡、遭父母打骂等[②]。

青少年应对应激性生活事件的特点

在面对应激性生活事件时，中小学生既可能采取积极的应对方式，也可能采取消极的应对方式。积极的应对方式对于解决具体问题和个体的心理健康具有正面影响；相反，消极的应对方式易产生负面影响[③]。学生应对应激性生活事件的方式是多样的，根据《中学生应对方式量表》，可以分为"指向问题的应对"以及"指向情绪的应对"两类应对方式。"指向问题的应对"包括问题解决、寻求社会支持和积极的合理化的解释；"指向情绪的应对"包括忍耐、逃避、发泄情绪和幻想否认[④]。

---

① 沈程峰，李欢欢，宋巍，等.中学生应激性生活事件与自伤的关系：积极发展素质的调节作用[J].中国临床心理学杂志，2021，29（3）：483-488.
② 沈之菲.上海市中小学生的应激性生活事件、应对方式及抗逆力的实证研究[J].思想理论教育，2009（5）：72-77.
③ 张莉.初中生生活压力、应对方式与心理健康的相关研究[D].天津：天津师范大学，2018.
④ 陈树林，郑全全，潘健男，等.中学生应对方式量表的初步编制[J].中国临床心理学杂志，2000（8）：211-237.

引导学生在认知层面"积极合理化解释"

教师要引导学生从积极的角度看待应激性生活事件。应激性生活事件发生后,是否会对学生产生消极影响,跟学生的认知密切相关。在应对应激性生活事件时,学生可能会受到在心理机能方面的打击,从而导致学生发展受阻。但是,应激性生活事件也有可能会强化学生解决问题的技巧、增加学生应对问题的经验,从而成为抗逆力水平提升的契机。所以,如果学生能积极地应对,并能激活生命潜能,在战胜逆境中健康成长,学生的抗逆力水平就会得到显著提升。因此,教师要引导学生不应只是单纯地避免负性生活事件的影响,而应更多地学会有效地面对和掌控应激性生活事件;要引导学生在遭遇挫折时不气馁,使危机变成转机,有效整合内外资源,发挥潜能,实现抗逆力的锻炼和提升①。

引导学生在情绪层面"积极调节情绪"

学生在遇到应激性生活事件时,产生焦虑、担心、低落等情绪,也是正常的。教师要引导学生学会及时地、积极地接纳和调节情绪;要引导学生避免自我责难、将事件灾难化以及责难他人;也要引导学生采取如转移注意力、合理宣泄、放松、倾诉等积极的情绪调节策略。当然,教师应提醒学生在情绪宣泄时,要注意合理、适度,不伤人、不伤己。

引导学生在行动层面"积极解决问题"

教师要引导学生提升解决问题的能力,采取积极的问题解决方式。如果个体过分使用回避、否定等消极的方式来应对压力,不利于问题的解决,也不利于其心理健康。在面对人际关系问题时,个体要提升社会交往技能、人际沟通方法和矛盾处理办法。学生的人际关系问题通常来自与教师、朋辈与父母的互动。教师可以就具体的问题和学生探讨,对学生提出建议、指导和帮助。教师应引导学生在面对学业压力时,提升自我效能感,帮助学生适应新的学习环境,改善学习方法和策略,培养良好的学习习惯。教师还可以鼓励学生从生涯探索的角度和对美好未来的向往中,挖掘学习潜能、强化学习动机,以更好地应对学业问题。在学生遭遇丧失、受到惩罚以及面临健康适应及其他方面

---

① 沈之菲.上海市中小学生的应激性生活事件、应对方式及抗逆力的实证研究[J].思想理论教育,2009(5):72—77.

的问题时，教师也要根据实际情况，引导学生开拓思路、开发潜能、积极面对、学会借力，采取更为积极的问题解决方式。

引导学生在资源整合层面"寻求支持"

教师应引导学生在应对应激性生活事件时，具备整合资源的意识，即不要一味地独自应对，而要积极地寻求支持。教师要努力与学生建立良好的师生关系，要让学生充分感受到安全感、信任感，从而使学生在遇到应激性生活事件时，能向教师寻求支持和帮助。教师也可以引导学生寻求家人、同伴等的支持，以及寻求专业的心理援助资源，如区域层面的面询资源、热线资源、课程资源等。教师要引导学生具有寻求支持的意识，还要帮助学生知晓寻求支持的具体途径。

13 如果学生遭遇丧亲等重大负性生活事件，怎么办？

案例呈现

> 小玉，女，七年级学生。小玉因其祖母离世，向班主任请了几天事假。回学校后，班主任观察到小玉情绪十分低落，时常发呆，上课也经常走神。班主任和小玉谈心，小玉说："我是奶奶带大的，和奶奶非常亲，可是前几天奶奶去世了，这一切太突然了。我觉得心里很难受，但也不知道该怎么办。"班主任试着和小玉再多聊聊，但是小玉的状态变化并不明显，情绪还是较为低落。

讨论分析

"丧亲"发生频率不高，但对个体的影响不容忽视

青少年群体在生活和学习中，不可避免地会经历各类负性生活事件。从性质上而言，负性生活事件一般分为重大负性生活事件（经济自然因素灾害、亲人罹患重大疾病或离世等创伤经历等）和日常负性生活事件（学习、工作、人际方面的压力等）两类。亲人离世，作为负性生活事件的一种，事件发生频率不高，但对学生的影响很大，值得关注。在本案例中，小玉正在经历亲人离世的丧失性应激事件。

一项研究表明，97%的青少年至少有一次丧失经历，半数以上经历过5—7件丧失事件，其中"经历家庭成员死亡"对青少年的影响最大。[1]经历丧失性应激事件，面对失去所依恋的对象这一现实，个体将经历悲伤与哀悼。哀伤的异常反应称为异常或病理性悲恸，通常表现为悲恸过分强烈、持续时间过长或存在扭曲表现，异常的持续时限标准为6个月[2]。

---

[1] 刘世宏，李丹，徐晓滢.丧失事件与青少年生命认知的相关研究［J］.苏州大学学报，2014（1）：83-92.
[2] 王凌燕.一例初三男生哀伤辅导的案例报告［J］.中小学心理健康教育，2018（14）：51-53.

个体的应对方式和认知评价非常关键

负性生活事件,特别是死亡、失物、失学等丧失事件,与负性认知、负性情绪相关。面对丧失事件,人们更多地体验到失落感,需要一定的时间来适应变化并调节因丧失而产生的情绪反应。以往的研究发现,丧失是青少年健康危险行为的主要影响因素[①]。但也有研究表明,经历过严重负性生活事件(如自然灾害、癌症确诊或失去亲人等)的个体,不完全会受到消极的影响。能否引起心理、生理反应,进而出现健康问题,产生自杀意念,甚至导致自杀行为,除取决于生活事件的属性(事件类型、刺激强度、发生程度、持续时限)外,还受制于个体对事件的应对方式和认知评价。丧失过程可能促使青少年从事件中获取宝贵经验,重构对生命的认知,形成对生命意义的辩证性认识,产生情绪的积极体验[②]。

缓解学生因丧失带来的负性情绪

教师可以陪伴学生,也可以采用接纳性和支持性的言语,为学生提供心理支持,这些都有利于学生的情绪表达和情绪调节。如果学生愿意,教师还可以重新唤起其与已故之人的经历,如:"可以和我说说关于你和亲人的故事吗?""可以再说得具体一些吗?"在学生讲述的过程中,教师要充分给予包容、理解和支持。学生倾诉的过程,也是情绪宣泄和得到心理支持的过程。教师还可以引导学生通过倾诉、写日记等方式进行情绪表达、宣泄、调节,也可以帮助学生拥有更多来自家庭、同伴、其他教师的心理支持和帮助,从而缓解负性情绪。

引导学生探索生命意义

有些个体在经历负性生活事件后,或与家人、朋友关系更紧密,或重新定位目标,或更为热爱生活。这些获益和个人的改变被称为与压力相关的成长、创伤后的成长和对意义的寻找。学生对生命意义的探索越深刻,越能感受到生命的可贵和生活的幸福。因此,教师在辅导学生时,要引导学生对生命意义进行深入探索,从而使其成为促进学生成长的积极因素。

"丧失"其实是一个重要契机,几乎所有青少年都会经历丧失事件。教师如果能通

---

① 孙倩莱.益阳市初中生健康危险行为及其影响因素研究[D].长沙:中南大学,2011.
② 刘世宏,李丹,徐晓滢.丧失事件与青少年生命认知的相关研究[J].苏州大学学报,2014(1):83-92.

过生活实例加以引导,他们就更容易接纳。教师应相信学生具备从丧失事件中获取经验和成长的能力,在丧失事件发生后及时对学生进行生命教育,将会事半功倍[1]。学生在经历丧失事件后,仍然可以获得创伤后的成长、对生命的更好理解。例如,教师可以向学生询问已故之人对学生的深刻影响,已故之人对于学生的期待,以及学生经历这一切的体会和收获等问题,通过引导学生表达,积极倾听,以此帮助学生寻找在负性生活事件中蕴含的积极意义,从而帮助学生增强对生命的理解,并能从丧失中获益——发现生命的意义,获得成长的能力,为未来的困难和挑战做准备。

开展哀伤辅导活动

青少年一旦遭遇突然的丧失,如亲人或同学、朋友的突然离世,常常表现出强烈的精神痛苦。研究显示,恰当而及时的哀伤辅导,不但有助于他们缓解身心痛苦,减少正常哀伤向复杂哀伤转变的可能,也有助于青少年从负性生活事件中学习积极赋义,提升心理复原力[2]。

教师应及时开展个体哀伤辅导。青少年哀伤过程要经历4个阶段,即面对生活的巨变、体验丧亲的痛苦及失落、在哀伤中继续生活、重新诠释死亡的意义。心理教师在哀伤辅导中,通常采用把哀伤正常化的方法,将辅导目标设置成接受丧失并且开始新生活。借鉴心理教师的做法,教师可对学生的哀伤反应表示理解,并视其为正常的心理重建过程;还可引导学生逐步接纳生活中的变化,并能允许自己体验悲伤,提醒学生这是度过哀伤阶段、走出痛苦的前提。教师也要意识到,学生在一段时间内表现出哀伤情绪,行为退避,甚至成绩下降,可能是在度过哀伤阶段,这是逐步走向正常生活的必经阶段。教师还可陪伴学生在哀伤中继续生活,做好对学生的支持和帮助[3]。教师也可以引导学生从已故之人的视角,重新认识自我和生命,获得积极影响和力量[4]。同时,教师要引导家长给予学生相对宽松的家庭氛围,这能帮助学生更好地从悲伤中恢复。教师在开展哀伤辅导时,需要做好充分准备,可以积极寻求心理专业人士的指导、建议和帮助。

教师应适时开展团体哀伤辅导。一般来说,团体哀伤辅导的实施者以心理专业人士以及班主任为主。然而,教师也可以了解和学习团体辅导的实践要点,以备在需要时开

---

[1] 刘世宏,李丹,徐晓滢.丧失事件与青少年生命认知的相关研究[J].苏州大学学报,2014(1):83-92.
[2] 王凌燕.一例初三男生哀伤辅导的案例报告[J].中小学心理健康教育,2018(14):51-53.
[3] 刘欣.直视骄阳:一例高三学生丧亲之痛的心理辅导[J].中小学心理健康教育,2016(24):18-21.
[4] 姚懿纯,王资岳,李昱睿."再说你好"叙事疗法在哀伤辅导中的应用[J].心理月刊,2021(16):207-208.

展或协助开展相关工作。当发生诸如学校同伴意外死亡事件时，教师可以对班级实施团体哀伤辅导。它的普适性目标一般为：一是令学生在安全，相互支持、信任的氛围中，追忆缅怀同伴，协助学生接纳现实；二是帮助学生了解正常的哀伤反应及其应对方式；三是协助学生宣泄情绪，提供社会性支持；四是初步评估并筛查出后续需要进一步干预的学生。要关注的是，教师在向学生陈述事实时，应尽量避免对事件本身的细节描述，以免引发学生的恐惧和想象，应重点关注班级学生的悲伤情绪辅导。其中，在处理告别仪式的物品，引导学生缅怀及展望时，教师可以组织学生将心里话便签放进逝去同学的书包里，作为"最后的礼物"。教师要引导学生与逝去同学及其物品做彻底的告别。比如，撤掉逝去同学的座位，将"最后的礼物"在追悼会上送出去等，以免班级学生对逝去同学的情感难以剥离，造成后续的心理创伤[①]。在此过程中，教师还可以根据学生的心理发展阶段，进一步丰富辅导载体。另外，教师要充分运用好各类心理辅导资源，如寻求专业人士的援助和建议，再根据实际情况创造性地开展工作。

必要时转介

教师在给学生提供支持和帮助的同时，也要根据实际情况，在必要时将学生进行转介，通过更为专业、有效、有针对性的干预，帮助学生缓解身心痛苦，避免哀伤异常，并使学生能学习积极赋义，促进学生的生命成长。

---

① 陈滢，汪国琴.小学生哀伤团体辅导的实践探索［J］.现代教学，2018（6B）：59-61.

14 如果学生寻求专业心理援助的意识较弱，怎么办？

案例呈现

> 小欣，女，七年级学生。小欣，在遇到烦心事时，通常都能自己调节和应对。最近，教师观察到小欣在遇到烦恼后，虽努力进行自我调节，但其情绪状态并没有特别明显的变化，情绪依然比较低落。在自身不能很好地进行调节的情况下，小欣还是没有选择对外寻求专业的心理援助。可以看出，部分学生在遇到烦恼后，寻求专业心理援助的意识较弱。

讨论分析

专业心理援助是维护学生心理健康的重要途径

专业的心理援助指从事心理健康工作的心理咨询师、健康专家、医生等专业人士提供的帮助。在个人应激和社会应急的重要时刻，及时有效的心理干预能起到积极作用，有助于预防一些心理行为问题的产生，并能提升个体的心理健康水平。作为一种积极的援助方式，专业心理援助是维护学生心理健康的一条重要途径。当学生存在心理困扰或经历应激事件时，如能寻求专业心理援助，将有助于丰富学生问题解决和情绪调节的方法，并帮助学生形成积极的心理认知和行为，减轻负面影响，改善心理状态。

学生主动寻求专业心理援助的现状并不理想

一项以南充市6所中学的2219名在校学生为对象的研究发现，在遇到心理困惑或心理问题时，仅有22.8%的中学生愿意寻求专业心理援助，62.9%的中学生仅愿意从父母、朋友等非专业人士处获得心理援助，还有14.3%的中学生在遇到心理问题时，不愿意寻求任何人的帮助[1]。当然，不同经济发展水平地区会出现学校对心理健康教育的重视和

---

[1] 雍那，任玉玲，王春元，等.南充市中学生心理求助状况及专业心理求助态度[J].中国学校卫生，2018，39（8）：1253-1255.

普及程度不一致的情况,致使学生对心理健康的认识和重视程度存在很大差异①。总体来说,大多数青少年更愿意向父母和同伴等非专业人士求助,这些非专业人士为青少年提供着情感支持和帮助,是青少年成长支持系统中非常重要的组成部分。但非专业人士在青少年面对严重心理问题、心理疾病时,提供心理帮助的有效性可能存在局限,不利于青少年心理行为问题的调节。出于多方原因,如学生寻求心理援助的意识不强,对于心理援助资源的知晓程度不高,以及学生和家长对心理健康专业人士的信任性不高等因素,学生寻求心理援助的现状并不理想。还有一些因素,如个体能够意识到的自己对心理帮助需要的程度,个体对于寻求专业心理援助的接纳程度与污名化的容忍程度,个体自我认知、自我效能感、自我表露程度,以及学生心理发展水平等方面存在差异性,都会影响个体是否选择心理专业援助。

开展对于寻求专业心理援助的宣传教育工作

(1) 建立良好的师生关系

一个学校的心理健康教育工作队伍是由全体教师共同参与组成的。建立良好的师生关系,让学生感觉到教师是温暖的、值得信任的,将有助于学生在遇到应激事件甚至心理危机时,能更有意识地向教师寻求帮助。教师可以通过自身所具备的心理健康教育能力,为学生开展心理疏导;也可以根据实际情况转介,以便学生获得更为专业的帮助。

(2) 多渠道地对学生开展宣教

青少年的心理问题若未得到及时有效的解决,将会对其产生负面影响。个体能够意识到的自己对心理帮助的需要程度,以及对心理健康从业者的信任度越高,寻求心理帮助的倾向性也会越高②。当学生获得的心理健康知识越多,对心理问题和疾病的认识就会越全面,能够意识到的自己对心理帮助需要的程度也会相应提高,寻求心理援助的意愿也越强。全体教师作为心理健康教育队伍中的一员,需要在学科教学、综合实践中,多渠道地开展宣传教育工作,增加学生的心理健康知识储备,让学生对心理问题形成正向积极的认识,鼓励学生在遇到困扰时及时求助,提升学生对于寻求专业心理援助的接

---

① 任金杰,徐桂云.经济欠发达地区学校心理健康教育模式的探索[J].通化师范学院学报,2007,28(11):97-99.

② 雍那,任玉玲,王春元,等.南充市中学生心理求助状况及专业心理求助态度[J].中国学校卫生,2018,39(8):1253-1255.

纳度，以及对专业心理工作人员的信任度[①]。

(3) 获得家长的认可与支持

有研究表明，学生寻求专业心理援助与父母的知情程度相关[②]。青少年产生了心理行为问题后，有更愿意向父母、同伴求助的倾向，父母在青少年转而向专业心理资源寻求援助的过程中发挥着重要作用。因此，应进一步加强对学生家长心理健康知识的宣讲工作，提高家长对青少年心理健康的重视，鼓励其在青少年出现心理问题时积极寻求专业心理援助，以促进青少年心理健康成长[③]。教师在这一方面可以对家长多做些教育与引导工作，获得家长的认可与支持。

给予学生可获得的心理援助资源

(1) 多形式开展心理援助资源的宣传工作

学校和教师要通过多方位的宣传、教育、引导，给予学生丰富的、可获得的心理援助资源。目前，面向未成年人的社会心理服务体系不断在完善，心理援助的资源也不断在丰富。这些资源也需要让更多的学生知晓。这就更加需要教师去开展宣传工作，如可以通过开展各类宣传、教育活动，印发心理援助手册等形式，不断给予学生可获得的心理援助资源。

(2) 提供具体的心理援助资源

目前，多地都设立了市级、区级公益心理援助渠道（含面询、热线电话、电子邮箱等），其中还有一些24小时热线电话，面向学生、家长、教师提供相关专业的心理援助服务工作。面询在评估、信息量获取、干预手段、持续性等方面具有明显优势；热线电话具有便捷、直接的优势。此外，各类用于公益服务的课程类、讲座类、指导手册类等资源，也可以作为非常好的心理援助资源的补充。教师要在教育教学中为学生提供这些具体的心理援助资源渠道，让多层次、效率高、实用性强的专业心理援助体系发挥更大的作用。

---

① 张夏莹.初中生希望感与专业心理求助态度的关系[D].桂林：广西师范大学，2021.
② 吴梦希，刘朝莹，方晓义，等.青少年心理行为问题与专业心理求助态度：父母知晓的中介作用[J].心理科学，2014（1）：94-100.
③ 雍那，任玉玲，王春元，等.南充市中学生心理求助状况及专业心理求助态度[J].中国学校卫生，2018，39（8）：1253-1255.

15 如何和学生谈极端危机事件？

案例呈现

> 任教某班的李老师很困惑，因为许多学生都在课后偷偷问李老师，说是听说了某学校近期发生了极端危机事件。作为该班的任课教师，一方面李老师不确定学生所说的情况是否属实，另一方面也不清楚该不该和学生谈论极端危机事件。李老师认为自己应该给予学生积极的引导，但又怕方式方法不妥当会对学生产生负面影响。如果需要和学生谈，该如何谈？采用何种策略？李老师对此非常困惑。

讨论分析

作为极端危机事件的一种，自杀是一个突出的社会问题。中学生自杀是中学生实施的自我毁灭行为，因其主体是未成年人而尤其引人关注。中学生自杀事件的发生，会给家庭、学校、社会带来巨大影响。

互联网时代，信息传播速度不断提高，中学生自杀事件的相关信息在网络上偶有出现，而网络媒体的报道深深地影响着人们对中学生自杀事件的认知。媒体对自杀等极端事件的报道，如果处理得当，在报道自杀个案的过程中传播自杀干预措施和救助服务信息，那么对自杀预防将是有所帮助的；反之，媒体如果详尽描写细节，夸大渲染自杀行为，那么很可能引起自杀高危人群的效仿。有研究表明，对自杀事件不规范的媒体报道可能会使自杀行为增多。

随着互联网的迅速发展，特别是移动终端设备的广泛普及，人们通过网络媒体可以随时随地获得最新资讯，网络媒体已经成为人们获取信息最重要的渠道。中学生作为网络时代的"原住民"，在信息高度传播的今天，不可避免地会接触到关于自杀等极端事件的信息。如何让学生尽量少地受到消极影响，并尽可能以此为契机对学生开展生命辅导，增强其维护生命安全的意识，是许多教师关注的话题。

辅导建议

2018年，"上海学校心理"微信公众号发布了《不幸事件发生后，请为孩子这样做》的简明提示，引导教师和家长理性面对突发危机事件，内容如下。

不幸事件的发生，对任何人来讲都是难以接受的。这个时候，我们希望大家不要主观臆测、以讹传讹。我们成年人可以为孩子们这样做：

- 首先觉察和处理好自己对不幸事件产生的情绪和压力反应。你的一举一动，孩子都能感受到。
- 尽量让孩子继续正常地生活学习。这种按部就班的生活会让他们有安全感。
- 不要让孩子过多接触这方面的媒体信息和现场画面。
- 用孩子能理解的方式和语言，向孩子客观地叙说发生了什么，但是不必向孩子详细地描述事件的情景。
- 陪伴孩子，倾听和接纳孩子的恐惧、担心、哀伤等任何情绪。
- 帮助孩子增强安全防范意识，掌握一定的安全防范知识和自救、互救技能。
- 让孩子知道家庭是温暖的、学校是安全的、生活是美好的。
- 如果你和你的孩子需要，可向专业心理机构寻求支持和帮助[①]。

以上提示凝聚了心理专家、一线心理健康教育工作者的智慧，对于帮助教师如何和学生谈极端心理危机事件，具有指导作用。

谨慎谈极端心理危机事件

或许某个学生的极端心理危机事件，会给其他学生带来较大的心理冲击和不良的社会影响。通常情况下，和健康人群谈及自杀等极端危机事件，并不会增加其自杀的风险。但是，青少年学生的情绪具有两极性、不稳定性等特点。对于他们，尤其是对于心理高危的学生，或者正处于应激状态或心理危机中的学生而言，知晓一些自杀等极端危机事件可能会对他们造成风险。因此，教师要谨慎谈及极端心理危机事件。如果学生没有谈及相关的信息，教师不需要主动谈及，也尽量不要让学生过多接触相关的媒体信息和现场画面。

但如果学生已经知晓相关信息，或者在相关情况下存在告知学生的必要，那么，教

---

① 吴增强.探寻优秀与卓越：心理教师成长之路[M].上海：华东师范大学出版社，2021：156-157.

师可以用学生能理解的方式和语言，向学生客观地叙说发生了什么。需要注意的是，不必详细地描述事件的细节。此外，教师要给学生积极的引导，让学生知道家庭是温暖的、学校是安全的、生活是美好的；也可以尽量让学生继续遵循正常的生活学习作息，这会让他们有安全感。

关注学生心理状态

教师首先要觉察和处理好本人对不幸事件的情绪和压力反应，因为教师的反应会在潜移默化中对学生产生影响。教师还需要陪伴学生，如果关注到学生在作业、周记、作文等文字或言语中谈及自杀等危机事件，并产生了恐惧、担心、哀伤等情绪，教师需要积极倾听并接纳其情绪。

对于情绪状态起伏较大或者长时间不能调节好情绪的学生，教师需要根据实际情况及时开展个别辅导或转介工作。教师在开展个别辅导时，可以从信息的真实性，极端心理危机事件给其本人、亲人、同伴带来的影响等角度与学生进行讨论。需要注意的是，此时，教师还是需要淡化自杀等极端心理危机事件的具体细节。教师要注意对学生从调节情绪、解决问题、安全防范知识和心理援助资源等角度开展辅导，帮助学生以积极的认知和行为，应对生活中可能出现的心理困惑、心理应激甚至心理危机。教师还要帮助学生增强寻求专业心理援助的意识，如果需要，学生可及时寻求援助。

开展生命教育

教师在日常教育教学中，可以融合学科的育人目标，对学生开展生命教育与辅导。教师要从积极的角度出发，培育学生坚韧、乐观、阳光的心理品质和生命价值观。教师还可以引导学生在面对问题和困难时，采取积极的问题解决策略和应对方式。

16 如何提升学生的心理韧性？

案例呈现

> 昊昊，男，七年级学生。李老师在批阅周记时发现，昊昊还是没能走出这次演讲比赛失利的阴影。昊昊在周记中说，这次演讲比赛的失利对他的打击很大，让他对自己的能力产生了怀疑，觉得自己什么都做不好，每每回忆比赛的场面，就觉得特别难堪、懊悔、难过。今后，他再也不想参加这样的比赛了，与其经历失败，不如从一开始就不行动。李老师有点疑惑，昊昊是班级里品学兼优的学生，受到教师的认可、同学的欢迎，可是在挫折面前，却显得内心不够坚韧，抗逆力不足。李老师开始思考，如何帮助昊昊在跌倒后重新站起来，提升心理韧性？

讨论分析

心理韧性帮助个体在受挫后仍能积极适应

心理韧性，也常被称作心理弹性、心理复原力等，是指个体在遭遇挫折或困难时，通过本身内在的人格特质或能力，以及外在环境的保护因素，产生正向适应的动态历程，使个体达到成功，获得良好的结果。个体即使经历挫折与失败，仍有机会从中得到启发与成长，只不过是否能够从困境中得到启发与成长，关键因素在于韧性[①]。

每个人都具备抗逆潜能

心理韧性并不只是少数人具备的，是每个人天生就具有的一种抗逆潜能。当然，心理韧性存在个体差异。同时，个体的心理韧性是动态的、发展的，不是一成不变的。因此，培育青少年的心理韧性显得尤其重要，以帮助青少年拥有抵抗、克服逆境的能力，使他们能顺利地应对各种挫折与挑战。

---

① 朱仲敏.青少年心理资本：可持续开发的心理资源[M].上海：学林出版社，2016：135-167.

提升青少年心理韧性，重在加强内在、外在保护因素

许多学者认为韧性在发展历程中涉及两组形成因素，一组是危险因素（或称危险因子、危机因子），即指逆境，亦即不利于个体发展的因素，会增加个体的易受伤性；另一组是保护因素（亦称保护因子或保护性因素），即指能缓和逆境或危险的成因或事件，可以协助个体反击抵抗易受伤性与环境危害的影响，进而达成正向适应的结果。提升青少年的心理抗逆力，应从加强内在保护因素和外在保护因素两方面入手。内在保护因素主要有自我效能、积极情绪、自尊、问题解决能力、自我控制能力和人际互动能力。外在保护因素主要有充满爱与让青少年有安全感的家庭环境，温暖、理解和民主式的父母教养方式，良好的亲子关系与同伴关系，其他成人或社会支持，等等。

增加积极情绪，调整积极认知，提升乐观感

从内在保护因素角度出发，增加积极情绪以及调整积极认知，提升乐观感，可以帮助学生提升心理韧性。

（1）调节情绪，积极正向

积极情绪会让人变得更加开阔、灵活和包容，更容易感受到自己和家人、朋友之间的情感联系，给人抵抗压力和增强韧性的能量，使人拥有更加健康的身体和心理。积极心理学认为，积极情绪主要有10种存在形式，分别是喜悦、感激、宁静、兴趣、希望、自豪、逗趣、激励、敬佩和爱①。教师可以引导学生通过挖掘自身优势所在，获得自豪感；积极交流互动，寻求被支持感；主动亲近自然，享受真实感；记录感恩日志，收藏满足感；制作梦想清单，增强意义感；等等，增加积极情绪。在减少过度消极情绪上，教师可以提醒学生通过改变情境（远离或主动改变消极的情境），改变视角（将看问题的视角变消极为积极、打破思维反刍的循环）改变意义（赋予人、事、物新的意义）等方法，减少消极情绪的负面影响。

（2）调整认知，积极看待

教师应引导学生从积极的角度看待挫折，让学生认识到问题与资源同在，挑战与机遇同在。如当学生面对同伴矛盾时，教师可以和学生探讨——如果从积极的角度来看待这一问题，也许会让自己对如何收获友情产生思考，在应对的过程中更好地处理人际矛

---

① 弗雷德里克森.积极情绪的力量[M].王珺，译.北京：中国人民大学出版社，2010：154-197.

盾，提升人际沟通能力。教师还应引导学生意识到，在面对压力和挫折时，经历适度的挑战与磨炼，也可能是提升情绪调节能力、问题解决能力以及心理韧性的良好契机。

挖掘内在优势，着眼问题解决，提升自我效能感

从内在保护因素角度出发，挖掘内在优势以及提升问题解决能力，提升自我效能感，同样可以帮助学生提升心理韧性。

(1) 多方挖掘，寻找优势

教师要帮助青少年挖掘自身的内在优势，促使其更多地了解自己、认可自己，提高自我效能感。教师可以引导学生善于觉察和发现自身的优势，拓展思维，从生活技能、兴趣特长、学习能力、人际交往能力、思维特点、个性特征、生活态度等更为多元的角度去寻找。除了引导学生寻找自身优势，教师还可以提醒学生请家人、其他教师、朋友帮忙一起寻找，会有更多的发现。需要关注的是，在那些很微小的容易被忽略的方面，也可能蕴藏着学生的内在优势，教师也要引导学生尝试去发现；同时，也要引导学生多用心理学家德韦克提出的"成长型思维"而非"固定型思维"看待自己，要意识到自己的优势是可以发展和培育的，而不是固定不变的。

(2) 解决问题，提升能力

教师通过提升学生各方面的能力，也能提升其心理韧性。教师可以帮助学生提升人际互动能力：帮助学生分析自己在人际互动中的优势与不足，并引导学生以学习如何倾听、表达，或者练习在特定情境中如何表达感谢、赞美、不同意见、拒绝等方式，提升沟通能力。教师也可以帮助学生提升自我控制能力：可引导学生通过后果警示、自我积极暗示、转移注意力、积极反馈等方法提高相关能力。教师还可以帮助学生提升问题解决能力：引导学生，遇到问题时，先处理好情绪，在此基础上，再着手解决问题；提醒学生，可以迁移以往问题解决的成功经验，分析特定的具体问题，找出解决问题的关键所在和途径，然后进行实践，并在此基础上进行经验修正；同时让学生意识到，在此过程中，自己还可以主动寻求多方的支持。

丰富外在支持，强化家庭支持，提升归属感

相对于个人韧性特质的内部保护因素，来自家庭及外在的支持同样是培养个体韧性的重要方面。

教师可以引导学生更多地发现自己所拥有的外在支持与资源，鼓励学生积极寻找家庭支持：和谐的亲子关系、良好的家庭情感支持、父母丰富的问题解决策略和资源，是学生强有力的支持系统的重要组成部分。教师还可以鼓励学生寻求同伴支持：和同学、朋友、同龄人分享快乐，倾诉烦恼；引导学生寻求教师支持：充分运用好教师日常提供的各类学习、生活、情感支持等资源。

作为家长，要为学生建立强有力的家庭支持系统。教师可以从家庭教育指导的角度，引导家长多肯定孩子的强项和优点，欣赏孩子的独特性，善于用欣赏的眼光发现、肯定孩子，并且不要将孩子与其他孩子作过多比较；引导家长建立起良好的家庭沟通方式，在沟通时，尊重孩子，试着站在孩子的角度去思考问题。教师可以提醒家长多尝试用言语及行动表达对孩子的爱。同时更合理地看待孩子的学习成绩，引导孩子注重坚持和努力的过程；而当孩子在学习上受挫时，鼓励孩子积极地调整学习方法和策略，将逆境作为学习机会。教师还可以让家长意识到，自己可以通过言传身教，和孩子分享自己面对困难的故事，同时给孩子提供情感支持以及问题解决的资源和策略。

教师需要成为学生外在支持系统中的重要组成部分，要用欣赏和多元的视角评价学生，对学生的表现给予及时和正面的反馈，肯定学生的积极行为，创设丰富的活动平台，引导和帮助学生看到自己独特的优势和潜能。教师也要与学生建立良好的师生关系，让学生在接受学校教育的过程中感受到被接纳、被支持；同时引导学生从积极的角度看待挫折，让学生认识到问题与资源同在，挑战与机遇同在。对于受挫的学生，教师要在疏导其情绪的同时，帮助其提升解决问题的能力等。

17 如何对学生开展预防学生欺凌教育？

案例呈现

> 小梅，女，六年级学生。小梅是班级里新来的转学生，其外貌、学习、同伴关系情况都不太突出。让小梅困扰的是，班级里以小萧为首的几个男生，总是表现出对小梅的不友好，并经常取笑和嘲弄她。下课时，他们总是嘲笑小梅长得胖，还刻意地模仿和丑化她走路、说话的样子；别的同学一旦和小梅交流互动得多一些，他们就会去警告这些同学，不让这些同学和她做朋友；他们还总是故意找小梅的茬。时间长了，小梅不胜其烦，变得不想去上学。
>
> 李老师在了解到这些情况后，和以小萧为首的几个男生的家长进行沟通，希望家长配合学校教育好学生，预防欺凌在班级里发生。可是，家长的反应让李老师很意外——他们表示会回去好好教育孩子，但认为这只是男孩的调皮行为，和欺凌没有什么关系，请李老师不要过度担心。

讨论分析

案例中的小梅在相当一段时间内，受到了以小萧为首的几个男生的语言欺凌、关系欺凌，这属于学生欺凌。在人们的一些固有观念里，身体欺凌，即欺凌者通过殴打、推搡或抢夺他人财物来对待受害者的行为，是典型的学生欺凌，而其他形式的欺凌则常常被忽视。事实上，学生欺凌的形式非常多，成因也多元，危害巨大。

学生欺凌危害巨大

2017年，教育部等十一部门发布了《加强中小学生欺凌综合治理方案》，明确指出，"中小学生欺凌是发生在校园（包括中小学校和中等职业学校）内外、学生之间，一方（个体或群体）单次或多次蓄意或恶意通过肢体、语言及网络等手段实施欺负、侮辱，造成另一方（个体或群体）身体伤害、财产损失或精神损害等的事件"。

无论何种形式的欺凌，都会导致青少年在身心方面受到伤害，也会为校园管理带来负面影响。对于欺凌者而言，校园欺凌可能会导致其异常人格的形成，还有可能造成其产生更为严重的犯罪行为的后果。对于被欺凌者而言，校园欺凌可能会影响其心理健康，令其出现过分担心、紧张、害怕的情绪，也可能造成其产生应激反应甚至内心创伤的后果。对于消极作为的旁观者而言，校园欺凌可能会使其习得暴力行为；对于无作为的旁观者而言，校园欺凌可能会使其感到愧疚和自责①。

学生欺凌形式多样

以欺凌的手段为标准，可以将学生欺凌行为划分为身体欺凌、言语欺凌、关系欺凌、性欺凌、反击型欺凌、网络欺凌等。

身体欺凌是容易识别的学生欺凌形式之一。这种类型的欺凌行为通常是欺凌者通过殴打、推搡或抢夺他人财物来对待受害者。言语欺凌是指欺凌者利用语言来刺激或伤害他人，具体表现为恐吓、侮辱、嘲笑等方式。关系欺凌是指欺凌者孤立被欺凌者。性欺凌是指利用语言、身体或其他暴力手段，基于性别取向对他人进行骚扰甚至侵犯。反击型欺凌是指被欺凌者在遭受长期欺凌之后的反击性行为，对象可能是欺凌者，也可能是更弱势的群体。网络欺凌是近年来新兴的一种欺凌形式，主要指个体或者群体使用网络，如社交媒体、电子邮件和其他形式对被欺凌者威胁、侮辱，传播谣言、照片、视频等。已有研究表明，这些欺凌方式可以单独存在，也可以同时施加于被欺凌者②。

学生欺凌成因多元

纵观国内众多学者的研究，学生欺凌产生的原因大都是个人因素、家庭因素、学校因素、社会因素。

(1) 个人因素

个人因素是导致学生欺凌事件发生的直接原因。在学生欺凌中，作为学生的欺凌者存在法律意识淡薄、对自身认知有所偏差、道德发展水平不成熟、控制能力不足、情绪稳定性不足、行为冲动、判断能力欠缺等倾向。被欺凌者可能在性格、行为、人际交往等方面具有其自身的特点。受欺凌的学生如在行为上表现出退缩、忍让，则会在一定程度上助长欺凌行为的持续发生，从而可能让自身陷入长期的恶性循环。

(2) 家庭因素

家庭教育模式或家庭功能不良，可能导致子女在人际交往的过程中出现不良的反应

---

① 罗节睿.初中班主任对"校园欺凌"的认识、应对及其改进策略的研究［D］.南京：南京师范大学，2021.
② 晁磊.小学班主任防治校园欺凌现状的研究［D］.曲阜：曲阜师范大学，2020.

模式，这较容易成为子女产生欺凌等暴力行为的开端。

（3）学校因素

学校和教师对学生欺凌的认识、对学生在课余时间的行为监督的效果、对学生欺凌问题的处理方式以及师生关系等因素，都将对学生欺凌行为产生影响。

（4）社会因素

社会文化、媒体影响等因素可能会在一定程度上影响学生欺凌行为的发生。

学生欺凌需要立体防治

2016年11月，教育部等九部门联合发布《关于防治中小学生欺凌和暴力的指导意见》，鲜明地提出了家庭和社会在治理学生欺凌中应承担的责任。该文件要求首先认真开展预防欺凌和暴力专题教育，强化学校周边环境综合治理，保护遭受欺凌和暴力学生的身心安全，加强平安文明校园建设；同时要依法落实家长监护责任，全社会共同保护未成年学生健康成长。有学者从心理学的角度分析欺凌的成因和治理方法，指出："治理欺凌，应以问题为中心，从个人、家庭、学校和社会多方面入手，实施标本兼治的综合治理策略。"[1]

教师作为学校中实施学生欺凌防治的重要主体，需要加强学习、更新知识、改进方法，做好防治欺凌的相关工作。

辅导建议

预防学生欺凌

教师需要在日常的教育教学中，融入与预防欺凌相关的教育，如自我保护、安全知识、法律法规等，帮助学生提升预防学生欺凌的知识以及自我保护技能。教师也需要主动学习并掌握预防、识别、处理学生欺凌事件的相关举措和方法，并对学生保持关心、关爱。教师在日常的教育教学中，还要努力建设良好的班级文化氛围，这有利于学生的健康成长和养成良好的语言及行为规范，从而减少学生欺凌事件的发生。教师还可以通过家校互动，向家长普及预防学生欺凌的相关知识，以形成家校联动，合力防范欺凌。这些对于后续更有效地处理学生欺凌事件，以及更长效地预防学生欺凌事件的发生，都能产生积极的作用。

---

[1] 孙时进，施泽艺.校园欺凌的心理因素和治理方法：心理学的视角[J].华东师范大学学报（教育科学版），2017（2）：51-55.

识别学生欺凌

2016年，教育部等九部门联合发布的《关于防治中小学生欺凌和暴力的指导意见》，对教师的相关责任提出了明确要求："及时掌握学生思想情绪和同学关系状况，特别要关注学生有无学习成绩突然下滑、精神恍惚、情绪反常、旷课等异常表现及产生的原因，对可能的欺凌和暴力行为做到早发现、早预防、早控制。"教师应当主动关心学生，通过日常观察、师生谈心或者家校联系等方式了解学生心理和行为。以下15种行为表现，可以作为预警标志，有助于教师识别是不是存在学生欺凌。

- ·无故退学。
- ·经常性迟到早退。
- ·多次请假。
- ·成绩明显下滑。
- ·无故退出班级活动。
- ·行为举止反常。
- ·发型凌乱或衣服破损。
- ·身体出现难以解释或与解释不符的损伤。
- ·多媒体产品成瘾。
- ·行为散漫或缺乏动力。
- ·常处于愤怒等极端情绪中。
- ·喜欢运用暴力凸显自身价值。
- ·极度情绪化。
- ·存在严重的纪律问题。
- ·目睹或遭受过家庭暴力。[①]

处理学生欺凌

学生欺凌发生后，教师要做好应急处理和事件处置，尽量减少对学生的伤害和可能产生的不良影响。

在应急处理中，教师需要阻隔当事双方、疏散旁观者、寻求救援。教师一旦看到或者听闻校园欺凌发生，要立即阻止，将当事双方阻隔——不仅仅是身体上的隔开，更要关注视线上的隔开，因为无礼的眼神往往会被认为是挑衅的行为，视线上的阻隔可以平

[①] 赵婀娜.防治校园暴力，这回出招挺细[N].人民日报，2016-11-17（13）.

和双方情绪；而且存在旁观者这一事实可能会强化欺凌者的行为，因此教师在现场应当立即疏散旁观者。如欺凌转变为恶性伤害事件，教师要迅速寻找救援或报警求救，并由学校迅速启动紧急预警预案。

在应急处理结束后，教师需要做好事件处置。对于欺凌者，教师要尝试了解欺凌者行为背后的动机，从而发现解决深层问题的契机。对于被欺凌者，在安抚受欺凌者时，教师要让其充分感受到自己的"可信任"，并可以让其充分表达恐惧、愤怒、不满、担忧等负面情绪。教师要尽量理解和接纳被欺凌学生的这些感受，这样不仅能减少他们内心的羞耻感，还能帮助他们更加有力量去面对欺凌事件。教师也要帮助被欺凌学生寻找可行的自我保护办法。当然，这些处置是在学校整体的安排与决策下开展的，如果遇到困难或阻力，教师也需要及时反馈校方。当面对的学生欺凌问题较为严重或特殊时，教师可以多方借力，共同探讨合理的策略[1]。

警惕网络欺凌

网络欺凌作为一种新生的欺凌方式，因为其隐蔽性和复杂性，难以被发现。然而，网络欺凌较传统的欺凌而言，会更多地导致隐性的心理伤害。

在预防网络欺凌方面，教师可以将存在于网络社交的风险融入教育教学的讨论范围，并引导学生意识到：不作为或沉默并不是被鼓励的解决方式，但回应网络欺凌，也不会对问题解决产生积极作用。自信而坚定的回应在非网络欺凌中，通常可以制止欺凌行为的继续发生，但在网络欺凌中，反而有可能让问题升级、情况恶化。

教师可以教会学生使用SCBT方法，即停止（stop）、拷贝（copy）、拦截（block）以及告诉一位值得信任的成年人（tell a trusted adult）。停止（stop），拒绝或停止回应网络欺凌；拷贝（copy），拷贝所有的信息和图片，并保留手机短信或其他社交软件上的留言和语音消息，为后续处理欺凌事件提供证据；拦截（block），拦截或者通过即时通信软件的通讯录或电子邮件过滤讯息；告诉一位值得信任的成年人（tell a trusted adult），将自己的遭遇告诉值得信任的父母、家人或者教师。教师需要让学生相信，告诉成年人会让事情向积极的方向发展[2]。

教师也可以在合适的时机，鼓励家长跟上网络发展的步伐，在预防学生遭受网络欺凌中发挥更大的作用。

---

[1] 罗节睿.初中班主任对"校园欺凌"的认识、应对及其改进策略的研究［D］.南京：南京师范大学，2021.
[2] 科卢梭.如何应对校园欺凌［M］.肖飒，译.上海：华东师范大学出版社，2017：203-211.

18 如何对学生开展预防性侵害教育？

案例呈现

放暑假前，学校根据上级部门的安排，组织全体学生观摩学习了预防性侵害的宣传片。李老师觉得这个宣传片的内容让学生有了一定的预防意识，产生了很好的教育效果。然而，李老师也有些为难：为学生开展预防性侵害的教育非常重要，但是如何把握好教育的内容、方法和"度"，自己非常困惑。

讨论分析

教师需加强预防性侵害知识与技能的学习

2020年修订的《中华人民共和国未成年人保护法》第四十条明确指出：学校、幼儿园应当对未成年人开展适合其年龄的性教育，提高未成年人防范性侵害、性骚扰的自我保护意识和能力。预防性侵害，是未成年人保护的重要内容。2020年，最高人民检察院等九部门签发《关于建立侵害未成年人案件强制报告制度的意见（试行）》，再次引发了社会对未成年人保护的关注。

教师普遍认为预防性侵害教育非常重要。但由于教师对预防性侵害知识的缺乏以及受传统思想的影响，在支持学生接受系统的性教育以及保证学生安全方面，作用尚未充分发挥出来。什么是性侵害？如何预防性侵害？通过什么途径开展预防性侵害教育？对于这些问题，教师具备一定的意识，也有一些素材的积累，但是这样的储备尚不成体系，还不足以给学生开展科学、全面、有效的教育。

许多学生缺乏预防性侵害的意识和知识

相较于教师困惑于如何开展预防性侵害教育，学生的主要问题是认为性侵害距离自己很遥远，而且有这种想法的学生不在少数。还有相当一部分学生认为，预防性侵害教育主要是针对女生的，和男生基本没有关系。另有一些学生认为，学习预防性侵害的知识很重要，但在生活中缺乏学习的途径。

辅导建议

提升学生的防范意识

预防性侵害教育是指预防性侵害发生的教育。可以通过教育学生提升对性侵害的认识，了解预防性侵害的知识，形成预防性侵害的意识，提高应对性侵害的能力[1]。教师要通过多种途径的教育让学生意识到，性侵害的案件距离现实生活并不遥远。未成年人性侵害的主要受害者是女生，但也有男生受害者。因此，无论是女生还是男生，都需要具备预防性侵害的意识。未成年人性侵犯者多为周边熟人。熟人关系使性侵害者更容易接触到受害未成年人，也更能取得他们的信任，同时也使得性侵害更为隐蔽。此外，部分留守儿童、流动儿童和残疾儿童等缺乏足够监护的儿童，更容易受到临时性和蓄意性的侵害风险[2]。

帮助学生分辨性侵害行为

教师要帮助学生分辨性侵害行为。学生应该知道，他人不必要却有意识地拥抱、抚摸、轻吻自己或触碰自己的隐私部位，自己受他人指使或胁迫触碰对方的隐私部位或看裸露的身体、图片、影像，等等，都属于性侵害。性侵害的发生地点多为密闭场所，特别是缺乏监督的密闭场所。犯罪嫌疑人多利用身为亲人、师长的权威身份或朋友的便利性作案。性侵害案件具有反复性、重发性的特点，第一次实施作案如未被发现，犯罪嫌疑人往往会继续实施侵害行为。一些案件也显示，被侵害学生多为女性，呈现受害者低龄化的趋势。

增强学生的预防性侵害知识

教师要帮助学生学习和掌握生理知识和预防性侵害知识，以增长学生在预防性侵害方面的意识、知识和能力。在这一过程中，教师要特别关注知识的具体性，如可以具体到教育学生做到身体的私密部位不让他人碰触；对待熟人也应保持警惕，尽量避免和异性独处一室，哪怕这名异性是自己的亲人或师长、朋友等；路上要结伴而行，夜晚不独自外出，不独自前往偏僻的地方；单独在家时，不给陌生人开门；不轻易跟陌生人说

---

[1] 尚云龙.对农村留守儿童开展预防性侵害教育的社会工作实务研究［D］.兰州：兰州大学，2020.
[2] 冯元.儿童性侵害发生的社会特征及预防策略［J］.社会工作与管理，2021，21（3）：72-78.

话，不吃陌生人给的零食，不喝陌生人给的饮料，不给陌生人带路；不泄露个人与家庭隐私；等等。

指导家长履行教育和保护职责

父母在预防未成年人性侵害教育中具有不可或缺的作用。父母对未成年人性侵害的认知以及他们与孩子沟通的效果，有助于提高孩子对性侵害的认知及自我保护技能[①]。教师可以对家长开展教育和指导，提高家长的防范意识，加强家庭性知识教育的意识，提升与儿童的沟通交流频率的意识[②]。教师要提醒家长在加强对学生进行预防性侵害教育的基础上，多加关注孩子的学习、生活、心理等方面的表现，及时发现反常现象，及时关心询问；一旦发现学生遭遇性侵害事件，就及时报警，积极采取法律手段保护学生权益。对于面临家庭关爱缺失、家庭监护不力、家庭教育不良、家庭结构破损、家庭关系疏远、家庭经济贫困等问题的困境学生，教师也要加强教育，并对家长进行深入指导，防范这些处于困境家庭中的学生遭受各种形式的性侵害[③]。

多渠道开展预防性侵害教育

学生性侵害防治的重点在于事前教育和预防。开展预防学生性侵害的相关教育，有助于提高学生对性侵害的防范能力。教师要将预防性侵害教育作为重要的教育内容，以适宜学生身心的方式开展经常性教育。教师可以通过案例等学生易于接受的方式，以及专题教育、各类专题活动等多元活动形式，全面提高学生的防范意识、自我保护意识和自救能力。

[①] 王晨，周颖，金荣耀，等.预防儿童性侵害教育体系的研究进展［J］.中国初级卫生保健，2021，35（5）：42-46.

[②] 尚云龙.对农村留守儿童开展预防性侵害教育的社会工作实务研究［D］.兰州：兰州大学，2020.

[③] 冯元.儿童性侵害发生的社会特征及预防策略［J］.社会工作与管理，2021，21（3）：72-78.

19 如何对学生开展预防毒品教育？

案例呈现

> 可可，女，六年级学生。每年的6月26日是国际禁毒日。2021年的国际禁毒日，我国的宣传主题是"防范新型毒品对青少年危害"。可可非常想了解一些有关毒品的知识，比如毒品的危害究竟有多大？新型毒品主要有哪些？防范毒品有哪些举措？为了解答可可的疑问，李老师查阅了大量资料，准备在充分备课后，向全班学生开展了一次预防毒品的教育活动。

讨论分析

预防毒品教育，要关口前移、预防为先

有些学生认为，毒品距离自己很遥远。事实上，合成毒品是新发生药物滥用人群的主要滥用药物种类，未成年人是合成毒品的高危人群[1]。预防毒品教育的对象并不只是成年人，青少年也是非常重要的群体。深入实施青少年毒品预防教育工程，有效减缓了新吸毒人员的滋生[2]。深入开展禁毒斗争，有效治理毒品问题，必须坚持将关口前移、做到预防为先，切实加强毒品预防教育。学校要进一步强化对青少年学生深入宣传毒品危害，全面普及防范知识，教育培养青少年学生形成"珍爱生命、远离毒品""健康人生、绿色无毒"的理念。

青少年吸毒的原因是多方面的

青少年吸毒的原因是多方面的，既有青少年个体方面的主观原因，又有社会家庭环境等方面的客观原因。从主观原因角度看，青少年正处于人生观、世界观、价值观的逐

---

[1] 和亚娟.未成年人涉新型毒品犯罪的防治路径[N].民主与法制时报，2019-9-12（007）.
[2] 国家禁毒办.2019年中国毒品形势报告[N].人民公安报，2020-06-25（2）.

步形成时期，在这个时期，他们的思想、认知、心理等方面正处于发展期，他们好奇心强、学习能力强、对友情较为渴望，但辨别能力差、情绪不稳定、对毒品的危害认识不足，极易受不良影响进而陷入毒品诱惑。从客观原因角度看，社会、学校、家庭环境的变化导致许多影响青少年成长的新问题出现。部分吸毒青少年，存在父母关系紧张、家庭结构残缺和家庭教育缺失等问题。这些青少年缺乏归属感，没有在家庭习得初步的社会规范概念，到了青春期，在别有用心之人的靠近、诱导下，就更容易上当，触碰毒品[1]。一些新型毒品又被称为"派对毒品"，青少年通常是在酒吧、迪厅、夜总会和歌舞厅等娱乐场所吸食新型毒品。毒品成瘾的青少年第一次接触毒品，多数都是出于好奇心和虚荣心，受到不怀好意的所谓"朋友"的诱导。未成年人在同龄朋友圈里少了顾虑，放松了警惕，再加上群体压力的影响，容易产生吸毒行为[2]。

教师要提升自身开展预防毒品教育的能力

虽然教师普遍非常认同预防毒品教育的重要性，但是，很多教师本身缺乏相关专业知识和教育素材。教师需要借助上级相关部门提供的渠道和资料，提升开展预防毒品教育的能力。教师也要在于各学科教育中渗透毒品预防教育的基础上，通过丰富的教育形式，培养学生健康的生活意趣、毒品预防意识和社会责任感，并引导学生掌握一些自我保护的方法，做"珍爱生命、拒绝毒品"的人。

辅导建议

分学段开展毒品预防教育

根据2003年教育部印发的《中小学生毒品预防专题教育大纲》，不同学段学生的毒品预防教育的目标如下：在小学阶段，学生要了解毒品危害的简单知识，远离毒品危害；在初中阶段，学生要了解有关禁毒的法律知识，拒绝毒品诱惑；在高中阶段，学生要学会自我保护，培养禁毒意识和社会责任感，发现可疑情况能够及时报告。同时，通知还明确了针对各学段学生的教育内容[3]。

提升学生对新型毒品的警惕性

禁毒教育内容若落后于毒品的翻新速度是极其危险的。预防毒品教育针对的毒品种

---

[1] 王雪，陈帅锋.青少年毒品预防教育规划校园实施效果评估［J］.中国学校卫生，2018，39（6）：839-842.
[2] 张静.小学阶段针对新型毒品的学校预防教育策略［J］.中国药物依赖性杂志，2020，29（5）：393-396.
[3] 教育部办公厅关于印发关于《中小学生毒品预防专题教育大纲》的通知［EB/OL］.［2023-08-30］www.moe.gov.cn/srcsite/A06/s3325/200303/t20030312_81815.html.

类不能只以传统毒品为主,还要教育学生警惕新型毒品。新型毒品是相对传统毒品而言的人工合成的化学毒品,包括苯丙胺类中枢神经兴奋剂、镇静剂和致幻剂等。目前,新型毒品对未成年人产生了巨大危害。新型毒品存在伪装性、迷惑性、危害性,容易被伪装成巧克力、饼干、饮料等食品,并且毒品花样不断翻新。国家毒品实验室检测数据显示,仅2018年全年,全国就发现"神仙水""氟胺酮""0号胶囊""娜塔沙"等31种新型毒品,更新换代的速度惊人[1]。青少年容易受到这些新型毒品的迷惑。因此,教师要进一步加强防范新型毒品对青少年危害的宣传教育工作,促使学生掌握更多的新型毒品知识,提升学生对新型毒品的警惕性。

开展禁毒防范教育

教师要通过传播禁毒知识,筑牢校园毒品防火墙;要帮助学生进一步了解毒品对个人和社会的危害,并让学生认识到一些不良生活习惯可能会导致意外吸毒,引导学生学会一些拒绝毒品的方法,保护自己不受毒品侵害。教师要教育青少年严禁出入娱乐场所,拒绝陌生人提供的食品、香烟、酒水等,并在发现有人吸毒或进行毒品犯罪时,迅速离开并向公安机关举报。

注重价值导向教育

教师对学生开展教育,不能只停留在传授毒品相关知识或者培养防范意识的层面,更要培养学生良好的行为习惯、生活方式,以及健康的心理状态,引导学生自尊、自爱。教师要树立"倡导美好,健康生活模式""帮助学生树立正确的人生观、世界观、价值观""引导学生养成自尊、自爱的生命态度"等教育理念,引导学生作出正确的行为选择,形成正确的价值导向[2]。

丰富毒品预防教育的形式

教师要精心设计禁毒教育的内容和形式,调动学生主动参与的积极性。教师可以组织学生开展模拟禁毒法庭、禁毒社会实践、禁毒情景剧排演、禁毒题材文化作品创作等活动,增强禁毒教育的吸引力;也可以组织各类知识竞赛、社会实践来增强学生"识毒、拒毒、防毒"的观念和技能,为学生的健康成长营造良好的环境氛围;还可以将毒品预防教育贯穿于课堂教学中。此外,教师要善于利用资源,充分整合禁毒题材的优秀影视剧、微视频、动漫作品、公益广告等教育资源(可从全国青少年毒品预防教育数字化平台、中国禁毒在线微博、中国禁毒微信公众号等官方渠道上获取)。

---

[1] 张静.小学阶段针对新型毒品的学校预防教育策略[J].中国药物依赖性杂志,2020(5):393-396.
[2] 罗思洁.昆明市未成年人毒品预防教育探究[J].云南警官学院学报,2021(3):31-35.

20　如何对学生开展自救与生命安全教育？

案例呈现

> 小柯，男。四年级学生。小柯在每个学期的第一天，都会收看本市教育电视台播放的"公共安全教育开学第一课"。该课程的内容非常丰富，涉及在校安全、居家安全、交通安全、消防安全、应急求生等诸多方面的内容，其实验模拟、动画演示、案例剖析等丰富的教育形式也受到学生的喜欢。作为学校教师，李老师同样认为安全教育非常重要，并希望自己能结合日常教育教学，进一步加强对学生的生命安全教育。

讨论分析

生命安全教育是生命教育的基础

生命安全是人类生存、发展的基本前提。良好的学校生命安全教育有助于学生树立正确的生命观与安全观。教育部等部门先后发布了《中小学公共安全教育指导纲要》（2007）、《教育部办公厅 中国红十字会总会办公室关于进一步推进学校应急救护工作的通知》（2021）、《生命安全与健康教育进中小学课程教材指南》（2021）等文件，将安全应急与避险教育作为青少年教育的重要内容。

学生"生命至上"的意识需进一步强化

安全是保障中小学生健康成长的前提，而伤害、暴力威胁等是影响中小学生生命安全及健康的主要因素。教师要帮助和引导学生了解基本的保护个体生命安全和维护社会公共安全的知识和法律法规，树立和强化安全意识，正确处理个体生命与自我、他人、社会和自然之间的关系，了解保障安全的方法并掌握一定的技能。然而，中小学生在认知等方面存在一定的不足，故而在安全意识、对于危险的认知与防范、规避危险的能力等方面尚有欠缺。因此，教师应引导中小学生增强安全防护意识，学会预防和规避危险，掌握应急常识和急救技能①。

教师需在安全教育中凸显育人职责

安全与健康教育不仅是教育主管部门的职责，也是家庭、学校、社会共同的职责。学校作为开展学生安全与健康教育的主体，其教育机制也愈发完善。在不少区域，学校不仅配备了开展安全实践教育的安全实训教室，还正在不断加强培养安全教育的专职教师、专业教师队伍。要注意的是，安全与健康教育并不仅是班主任、专职教师的工作职责，也是全体教师的职责。全体教师，可以在学科教学以及日常的教育与实践活动中，开展生命安全教育。

安全教育需体现针对性

中小学生的年龄跨度大，其认知能力和行为能力存在较大的差异性。因此，要针对不同年龄、学段的学生开展具有针对性的安全教育。教育部颁发的《生命安全与健康教育进中小学课程教材指南》的通知，明确了相关学段的教育内容和要求。小学阶段，掌握自我保护、求助、避险与逃生的基本技能；初步掌握急救知识，遇到紧急情况，能够拨打急救和报警电话；树立防拐等社会安全意识，识别校园欺凌、校园暴力并会求助。初中阶段，培养安全责任意识，学会急救知识，掌握相关技能，提高预防和应对自然灾害、事故灾害等突发事件的能力；了解安全用药基本知识，预防药物误用、滥用；了解实验和劳动实践中的安全防范措施，预防校园安全事故；增强网络信息的辨别意识和能力，防范网络电信诈骗。高中阶段，进一步掌握应急救护知识与技能，了解用药安全机理；遵守实验、实习场所的安全原则，强化社会安全意识；预防校园安全事故发生，营造校园安全氛围；遵守国家网络安全相关法律法规，进一步提升防范网络电信诈骗能力②。

安全教育应彰显融合性

安全教育不仅要以专题形式开展，还需要教师融入课堂教学、教育活动与综合实践中。这就要求教师应掌握较为丰富的安全知识与安全技能。

在课堂教学中，安全教育要注重学科融合。教育部颁发的《生命安全与健康教育进

---

① 叶志青.深圳市城乡结合部小学校园安全治理问题研究［D］.长沙：湖南大学，2018.
② 教育部关于印发《生命安全与健康教育进中小学课程教材指南》的通知［EB/OL］.［2023-08-30］www.moe.gov.cn/srcsite/A26/s8001/202111/t20211115_579815.html.

中小学课程教材指南》的通知，明确了生命安全与健康教育要"坚持核心素养导向，结合学科特点，以体育与健康学科落实为主，有机融入其他相关学科，明确各学科各学段生命安全与健康教育进课程教材的具体目标内容等"①。与此同时，《生命安全与健康教育进中小学课程教材目标内容及学科覆盖建议》，进一步明确了学段、学科，涉及的生命安全与健康教育内容与要求。在课堂教学中，教师也要起到安全监督的作用，提醒、监督、点评学生的不安全行为，有效减少和消除学生的不安全行为，强化和培养学生的安全行为，树立学生的安全意识，培育学生的自我保护技能。

在教育活动中，教师在开展安全教育时要立足日常生活情境，覆盖居家、校园及其他公共场所场景，引导学生学会科学应对自然灾害、事故灾害和社会危机事件，增强防灾减灾意识，提升危险预判、紧急避险、求生逃生等自救和他救技能，培养应急救护能力。

在综合实践活动中，学生有更多机会前往课外"第二课堂"，体验实验、实践、实习等活动，这将会成为鲜活的安全教育题材与契机。教师可以因地制宜、因时制宜、因人制宜地开展安全教育。

安全教育要注重实践性

在传授安全知识的同时，教师也要着力引导学生学习并掌握一些防护逃生和紧急避险的基本技能。在学生安全防护逃生和紧急避险基本技能的培育中，教师需要创设或模拟真实情景，通过让学生亲身体验和实践，训练学生的安全技能。这就需要教师在融合教育教学开展安全教育时，注重以学生实践体验为主，组织开展实验探究、情境体验、虚拟仿真、现场教学、演练等活动。

安全教育须关注协同性

安全教育需要家庭、学校、社会协同形成合力，配置法治副校长、建立安全实训基地等制度，便是协同教育的具体体现。教师需要在上级教育主管部门和学校工作的统筹安排下，充分用好上述教育资源。此外，家庭教育是学生安全教育的重要途径，因此教师要努力协同家长积极履行安全教育义务。在家校互动过程中，教师要起到强化家长的安全教育意识及指导家长开展安全教育的积极作用。通过教师的指导和建议，家长可就居家用水、用电安全，食品安全，预防溺水，交通安全等自我防护与避险的安全内容对学生进行教育②。

---

① 教育部关于印发《生命安全与健康教育进中小学课程教材指南》的通知［EB/OL］.［2023-08-30］www.moe.gov.cn/srcsite/A26/s8001/202111/t20211115_579815.html.

② 王斯英.中小学校园安全内容体系构建研究［D］.北京：中国人民公安大学，2020.

第四部分

生涯教育

1 学生不了解自己的兴趣，怎么办？

案例呈现

> 小程，男，高中一年级学生。小程很羡慕身边的一些同学都有自己的特长或者兴趣爱好。有的同学从小学画画，有的同学从小学乐器，有的学舞蹈，有的练体育……小程虽然在小时候也有过一些类似尝试，但都是浅尝辄止。他觉得自己没有什么特别突出的兴趣爱好，每次在自我介绍的"兴趣爱好"一栏里只能写上阅读、旅游之类的词语。在学校组织的生涯教育活动中，他听到学长说要把兴趣爱好和学习成绩结合起来，考虑将来的职业规划，他很茫然，不知道阅读、旅游怎么能够跟职业发展联系起来。

讨论分析

在本案例中，小程碰到的问题是职业生涯规划中的兴趣问题。关于职业与兴趣，需要了解以下几个问题。

兴趣的意义

布赖恩·费瑟斯通豪（Brian Fetherstonhaugh）在其著作《远见》里写道："构建一段成功的职业生涯的目的并不仅在于找到你热爱的工作，而且是建立起你热爱的生活。"找到热爱的工作，建立热爱的生活，都需要考虑到兴趣这个要素。当个体对事物产生兴趣时，就会特别去关注它，愿意投入自己的能力、精力去研究，在探索过程中，哪怕碰到挫折，也愿意去坚持，去克服困难。

兴趣的发展

兴趣的发展分3个阶段：感官兴趣、自觉兴趣和志趣。感官兴趣是基于感官刺激产生的兴趣，数量多、刺激性强，但是不稳定，比如喜欢品尝美食、看动漫、看电影、听音乐、跑步等。自觉兴趣涉及认知思维的介入,在这一阶段,个体开始去学习和实践,比如学烹饪、创作动漫、拍微电影、写歌等。自觉兴趣相对稳定。志趣是兴趣的高级阶段,个体把兴趣投射到符合自己志向和价值观的领域,从而获得持续精进的内在动力,也给自己带来源源不断的快乐与价值。

职业兴趣的探索

职业兴趣是个体探究某种职业或从事某种职业活动表现出来的特殊个性倾向。它使个体对某种职业"心向往之"。教师在指导学生探索职业兴趣时,可以安排一些简单的活动,或者通过提问的方式,引导学生一步步将兴趣从感官兴趣升级到自觉兴趣、志趣。

辅导建议

通过简单的活动探索职业兴趣

(1)活动一:选择"快乐冒险岛"——了解职业兴趣

活动一的具体内容如下。

假如给你3个月的假期去度假,你愿意选择以下哪几个岛屿?选出你最想去的3个,并且排序:最想去的岛____,其次____,再次____。

自然原始岛R:生态环境优良,有各种野生动植物。居民以手工见长,自己修缮房屋、制作工具、种植各种蔬菜花果,喜欢户外运动。他们往往闷头干活,不喜欢沟通和交流。

深思冥想岛I:有很多图书馆、科技馆、博物馆等。居民喜欢探究真知,常有机会和哲学家、科学家交换心得。这群关注终极问题的思考者,很少能享受到一些"庸俗"的快乐。

美丽浪漫岛A:有很多美术馆、音乐厅、街头雕塑和艺人,洋溢着艺术文化气息。居民喜欢舞蹈、音乐与绘画,天性浪漫热情。不过他们通常较为缺乏条理和逻辑性。

现代井然岛C:现代都市形态,高楼林立,科技发达,有完善的户政管理、金融管理体系。居民善于组织规划、细心、高效、个性冷静、保守。他们生活稳定,对各种可能发生的情况都已做了对应的行为规定。

显赫富庶岛E:经济高度发达,处处是高级饭店、俱乐部、高尔夫球场。

来往者多为政治家、企业家、经理人、律师等。居民能言善道，善于经营、贸易。岛内社会环境有高竞争、快节奏、高压力的特点。

友善亲切岛S：居民个性温和、友善，彼此间密切互助合作、重视教育。不过他们普遍缺乏竞争意识。岛内充满人文气息。

"冒险岛"与霍兰德职业6种兴趣类型相对应。各类型的具体特点和适合的职业类型见表4-1。

表4-1　兴趣类型、特点与适合的职业类型

兴趣类型	特　点	适合的职业类型
R实用型	动手能力胜过运用语言的能力，不善于表露感情，喜欢室外作业，喜欢使用机械，善于解决具体而形象的问题	从事机械制造、建筑、渔业、野外工作、工程安装、军事相关职业，如实验技师、运动员、特技演员、园丁、厨师等
S社会型	关注他人胜过关注事物，有人本精神，有责任心，具备良好的沟通、共情能力，善于帮助他人	临床心理学家、社会工作者、中小学教师、就业指导顾问、人力资源管理等
A艺术型	敏感，创作欲强，审美欲强，重直觉，善于形象思维，对色彩、声音、图案有特殊的感受力，喜欢单独工作，在解决问题时喜欢采用新的创意	作家、演员、艺术家、画家、作曲家、歌唱家、导演、诗人、演奏家等
C常规型	稳定、安全导向，喜欢程序化的工作，讲究秩序和规律，喜欢仔细、准确和安静，实务，责任心强，倾向保守，喜欢听从他人	公务员、行政人员、图书管理员、计算机操作员、财务工作人员、税务员、统计员、交通管理员等
I研究型	重抽象思维，喜欢独处，善于分析事物本质，讲究逻辑性，做事有恒心	自然科学或社会科学方面的科研工作人员、大学教师、工程设计或计算机编程从业人员
E企业型	自信，喜欢控制局面，善于作决定，善于鼓励他人，敢做敢当，看重效益，可以带着别人"打天下"	销售人员、经理、企业家、领导或管理者、创业人员、律师、电影电视节目制作人、政治家、社会活动家等

（2）活动二：你愿意与什么打交道？——了解兴趣倾向与相关的职业

活动二的具体内容如下。

先对自己的兴趣倾向作一个简单的选择：在工作中，你更愿意与什么打交道？在选项后面括号里打"√"。

在学生作出选择之后，教师再引导学生探索相对应的一些职业。可参考表4-2。

表4-2　兴趣类型与对应的职业

兴趣类型	对应的职业
A.愿意与人打交道（　）	
B.愿意与资料打交道（　）	
C.愿意与物打交道（　）	
D.愿意与观念打交道（　）	

从日常兴趣中进行职业兴趣探索

教师可以询问一些简单的问题，比如，对小程可以这样问："闲暇时光，你最喜欢做的一件事情是什么？你最喜欢看的书是什么类型？你最喜欢看的节目是什么？……"假如他回答："我最喜欢周末出去骑车了！"教师可以进一步询问："骑车这件事情让你感到快乐的点在哪里呢？"假如答案是"我喜欢选一条风景优美的路线，一边骑车，一边欣赏风景，看到好风景，我还会把它拍下来珍藏或者发社交媒体平台朋友圈"，那么或许他的霍兰德职业兴趣代码是艺术型；假如答案是"我喜欢约小伙伴一起去骑车，我享受跟他们一边骑车一边聊天的感觉"，那么他的霍兰德职业兴趣代码可能是社会型；假如答案是"我就是单纯喜欢骑车运动，我享受一个人骑车的感觉"，那么也许他的霍兰德职业兴趣代码是实用型。通过这样简单的对话，教师既可帮助学生对自己的兴趣爱好作一个非正式的评估，也可让学生学会把自己的日常兴趣与职业兴趣联系起来。

鼓励对日常兴趣进行升级

教师可以引导学生通过学习和实践，将感官兴趣升级到自觉兴趣。比如，某一学生很喜欢二次元作品，教师就可以鼓励他在学习之余，尝试创作一些作品，在相关网站或者社交媒体平台朋友圈里发布，这叫"驯养"兴趣。也许有一天，在机缘巧合之下，这一学生的自觉兴趣发展成了志趣，从事着一份既能养家糊口，又喜欢、擅长的工作。这不失为一种美好的人生。

2 学生不了解自己的能力特长，怎么办？

案例呈现

> 小泽，男，高中一年级学生。小泽觉得自己是一个平庸的人。进入高中以来，他在不管是理科还是文科方面的学业成绩都不尽如人意。特别是在语文和英语学科的学习上，他感觉很吃力，因为语文需要背诵课文，英语需要记忆单词。他觉得自己的记性很不好，总是背了就忘。他很迷茫，不知道自己将来可以选择什么样的大学专业，以及自己未来的职业发展道路是什么？

讨论分析

小泽的迷茫，跟他对自己的能力、特长不了解有关系。能力是心理学的一个重要名词。

能力的内涵及多元智能理论

能力是指人们完成某项活动任务所必须具备的个性心理特征。发展认知心理学家霍华德·加德纳（Howard Gardner）提出多元智能理论认为：智力不是一种能力，而是一组能力，分别是语言智力、逻辑数学智力、音乐节奏智力、视觉空间智力、身体运动智力、人际交流智力、内省智力及自然观察智力。他认为，每个人身上同时具备多种能力，只不过在不同的人身上，能力组合表现不同而已。所以，不能单纯地以某学科学业成绩来评价一个人的能力。

对能力与学习成绩关系的误解

在现实生活中，人们往往会简单地把一个人的学习能力等同于一个人的能力，把学习成绩作为衡量能力高低的唯一标准。学习成绩，在现有的教育模式下，往往又会被简单地归结于语文、数学、外语的成绩，顶多再加上物理、化学、生物学或者思想政治、历史、地理的成绩,而在信息技术、通用技术、音乐、美术、体育与健康等课程上的表现,甚至包括人际交往、沟通能力等在未来职场中可能起重要作用的一些能力都不被考虑在内的。这就导致案例中小泽这样的学生觉得如果主科学习成绩不好,就代表着自己能力不行,进而自信心受到打击,对未来感到迷茫。因此,教师的辅导一方面要建立学生正确的能力观;另一方面可以通过量表工具评估和在日常生活中探索相结合的方法引导学生评估自己的优势能力,并且有意识地把自己的优势能力与将来的职业发展联系起来。

辅导建议

使学生建立关于能力的科学观念

由于传统观念的影响,有些学生会把能力的概念狭隘化,把能力等同于学习能力,甚至等同于在主科上的学习能力,如果自己的语文、数学、英语学习成绩不好,便认为自己学习能力差。所以,教师要引导学生正确认识能力,知道能力的多样性、差异性,发现自己独特的能力。

引导学生通过能力测试量表评估,找出自己的优势能力

教师应引导学生在找出优势能力的基础上,进一步思考一个问题:这种能力与霍兰德职业兴趣类型中的哪一类型相匹配?从而确定跟能力相匹配的职业发展方向。

引导学生利用优势能力优化学习

学生在了解自己的优势能力之后,教师可以进一步引导学生找到适合自己的学习方式。比如,案例中小泽的语言智力较弱,表现在语文、英语学科成绩不佳,沟通表达能力较差上,所以他用反复背诵的方式来记忆相关的知识,比如单词、古文等,效果很差。但是他的空间想象能力、数理逻辑能力、动手能力较强,如果他用图标记忆法、想象记忆法,或者结合动手的一些方法来记忆,学习效率就可以得到有效提高。

引导学生在日常学习或生活中进行能力探索

教师可以询问学生一些简单的问题,比如:"从小学到现在,你学过很多科目。回忆一下,学得比较好的学科是哪些?""你平时比较擅长的事情是什么?拿过奖吗?"案例中的小泽认为他通用技术课学得好,信息技术课成绩也不错,而且意识到自己还是这门课程的课代表。但他以前一直觉得这些不值一提,因为它们都是"超级副科"。事实上,根据多元智能理论,可以判断小泽也许机械记忆能力不突出,但是他的空间想象力、数理逻辑能力较强；再结合小泽平时喜欢摆弄模型，擅长画画、编程等，可以看出他的动手能力也很强。教师通过这样一步步引导，让小泽慢慢发现自己的长处及能力，进而对自己努力的方向产生比较清晰的认识。这将在无形中为小泽的高中学习注入新的动力。

另外，教师可以引导学生积极运用学校的资源，让自己的一些潜在能力外化，得到发挥。案例中的小泽经过一段时间的思考和观察，参加了学校机器人社团。在该社团里，他如鱼得水，获得了很多展示才华的机会。在社团教师的悉心指导下，他和社团同伴一起参加全国青少年无人机大赛，获得了优异的成绩。这些在校内、校外的尝试，都有效地提高了小泽的自信心。

3 能力是可以发展的吗?

案例呈现

> 小翼,女,高中一年级学生。小翼的理想是成为一名优秀的律师。最近,她在某网络平台上做了一份职业个性倾向测试,结果表明,她的逻辑推理能力较弱,而律师这个职业要求从业者具有很强的逻辑推理能力。她受到了打击,开始怀疑自己不适合走律师这条路;但是又不甘心,因为这是她从小向往的职业。她的家人也很期望她将来成为一名优秀律师,能够锄奸扶弱,维护正义。

讨论分析

如何看待能力对于学生的职业选择很重要

案例中的小翼在生涯探索过程中发现自己欠缺某些方面的能力,而这种能力又跟她的未来职业发展相关,于是她很迷茫。当学生遇到这种情况时,教师该如何引导呢?是告诉学生在职业选择上要扬长避短,建议学生放弃自己多年来的职业梦想,还是鼓励学生坚持梦想,迎难而上呢?这其实是一个如何看待能力的问题,能力是固着的,还是发展的?学生对于这一问题的看法在一定程度上影响着其职业选择。

能力在人的成长过程中可持续提高

斯坦福大学发展心理学家德韦克引述《自然》(Nature)上一篇追踪青少年大脑发育的研究。参与该项研究的青少年,从14岁到研究结束时的18岁,他们的智商都提高了。这说明智商在一个人的生命历程中不是固定不变的。德韦克解释说,大脑适应性极强,当个体努力面对新的挑战时,大脑会相应改变。大脑从来不会在人生中的某个阶段是完全固定不变的,相反,大脑神经元、髓鞘始终都保持着生长的能力[1]。由此可见,

---

[1] 达克沃思.坚毅:释放激情与坚持的力量[M].安妮,译.北京:中信出版社,2017:217–218.

人各方面的能力高低，虽然有一部分是天生的，但是也可以通过后天的学习与训练，持续得到提高的。高中生处于人生中可塑性最强的阶段，学习能力极强、精力充沛，持续训练，假以时日，潜能可以被充分发挥出来。

辅导建议

更新学生对于能力的认知

针对案例中的情况，教师可以向小翼讲述科学研究成果，让小翼明白能力是可以不断发展的。职业选择上扬长避短固然重要，但那是在两个选择对个体同样重要的情况下应该考虑的。若个体在内心已经作出选择，那就要通过努力去弥补、提高欠缺的能力，这样才能够与理想、目标越来越近。

鼓励学生阅读跟所选职业方向相关的书籍

很多时候，个体之所以害怕一件事情，是因为对它不熟悉，而要克服这种害怕，最简单的办法是通过学习去了解它。对于案例中的小翼来说，可能她通过一些途径，比如影视剧，对律师这一职业有了一些粗浅的认识，知道律师能够锄奸扶弱、维护正义，同时收入不菲，属于精英职业。但正因为此，小翼被吓退了，觉得自己的能力不足以匹配这一职业。实际上，只有真正了解这一职业，小翼才能作出理性的选择。比如，律师也是分不同领域和等级的，不同领域和等级的律师，从业资格及条件也不一样。并非所有律师都被严苛地要求具有某种具体的能力。就算案例提及的逻辑推理能力对于成为律师是重要条件，也可以在实践中逐渐锻炼提升。

鼓励学生通过社会实践接触专业人士

很多学校都会组织各种类型的活动让学生接触、体验职场。比如有的学校专门安排时间让学生走进职场，跟岗学习。如果小翼对律师感兴趣，她可以通过家长的资源，或者学校提供的资源，直接到律师事务所体验学习。她在跟岗过程中，不仅能够直接看到、体验到"律所发生的那些事"，还能直接跟律师交流、学习。有的学校还会邀请一些大型公司或企业的人力资源管理岗人员走进校园，给学生做模拟面试。这些活动可以让学生与职场零距离互动。

有些学校会组织学生走进各种企业，开阔学生眼界。如果条件允许，学科教师也可以同行。教师的陪伴可能会让学生的参观体验更有深度。有些学校会组织学生开展采访职场人士的活动，令学生根据自己的兴趣爱好或者职业选择，采访与自己的意愿与需求相匹配的职场人士，并在小组或者班级里作汇报交流，以加深学生对职场的理解。

还有学校利用校友资源，邀请已经毕业的优秀校友回母校交流心得体会。学生可以根据自己的情况，选择不同的职业专场参与，还可以面对面向优秀校友请教问题。这种活动的效果也非常好，因为大多学校邀请的优秀校友都比较年轻，很多是在读大学生，他们所带来的信息是专业学科方面最新的，与学生的交流也比较通畅。案例中的小翼在听过一个就读法学专业的大学三年级学长交流大学生活之后，心生向往，重新燃起了对律师这一职业的热情。

引导学生通过研究性课题探索专业或职业

目前，上海的高中生基本上都要做研究性课题。教师可以考虑让学生把研究性课题与自己的职业探索结合起来。比如，某个学生对金融专业比较感兴趣，将来想从事金融行业，那么教师可以鼓励他做一个金融方面的课题，甚至可以把对上海各高校金融专业的探索研究直接作为研究性课题。具体案例如下：有名学生对金融领域非常感兴趣，他的研究性课题是"上海高校金融专业设置调查研究"。他把上海各个高校的金融专业作了一遍认真梳理，从近3年的招生分数线、招生人数、招生科目要求，到不同学校的专业特点、学生就业状况，"一网打尽"。最后，他结合自己的实际情况，选择了其中一所高校作为自己的努力方向。他还设计了一份问卷，利用周末时间与同伴们一起到心仪的大学金融学院，向学院在读学生请教问题，解决疑惑。令人开心的是，这名学生最终如愿以偿。

鼓励学生积极参加社团活动

教师应鼓励学生积极参加校内、校外组织的社团活动，提高自己的能力。比如，案例中的小翼，可以参加辩论社。辩论社的活动，对于提高她的逻辑推理能力、语言表达能力，都是很好的锻炼机会；她也可以尝试参加学生会，在为他人提供服务的同时，提升自己的人际沟通表达能力。

4 如何引导学生探索职业个性倾向？

案例呈现

小沐，女，高中一年级学生。小沐的各门学科成绩都很优秀，在班级里都名列前茅。但是，最近在选择"小三门"*时，她陷入了烦恼。她从小喜欢阅读各种类型的小说，喜欢历史故事，文科学得很好，尤其擅长写作。每次考试，做文科卷子，她总是游刃有余。在把卷子完成之后，她还能留出一些时间进行检查。但是她性格比较文静，不喜欢抛头露面，参加学校各类活动也比较少，口头语言表达能力并不是很突出。她喜欢安安静静地学习与深入思考一些问题，希望将来从事跟医学相关的一些工作，或者做大学教师。她的理科成绩也很好，但是她有一个"秘密"：在每次考数学、物理或者化学时，她都有点紧张，害怕做不完试卷；即便最后做完了，也觉得时间很紧，基本上没有检查的时间了。她觉得如果选择理科科目，将来从事自己喜欢的职业的可能性会大很多，但是高考成绩可能会很普通；如果选择文科科目，她会学得很轻松，高考成绩可能会很好，但是她不知道以自己的性格，适合从事什么样的相关职业。

讨论分析

在分析职业倾向时，可以从4个维度来考虑，职业兴趣、职业能力、职业价值观和职业个性。职业兴趣解决的是个体喜欢做什么的问题，职业能力解决的是个体能做什么的问题，职业价值观解决的是个体想做什么的问题，而职业个性解决的是个体适合做什

---

* 上海高考共考6门——"大三门"+"小三门"。"大三门"即语文、数学、外语，各计150分；"小三门"即从思想政治、历史、地理、物理、化学、生物学6门学科里选择3门进行等级考，各计70分。

么的问题。案例中小沐喜欢阅读小说，喜欢历史故事，她的职业兴趣在文科上；她擅长文科科目学习，职业能力在文科上更强一些，但她的职业个性可能更适合从事与理科相关的研究工作。教师在对学生进行生涯辅导时，需要引导学生关注自己的个性特点，深入了解自己适合做什么，而不仅仅关注自己平时喜欢干什么，或者自己哪些科目学得好。

辅导建议

引导学生意识到个性因素在职业发展中的重要性

对于像小沐这样的高中学生来说，他们没有真正进入过职场，日常的活动就是在学校学习。很多学生在选择"小三门"时，考虑的因素只有这门学科自己学得好不好，而没有去考虑如果选了这门学科，会对自己将来的专业或职业选择有什么影响，以及将来自己选择的专业或者职业是不是适合自己的个性特点。有些学生在填报志愿时，只关注这个学校是不是"985""211""双一流"，而不考虑专业选择的问题。比如，从这一专业毕业后，可以从事什么工作，以及这个工作是不是适合自己。在职场里，个体的个性特点对于其职业发展起着非常重要的作用。有些人从很好的学校或专业毕业，但是从事的工作的性质、要求与其个性不相符，即使工作认真、辛苦，工作成效却不一定好。比如，其从事的工作要求性格开朗，善于沟通与交流，而其恰恰是一个很安静的人，那么从事这样一份工作，可能会给其带来很大的挫败感。这些事情，很多学生意识不到，需要教师或家长引导思考。教师可以通过举一些身边的例子引导学生意识到个性因素在职业发展中的重要性。

通过量表评估学生职业个性倾向

教师可以用霍兰德职业个性倾向量表评估学生的职业个性倾向，并引导学生把霍兰德职业个性倾向与适合工作作相应的匹配，可参考本书第四部分第一篇"学生不了解自己的兴趣，怎么办？"。

引导学生自我评估个性特点

教师可以引导学生从两个角度——气质类型与性格进行评估。对两者的评估都有专门的量表可以利用。教师也可以让学生收集一些词语来形容自己的个性特点，同时请好朋友、父母和教师评价自己。学生将以上两方面的评估或评价结果整合之后，将会对自己的个性特点有一个较为清晰的认识。学生可以简单地用下页表4-3进行评估。

表 4-3 个性评估表

别人眼里的"我"			我眼里的"我"
朋友/同学说	教师说	父母说	

鼓励学生在社会实践中探索适合自己的专业方向

鼓励学生利用课余时间接触职场或相关工作人员,通过直接或间接的方式体验工作场景,以找到适合自己个性特点的专业发展方向。

5 如何引导学生探索职业价值观？

案例呈现

> 小馨，女，高中一年级学生。从小到大，小馨成绩优秀，自律性强，不用父母操心。小馨的父母希望她将来不要太辛苦，不要考到外地去上大学。最好在上海本地考一个师范院校，将来做一名教师，安稳过日子。小馨外表看似乖巧，实际上很有自己的想法，自我要求也高。她觉得以自己目前的学业成绩，想要在上海考一个心仪的"985"高校是有难度的。她不愿给自己设限，想考到外地去看看，也体验一下独立的生活。她喜欢地理，想要从事跟地理相关的一些职业，而不是成为一名父母口中过稳定生活的教师。

讨论分析

在案例中，小馨纠结的问题是选择保险、稳定的职业还是保持对也许会冒风险，但更对自己"胃口"的职业的追求？这是一个职业价值观的问题。

价值观是一个人内心关于什么是有价值的、值得做的信念，它指导人们对于人、事物与行动进行选择与评估。中学生正处于价值观形成和发展的时期，价值观念模糊，且不稳定，在面对一些选择时，容易迷茫、举棋不定，需要通过一些教育和探索，逐渐认识、明晰自己的价值观。职业价值观是人们希望通过工作来实现的人生价值，是人们选择职业的重要因素。人生阅历不一样，或处于人生的不同发展阶段，人们的职业价值观可能都会不一样。案例中的小馨要明确自己的职业价值观，这样才能坚定自己的选择。同时，她也要理解父母的职业价值观，这样才能与父母良好沟通，获得家庭的支持。

通过案例讲述让学生明白价值观对于职业发展的重要性

有人说，兴趣是个体选择一种职业的原因，价值观是个体离开这一职业的原因。职业选择跟个体的内在价值观是否相符非常重要。在现实中，人们会看到有人因为所从事的职业跟自己的价值观相冲突而在职场痛苦挣扎，有人甚至会因此最终放弃自己辛苦打下的"江山"，令人不胜唏嘘。但是，对于中学生来说，职场离他们较为遥远，对此，他们很难感同身受。有时，身边同学或朋友的一个选择、父母的意志、教师的一句话，都可能会让学生作出并不适合自己的选择，但单纯给他们讲一些抽象的道理，效果也不一定好。因此，教师可以结合身边人的例子，甚至现身说法，让他们意识到价值观的重要性，从而愿意叩问自己的内心：什么对我来说是最重要的？

通过活动体验引导学生思考内心重要的价值观

"价值观大拍卖"的游戏活动深受学生欢迎。教师可以准备一个拍卖槌、一些虚拟金钱，一张拍卖项目表——表里的拍卖项目可以事先在学生中做一个调查，筛选出学生觉得比较重要的事物。在拍卖完成之后，教师可以问学生一些简单的问题，比如"你拍到最贵的东西是什么？花了多少钱？为什么会花这么多钱去拍它？此刻，你的心情怎么样？"或"在这次拍卖活动中，你还有遗憾吗？是什么遗憾？以后你会如何做？"等等，一步步帮助学生了解自己内心重要的价值观，以及如何通过自己的努力在学习、工作与生活中践行这些价值观。

引导学生通过工具或量表探索自己心中最重要的职业价值观

表4-4所列15项是人们在选择工作时通常会考虑到的工作目的和意义，反映了其职业价值观①。教师可以引导学生在这些工作目的或意义中，选择自己最看重的内容。

表4-4 职业价值与职业价值内涵

职业价值	职业价值内涵
1.工作的目的或意义在于提供机会让个人为社会大众的福利尽一份心力，为大众谋福利	利他主义
2.工作的目的或意义在于致力使世界更美好，增加艺术的气氛	美的追求

---

① 吴芝仪.我的生涯手册[M].北京：经济日报出版社，2008：81.

续表

职业价值	职业价值内涵
3.工作的目的或意义在于能让个人发明新事物，设计新产品，或发展新观念	创造发明
4.工作的目的或意义在于提供了独立思考、学习与分析事理的机会	智力刺激
5.工作的目的或意义在于允许个人以自己的方式或步调控制进度，不受太多限制	独立自主
6.工作的目的或意义在于能看到自己努力工作的具体成果，并因此获得精神上的满足	成就满足
7.工作的目的或意义在于能提升个人身份或名望，受到他人的推崇和尊重	声望地位
8.工作的目的或意义在于能赋予个人权力来策划工作、分配工作且管理属下	管理权力
9.工作的目的或意义在于能获得优厚的报酬，使个人有能力购置其所想要的东西	经济报酬
10.工作的目的或意义在于能提供安定生活的保障，即使在经济不景气时也不受影响	安全稳定
11.工作要能在不冷、不热、不吵、不脏的良好舒适环境下进行	工作环境
12.工作的目的或意义在于能与主管平等且融洽相处，获得赏识	上司关系
13.工作的目的或意义在于能与志同道合的伙伴一起愉快地工作	同事关系
14.工作的目的或意义在于工作多姿多彩富有变化，个人能尝试不同的工作内容	多样变化
15.工作的目的或意义在于能选择自己的生活方式，并实现自己的理想	生活方式

① 留下12项职业价值观，分别是：_____

② 留下8项职业价值观，分别是：_____

③ 留下6项职业价值观，分别是：_____

④ 留下4项职业价值观，分别是：_____

⑤ 留下3项职业价值观，分别是：_____

注意不要让学生直接跳到第⑤条作答，而是从第①条逐级进行筛选。在一步步放弃的过程中，学生能够看清自己内心真正的追求。当然，很多人在选择某一个职业时，涉及的价值观可能不止某一个方面。比如个体选择教师这样一份职业，也许受到了除安全、稳定外，还有利他主义、智力刺激或者声望地位等方面的价值观的影响。对于不同的人来说，同样的一份职业、同样的价值观在他们心中的权重也许是不一样的。所以，当学生陷入选择困难的时候，教师可以进一步引导学生利用职业决策平衡单（下页表4-5）作出抉择①。

---

① 古典.生涯规划师[M].南京：江苏凤凰科学技术出版社，2016.

表4-5 职业决策平衡单

选项		选项一		选项二		选项三	
考虑因素	权重	分数	加权分数	分数	加权分数	分数	加权分数
总计							

① "选项一、二、三"可以分别填：你最想从事的职业、根据霍兰德代码选出的最适合的职业、父母期待你做的职业。

② "考虑因素"填：在做前述量表时你留下的6项职业价值观（可以根据需要增加或者减少）。

③ "权重"指根据该项职业价值观在你心目中的重要程度打分，1—10分（从不重要到重要）。

④ "分数"指该项职业能够满足相应的职业价值观，1—5分（从不重要到重要）。

⑤ "加权分数"＝"权重"×"分数"，分别计算出每种职业选项的加权分数总分。

加权分数越高，说明从职业价值观的角度来评估，该项职业越适合你。

鼓励学生通过社会实践进一步明晰职业价值观

教师可以鼓励学生积极参加校内外社会实践活动，通过"走近职场人士""体验职场""模拟面试"等活动，了解职业的工作内涵——这份职业需要付出什么？能够为自己带来什么？它能带来的东西是不是自己内心期待的？——逐步明晰自己的职业价值观。

6 如何帮助学生提高目标感?

案例呈现

> 小桂,女,高中一年级学生。小桂在初中时学习成绩一直很优异,但在进入高一下学期之后,在学习上开始松懈,在上课时常趴在桌子上,成绩也下降很多。面临选科,小桂茫然,她表示对所有学科都不怎么感兴趣,甚至觉得高考离自己很远。小桂认为自己家境还可以,以后可以做点小生意养活自己,因此,高考考得如何或者高考填报什么志愿并不是很重要。

讨论分析

金树人、林幸台等生涯专家将同一性的状态和生涯领域整合,黄素菲①作了如下梳理(表4-6)。

表4-6 生涯类型

生涯已定向	自主决定型(同一性获得),跨过了危机,对于未来已经确定
	他主决定型(同一性早闭),由他人做主完成生涯选择,看似已经完成未来方向确定,但未有定见,仍可能蕴含危机
生涯未定向	生涯未决定(同一性延缓),因发展性和情境性因素造成资讯不足,无法确定生涯方向
	迷失方向型(同一性扩散),也称为生涯不确定性,指处于危机状态,对未来没有任何承诺
生涯犹豫型	因人格特质的焦虑倾向,即使拥有充分资讯,仍无法作出生涯决定

---

① 黄素菲.生涯评估与生涯咨商概念架构[J].辅导季刊(台),2011(6):62-73.

根据以上梳理，案例中的小桂属于生涯未定向——迷失方向型，即对未来没有任何承诺，缺乏目标感，导致她在学习上没有动力。

首先，小桂目前面对的选科，可能是一个契机，促使其更充分地了解自己和所处的社会环境。其次，小桂对未来谋生有一个浅表的想象，需要教师帮其进一步明晰化和具体化。再次，教师或许可以考虑从时间管理优化的角度，着眼于个人成长层面去启迪小桂更合理地安排自己的生活。

辅导建议

以选科为契机，促使学生进一步了解自己和环境

在新高考政策下，"3+3"选科成为现阶段小桂必须作出的一个选择。在这样的现实环境之下，小桂的无目标感作为一个问题外显化，同时，这也是一个契机，促使其进一步了解自己和环境。

教师可引导小桂意识到，既然现阶段必须作出选科的决定，为了避免作出错误的抉择，选科之前需要充分了解自己的兴趣、个性、能力、价值观等。教师可以协助小桂利用霍兰德职业兴趣测评、迈尔斯-布里格斯类型指标（MBTI）职业性格测评、多元智能测评、职业价值观测评[①]等工具，帮助小桂进一步了解自身的职业倾向性，从而找到努力的方向。此外，教师要协助小桂掌握各种教育或职业信息，并考虑到社会环境、重要人士对她的影响，家庭或社会给予的帮助，等等。教师可以从家庭发展历程、社会发展史、行业报告等方面去了解以上信息，从而让小桂建立与社会更深层的连接。

以谋生为起点，进一步明晰化和具体化学生对未来的想象

尽管考虑职业的方向不应仅仅以谋生为目标，但是在与小桂就未来的职业选择进行对话的过程中，教师可以以如何谋生作为一个对话的起点。小桂打算将来以小生意谋生，说明她对未来谋生有一个浅层的想象。教师需要以此为起点，在这个问题上帮助她进一步地明晰化和具体化。教师可以进一步询问，提出"考虑做什么小生意呢？为什么考虑做这个生意？有认识的人在做相关的生意吗？有了解过现阶段做这类型小生意的行情发展吗？如若遇到变化如何更好地调整呢？有体验过做这一小生意需要的技能吗？"等问题，了解她对这一职业打算的认识；也可以鼓励她参与相关工作，协助她揭开朦胧想象的面纱，让她对需要提升的能力和品质有进一步的认识，从而找到前进的方向。

---

① 吴芝仪.我的生涯手册[M].北京：经济日报出版社，2008.

以成长为目标，促使学生更合理地安排时间

无论选择什么科目、什么职业方向，学生都在努力地成长，进而实现自我。教师可以引导小桂评估是否满意目前自己的状态，以及若需要作出调整，自己可以从什么方面入手；鼓励小桂分享对时间、精力管理，人际社交，生活、在校安排，个人与社会、自然等一系列方面的想法和实践，让小桂有一个较好的生活和精神面貌。此外，教师可以依据小桂目前已有的或感兴趣的创造实践，鼓励她在进一步的实践产出中更深入地学习，以拥有更广阔的视野，创造更多的成就体验，从而提高自我价值感。

以他人真实案例，为学生创造更丰富的认识与意义

面对未来的职业选择，可以择己所爱，兴趣是最好的教师，有了兴趣，有助于个体不断追求，不断拓展，拥有更广阔的发展；可以择己所长，进而选择与自己的优点相辅相成的发展方向；择己所利，选择适当、更有利于自己今后发展的方向；此外，可以择世所需，世界需要什么样的人才，就朝相应方向努力，一方面要跟得上变化，另一方面也是为世界变得更好出一份力。

教师可以从电视纪录片、个人传记、个人访谈中挖掘他人成长故事，也可以请学校优秀毕业生或家长讲述自身的故事，引导小桂看到各行各业的故事，促使她对成长、行业、世界都有更丰富的认识，也对人的价值与意义有更多的思考。

7 如何引导家长帮助孩子开展生涯教育？

案例呈现

小东，男，高中一年级学生。小东的家长对学校开展的生涯活动表示不理解，觉得不管是大学选专业还是考虑将来的职业发展，对于小东来说都是很遥远的事情，小东应该把精力集中在学业成绩的提高上。为此小东很苦恼，因为他在生涯探索时没有得到家人的支持。针对面临的亲子认知冲突，家长找到学校教师，询问生涯教育的意义等问题。

讨论分析

家长对生涯教育的理解存在偏差

小东的家长将生涯教育等同于大学选专业和考虑将来的职业发展，对生涯教育的理解存在偏差。教师在与其对话的过程中，可能需要对中学生生涯教育的内涵作进一步解释。

家长看不到生涯教育的价值

小东的生涯探索得不到家人支持的主要原因是家长看不到生涯教育的价值，认为它会耽误孩子的学业。实际上，生涯教育也可促进学生的学习内在动力。教师可以通过具体地向学生家长阐述学生生涯教育的内容，让学生家长进一步思考生涯教育的价值。教师还可以结合一些社会现象，直接阐明生涯教育可能对学生产生的帮助，从而更好地避免学生与家长在这个问题上产生冲突，促使家庭对学生的发展有更广阔、更长远的思考视角。

辅导建议

向家长解释学生生涯教育的内涵

小东的家长将学生生涯教育的概念窄化了，教师需要向其进一步解释学生生涯教育的内涵。学生生涯教育不仅仅是为学生选择专业和职业提供指导,其重点是激发学生设计生涯发展的自主性与能动性,将外在的学业压力转变为内在的意义动机;锻炼学生自主发展、自我管理、社会适应的能力;引导学生找到自己的人生发展方向,自主选择与规划生涯发展。

新高考改革之下如何选科与高中毕业生在填报志愿前规划意识淡薄,是在中学阶段对学生进行职业生涯教育的两个重要原因。实际上,开展学生职业生涯教育的意义和作用远不止于此。美国学者舒伯(Ponald E. Super)在他的生涯发展理论里提到,15—24岁的学生正处于生涯探索阶段,而这一阶段的发展对学生个人的生涯发展至关重要。学生的自我认识能力、学习续航能力、对社会或新环境的适应能力、职业认知能力等都可在这一阶段得到充分的培养。在各方面能力得到培养和提高的同时,学生也会积极地认识自己、悦纳自己,正确认识生命、生活和生涯。此外,在接受生涯教育后,学生可以根据自身条件和现实环境,确立奋斗目标并制订相应的计划。正由于有了明确的目标,学生的潜意识便起到了激励学习的作用,从而对学习产生积极的影响。因此,学生参加中学阶段的生涯教育,明确学校开展生涯教育的意义和作用,不仅有利于合理选科、选择高考报考专业,还有利于积极生活、努力学习,让教育的效果得到最大发挥。

向家长阐明学生生涯教育的内容

教师向小东的家长进一步说明中学生生涯教育的内容,有助于小东的家长了解生涯教育的意义。根据《上海市教育委员会关于加强中小学生涯教育的指导意见》,中小学生涯教育的主要内容包括自我认识、社会理解、生涯规划三个方面。

(1) **自我认识**

指导学生探索了解自身的兴趣爱好、能力特长和个性特征,发展积极的自我概念和生涯规划意识,提升自我调控、人际交往和社会适应能力,并在不断成长中形成健全的人格,树立正确的人生理想和价值信念。

(2) **社会理解**

指导学生增强社会意识、社会理解和社会责任感,认识个人与社会、学业与发展、当下与未来的关系,了解社会角色、社会分工的发展动态及不同职业的专业素养要求,形成对社会各行各业的尊重与理解。

(3) **生涯规划**

指导学生在充分的自我认识和社会理解的基础上,掌握学业规划与职业规划的主要方法,综合各类信息,平衡个人发展和社会发展的需求,制订适合自己的学业发展目标和计划，初步设计合理的职业和人生发展路径。

普通高中阶段的生涯教育侧重于生涯规划。主要通过生涯教育课程与活动实施，深化学生的自我认识，以高中学生综合素质评价为指导，以志愿服务（公益劳动）、研究性学习等学习实践活动为载体，增强学生的社会意识和社会参与能力。在选学择业的过程中，指导学生了解高等院校的专业设置和社会的职业需求等信息，激发学生的学习潜能，培养学生学业和职业的规划能力，提高学生的生涯决策和管理能力。

用案例与数据打动家长

教师可以用案例和数据给小东的家长讲明生涯教育的意义与作用。有的学生尽管读了很好的大学，但内心却缺乏意义感支撑。引导学生创造更真切的体验，找到自己愿意为之努力的目标，对于学生的长远发展有着很重要的意义。弗罗姆（Erich Fromm）在《生命的展现》一书中写道："我们需要一个献身的目标，以便把力量整合到一个方向，以便超越我们孤独的生存状态，超越此种状态所造成的一切疑虑与不安全感，并且满足我们企求生活意义的需要。"

另外，根据麦可思大学生就业报告，本科和高职高专毕业生的工作与专业相关度约为60%。很多学生等到了大学之后才意识到自己不喜欢或者不擅长所学专业，然后陷入学习、就业的困境之中。

带动家长参与学生生涯教育以增进理解

教师可以鼓励小东的家长参与学校的生涯教育活动。生涯教育是一项以体验、实践为主要活动形式的教育，锻炼的是学生的综合素质、核心素养。若在生涯教育的课程或活动中，家长能亲身参与，极有可能看到这一过程锻炼了学生的自主性与能动性，从而理解生涯教育活动的意义与价值。

学校在组织相关课程或活动时，需要大量与高校专业、社会行业相关的信息和资源。若家长可以提供力所能及的物质支持或社会资源，则能使课程或活动形式更丰富、活动开展得更顺畅。如在一些互动式的校本课堂中，家长可到课堂里为学生亲自介绍行业特点、工作经验等；在实践体验活动中，有条件的家长甚至可以为学生提供在公司、单位观摩或实践的机会，以帮助学生进行自我探索，发掘潜能，发现职业兴趣和目标。

8 如何引导学生看到生涯规划的意义并进行规划？

案例呈现

> 小涵，女，高中一年级学生。小涵性格爽朗，擅长体育，美中不足的是学习成绩一般。进入高中之后，随着学习科目的增多，学习难度的增加，她学得越来越吃力。她每天花费了大量的时间在学习上，但顾得了这门课，就顾不了那门课。她总觉得时间不够用，自己总是很努力地学了，但各门学科的成绩还是惨不忍睹。尤其是物理、历史两门学科，她学起来非常费劲。面对这样的状态，她感觉很疲惫。

讨论分析

很多学生进入高中之后，都会碰到小涵这样的情况。学生在高一阶段要学语文、数学、外语、思想政治、历史、地理、物理、化学、生物学、信息技术、通用技术、美术、音乐、体育与健康、综合实践活动、劳动等学科，其中11门学科都要通过闭卷考试的形式检验学生的学习成果。这跟初中的学科设置和要求很不一样。想要把每一门学科都学好，对于有些学生来说是不现实的。他们需要学会抓重点，在有限的时间里把有限的精力分配好。那么，如何抓重点呢？教师可以引导学生进行生涯规划，从生涯发展的角度厘清自己的发展路径，进而在此基础上，梳理出需要重点发展的科目，抓大放小。这对于提高学生的学习效率和心理健康水平都是非常有效果的。

但是，现在有些学生对生涯规划会有一种误解："生涯规划只是在规划我将来要干什么，这对于作为中学生的我毫无意义，我现在只要把书读好，将来考上一个好的大学就好了！"因此，引导学生学会生涯规划，要从向学生阐明高中生生涯规划的意义入手。

辅导建议

阐明生涯规划的意义

舒伯认为，生涯是生活中各种事件的演进方向与历程，统合了个人一生的各种职业与生活的角色，由此表现出个人独特的自我发展组型。帮助高中生进行生涯规划有以下重要的意义。

(1) 帮助学生认识自己，准确定位

生涯规划可以帮助学生更好地了解自己的兴趣、能力、个性倾向、价值观等，帮助学生把自己的特长、追求与未来的发展进行优化组合，有利于学生充分发挥自己的天赋，实现自我价值。

(2) 帮助学生优化学习过程，提高学习效率

生涯规划一方面帮助学生了解自己的优势能力和学习风格，另一方面帮助学生在"3+3"高考改革中找准自己的定位，确定努力方向与重点，合理分配时间，提高学习效率。

(3) 帮助学生更好地了解外部世界，为未来做好准备

每个学生，最终都要走入社会，实现自我价值和社会价值。"知己知彼，百战不殆"，个体只有了解要走入的世界是怎样的，才能明确自己需要具备怎样的能力，需要做好哪些准备工作。特别是当今世界，瞬息万变，充满了很多变数和不确定性，个体需要更加敏锐地感知世界的变化与需求。中学时代，不是象牙塔，而生涯规划，恰恰就是在中学生的学习与未来的选择和发展之间架起的那座桥梁。

生涯规划的策略

(1) 探索自我

对自我认识及定位模糊的学生，可以通过专业量表的测量，明确自己的职业兴趣、职业能力、职业个性及职业价值观。现在上海的很多中学都建立了学生生涯规划平台，平台提供非常专业的测试，学生可以把这样的资源充分利用起来。当然，平台的测试只能作为一种参考，学生自我的实践探索非常重要。一方面，它可以引导学生思考从小到大的梦想、家人对自己的期待、他人对自己的评价等，深化学生对自我的认识；另一方面，它可以鼓励学生积极参加校内外各种社会实践活动，在实践中发现自我，并培养良好的个性特点，发展各项能力，为未来的职业选择做好准备。

(2) 探索大学与专业

在认识自我的基础上，学生可以了解大学及专业的设置情况，明确适合自己的专业及学校。目前，很多学校的生涯规划平台能够帮助学生实现这一探索过程——学生进行霍兰德职业测试之后，平台会为之匹配相适应的专业和学校介绍，以及该专业或者职业的未来发展情况。如果学校没有这样的资源，教师可以让高一或高二年级的学生提前跟高三年级的学生借阅高考志愿填报书，大致了解各专业和学校的一些基本录取要求，比如"小三门"的加试科目、录取分数、学费等。另外，关于一些提前批次录取院校，比如军事院校，在该类书里也会有相应的录取信息介绍。

(3) 评估学业现状，合理定位，提高学习效率，减少焦虑

学生在经过上述探索之后，对未来的努力方向应该有了一些想法。这时，教师可以再引导学生评估一下自己的学业状况，从而作出一个比较合理的定位及努力方向的选择。案例中的小涵，觉得自己的兴趣点以及擅长的领域在与人打交道方面，在与父母沟通之后，决定选择文科专业作为将来的学习方向。这样，她便可以避开自己的弱势学科——物理。至于目前同样是她的弱势学科的历史，她也不再执着于一定要学好，因为在了解过大学专业以及高考政策之后，她知道除非将来选择历史学专业，几乎没有文科专业特别要求考生选择的"小三门"中一定要有历史。她根据自己的学业状况，很快选好了"小三门"——思想政治、地理、生物学。在心理教师的建议下，她专门找物理、历史教师了解了这两门学科的合格考难度，内心的焦虑一下子减少了很多。她把学习重点放在语文、数学、英语以及"小三门"的学习上。在对物理、化学以及历史科目学习上，她调整了学习策略——集中注意力，保证课堂学习效果，通过课后练习夯实基础。经过一学期的调整，小涵的学习有了很大的进步，精神状态很好，人也变得更加自信了。

(4) 探索理想中的职业与行业世界

当学生有了努力方向之后，教师可以鼓励他们通过文本资料的收集与实地走访相结合的方式，了解职业及行业世界的现状及未来发展趋势，进一步规划自己的未来人生。

9 学生表示不知道如何自主进行生涯探索，怎么办？

案例呈现

小依，女，高中一年级学生。学校的生涯教育课程激发了小依对自己生涯发展的探索欲。小依想要对自己和所生活的环境有更深入的了解，从而更好地选科、选择大学专业以及选定未来的职业方向，让自己的努力更有针对性。但是，她觉得日常的学科作业就已经很多，父母对自己又比较严格，很难抽出时间去做生涯探索。为此，她感到很沮丧。

讨论分析

如何看待"时间限制"

小依沮丧于没有时间进行生涯探索，而忽视了生涯教育不是一件完全独立于日常学习之外的事情，反而和日常生活有着紧密的联系。小依对生涯探索内容与形式的认知需要进一步丰富与拓展。教师要引导她看到生涯发展与日常学习内容的联系，同时认识到在日常生活的点滴细微处也是可以进行生涯探索的。

将视线转移到可以做到的部分

小依的视线聚焦在生涯探索的局限之处，甚至因此产生了负面情绪。这不仅有碍于小依进行生涯探索，而且不利于小依的学业发展。教师要鼓励小依看到自己能做到的部分，多记录相关内容，进一步感知到生涯探索给予自己的成长。

辅导建议

将学习任务与生涯探索相连接

(1) 与研究型课程相结合

很多学校在学生高中阶段会开设研究型课程。教师可以鼓励小依开展生涯课题研究——可以是现状分析类、专业学业选择类、职业行业认知类、高考政策类等。

（2）与社会实践或志愿活动相结合

很多学校会安排学生参与社会实践和志愿活动。教师可以建议小依利用这样的机会，对自己感兴趣的职业领域进行细致观察，同时也可以对相关工作人员进行访谈。

（3）向学科教师请教

教师可以提醒小依，学科教师是重要的资源，她可以请教学科教师该学科知识在生活和部分职业中的运用；此外，还可以向学科教师更多地了解相关学科史、学科名人、学科前沿成就分析等知识。

将日常生活与生涯探索相连接

教师可以建议小依进行日常生活中的自我书写，在书写内容上更多从自我成就等方面入手，进一步丰富对自身兴趣、能力、个性、价值观的理解。

教师可以鼓励小依有意识地进行日常对话，一方面从他人的视角看到自己的一些特点；另一方面通过对话，了解对方的职业生活，丰富对相应职业的认知。

教师也可以鼓励小依有意识地关注日常信息，了解一些行业的要求与发展状况、一些专业的具体学习与实践内容，以及社会对人才的需要等。

此外，教师还可以提醒小依在日常生活中对自己生活的社区、城市有更多的关注，更多地了解城市发展的变化。

巧用网络媒体

如果完成相关人物访谈或者进行较长时间的职业体验具有较高难度，教师可以建议小依通过网络提问收集整理相关信息；利用网络查阅一些相关统计报告，更系统、更宏观地了解职业发展环境及其变化方向；利用大型开放式网络课程（MOOC）等形式学习相关技能与知识，增强对意向职业或专业方向更真切的体验感；还可订阅相关领域的电子杂志，更具有方向性地了解相关内容细节。

勤于记录与信息整理

教师可以鼓励小依对自己做过的相关了解作简单记录，同时在记录的基础之上进一步进行信息整理。这一过程可以让小依更明了自己下一阶段的目标。勤于记录和信息整理，也可以帮助小依看到更大的生涯探索空间，甚至这个空间的外延还可以进一步被拓展。

10 学生想要了解喜欢的学科的职业探索方向，可以从哪些方面着手？

案例呈现

> 小韩，女，高中二年级学生。小韩对生物特别感兴趣，目前在生物学科的学习上也得心应手。她打算今后从事与生物相关的工作，但是不太清楚对应的具体有哪些职业方向。对此，小韩想要进一步探索，从而能有更多的了解，以更好地选择大学专业。

讨论分析

从喜欢的学科入手，探索未来的职业方向，一方面让学生更积极主动地思索未来，另一方面也会让学生对自己喜欢的学科有更丰富的体验学习。

阐明学科、专业和职业的关系

高中的学科属基础性学科，聚焦于训练与学科相关的核心素养，不同于大学所学的专业。从这一点来看，或许它们与职业的关联性并不算高，但是，并不代表没有一定的关联性。

提供丰富的方式，以了解相关职业

教师需要深入了解学生对于职业探索方向关心的问题，提供丰富的途径帮助学生进行探索。比如，高中学科教材会提供一些知识点的功能运用，相关人物介绍等都会涉及与此相关的职业发展方向。

辅导建议

厘清学科、专业和职业的关系

教师应帮助小韩厘清学科、专业与职业三者之间的关系。学科是科学知识体系的分类，高中所学的学科是基础性学科，旨在培养学生与此相关的核心素养。学科和专业是不同的，但也密切相关，相辅相成。在新高考改革背景之下，大学专业对必修学科的要求的信息较为透明，在进行相应的大学专业学习之后，相关的职业发展路径也较容易辨别。教师可以建议小韩先关注哪些大学专业要求选修她喜欢的科目，帮助她找到与她喜欢的学科强相关的专业，使小韩从了解专业开始，进一步了解完成相关专业学习之后的职业发展路径。

关注学科知识点的应用情景

在学习高中各门学科的过程中，不管是教材还是学科教师的授课，都会涉及一些知识点的运用以及相关领域的发展前景等问题，其中就蕴含着大量的职业信息。教师可以引导小韩对此多加留心，从而对与学科相关的职业探索有更多的思考。

善于利用已有信息和身边的人脉资源

教师可以引导小韩关注学科领域的代表人物，进一步了解相关的人物传记，并从这些人物的经历中提炼信息，深入探索可能的职业发展路径。

此外，教师应让学生明白学科教师以及身边从事学科相关专业的人员也是很好的资源，通过他们的"现身说法"，可以收获更多、更具体的职业或专业信息。

拓展学习，进一步打开视野

教师可以鼓励小韩开阔视野，在自己心仪学科的学习上，不拘泥于书本上的知识和平时的练习题，多做拓展学习。例如，看一些学科相关的杂志。与学科相关的杂志里含有更丰富的学科信息，涉及学科内容、学科发展、学科人物、相关比赛等。一方面它可以让小韩在心仪学科的学习上有更纵深的钻研；另一方面，可以让她搜集到很多相关的职业信息。

除了相关学科杂志的阅读，教师还可以鼓励小韩参加与心仪学科相关的一些主题竞赛活动，在活动之中，认识更多志同道合的朋友，也了解更多学科领域内的先锋人物。

11　学生有艺考的想法，如何帮助其厘清选择？

案例呈现

小昕，女，高中一年级学生。进入高中之后，小昕感觉自己在学习上比较吃力，不再像在初中时那样游刃有余，特别是在理科学习上。小时候，她的梦想是考上一所重点大学。但是现在，她认为以她的学习成绩，考上重点大学太困难了。在一次讲座上，她听到一名学姐的艺考*经历，觉得艺考是圆她重点大学梦的一条途径，于是产生了参加艺考的想法。但是，她又觉得艺考需要从小开始准备，而她虽然喜欢画画，但是在此之前并没有进行正规、持续的学习。她担心如果现在才开始准备艺考，时间上会不会来不及？她也不知道自己该如何准备。

讨论分析

案例中的小昕有参加艺考的模糊想法，但是对艺考没有全面了解，因此陷入犹豫中。要改变她的这种状况，首先要引导她去了解艺考，同时做好相应的心理准备。

根据《2024年上海市普通高校艺术类专业报名考试实施办法》，艺术类专业统考分六大类别：美术与设计类、书法类、播音与主持类、表（导）演类、舞蹈类、音乐类。每个大类别下又有不同的专业划分。

现在有不少学生和家长把艺考作为高考的一种选择。除确实在艺术方面有造诣及追求，有志于将来从事艺术工作的一部分学生外，还有些学生可能因为学习成绩不佳，期望通过艺考考上大学；也有些学习成绩只能达到普通大学招生分数线的学生，期望通过艺考考上重点大学。因此，近年来艺考的热度越来越高。但是，艺考对于很多学生和家长来说，也有风险。首先，艺考需要不菲的经济支出；其次，艺考需要学生花费大量的

---

* 即普通高等学校艺术类专业考试。

时间在专业课学习上，要求学生必须平衡好专业课和文化课的学习时间。所以，在最终作出选择之前，学生往往比较纠结，就像案例中的小昕。

辅导建议

引导学生了解艺考，明确目标

知己知彼，百战不殆。在艺考六大类中，美术与设计类、书法类、音乐类和舞蹈类专业比较注重童子功，需要学生较早开始做准备；就播音与主持类、表（导）演类专业而言，较晚开始做准备对考试的影响相对较小，但是这类专业可能会有一些特殊要求，比如表演类专业对学生的外形要求较高，播音与主持类专业对学生的语言表达能力要求较高。在美术与设计类专业招生考试中，不同的学校以及专业发展方向对于学生的美术专业素养的要求可能也不一样。在了解了这些情况以后，学生才能知道自己适不适合艺考，适合什么专业类别的艺考，以及即刻开始准备是否来得及。具体的了解途径可以从以下几个方面入手。

(1) 通过书籍或者互联网等途径查阅相关资料信息

每年，高三学生都会收到统一发放的一本关于艺术类专业考生报考指南的书籍，小昕可以借阅。同时，她还可以通过一些关于招考的微信公众号或者互联网软件等与网友互动、咨询，掌握一些最新的资源、信息。另外，她也可以查阅大学的招生简章，了解一些基础信息。

(2) 咨询学校艺术教师与参加艺考的高三学生

艺术教师与参加艺考的高三学生对于艺考资源的掌握是比较全面的，有意参加艺考的学生可以向他们进行相关咨询。特别是参加艺考的高三学生是亲身体验过艺考的，对于艺考中要注意的事项非常清楚，他们的心路历程、内心感受也非常具有启发意义。

另外，如果条件具备的话，有意参加艺考的学生还可以咨询一些专业的培训机构。

引导学生进行内心探索，坚定目标

教师在帮助小昕了解艺考之后，可以引导她问问自己："这条道路需要我付出XX方面的努力，结果可能是XX。我能付出这样的努力吗？这些结果是我想要的吗？"以此让小昕通过类似的思考，坚定内心的信念，为后面的奋斗做好心理准备。

引导学生与父母沟通，获取父母的支持

艺考不仅是一条解决目前高考问题的道路，还会涉及经济问题和就业问题，也涉

学生能否坚持，等等，所以，学生获取家长的支持非常重要。学生在清楚艺考是怎样的，并且内心有了相应规划的基础上，与家长沟通会比较顺畅。教师可以鼓励小昕认真和家长谈谈自己的未来计划、目标等，表达有意参加艺考的想法，获取家长的支持。

落实行动，平衡专业课与文化课的学习

在了解情况，确立目标，并且获得家长支持之后，重要的便是开始行动。由于艺考的专业性非常强，所以学生需要有专业的教师指导。学生可以在家长的参与下，寻找专业的培训机构和专业的教师进行系统学习。

不同的学校和专业，对于参加艺考学生的文化课成绩的要求也不一样。教师可以引导学生尽早了解相关信息，安排好专业课和文化课的学习时间，提高学习效率，最终实现自己的目标。

12 新高考改革背景之下,学生不知该如何选科,怎么办?

案例呈现

> 小童,女,高中一年级学生。小童最近一直在思考如何选科的问题。她不清楚选择什么学科对自己更有利。她经常听说一些学生选了自己学起来很痛苦的学科的经历,也听说有的学科虽然很难,但是最后赋分很高。她觉得选科对她来说是一件很重要的事情。正是由于其重要性,她很犹豫,迟迟不知道如何作出选择,特别担心作出令自己后悔的选择。

讨论分析

小童的这种犹疑,正是启发其思考个人生涯发展的契机。在这样的情况之下,教师可在以下方面帮助小童。

增强对自身的了解

教师可以帮助小童思考以下问题——所选科目是否与兴趣和能力相匹配?所选科目的组合所预示的未来专业方向,是否与兴趣和能力相符合?如何了解自己的兴趣和能力?——以增强小童对自身的了解。

增强对环境的了解

除了对自身的了解,教师还要引导小童洞悉她所处环境的相关信息,包括高校招生选科政策、科目—专业—职业的适配度、当下所读学校的客观情况、学科难易程度等。

增强生涯决策的能力

在了解评估的过程中,教师要提醒小童不能只凭主观感受,还要综合参考有经验的教师、家长以及专业人士的建议;在进行信息整理之后,引导小童对各部分评估要素进行赋值与加权,进而作出选择。

辅导建议

选己所长

在选科之前，学生尚处于备战合格考的过程中，还有进一步了解各学科的时间。在此过程中，教师可以鼓励学生结合以往的学习经验，寻找自己的优势学科，对于学习基础的判断应该结合分数、成绩排名，评估自己在这个学科上的学科基础掌握水平与提升空间。在评估的过程中，教师可以鼓励学生多询问相关学科教师的建议，提醒其要考虑到随着年级的上升，学科的难度发展等因素。

选己所爱

教师应鼓励学生选己所爱，包括两个方面。

一方面是考虑自己对学科的兴趣，兴趣是学习的原动力，不同的学科涉及生活的方方面面，教师要引导学生去体悟哪些内容是自己感兴趣的。当然，在这个过程中，教师要提醒学生注意，对于兴趣倾向的评定一定不能太过主观，可以借助和学科教师以及家长的探讨，也可以借助一些专业测评综合评判。

另一方面，如若学生已经确定有一个想要去读的专业或者想要从事的职业，教师可以引导学生参考高校招生选科要求，落脚于相应的选科组合。同时，教师要提醒学生，生涯规划方向应通过深思熟虑，而非仅凭一时兴起；在生涯规划方面，可以和学校的生涯教师进行深入探讨，以在更进一步了解自己、了解环境的基础之上，形成自己的生涯规划。

适当考虑学科学习难易搭配

在满足其他主要因素的同时，教师可以建议学生适当考虑学科学习难易搭配。可选的6门科目中的物理、化学是学生普遍认为学习难度较大的科目，如果学生同时选考，教师则可建议学生搭配一门相对容易的科目。当然，各学科的学习难度也是因人而异的，所以教师引导学生作自我评估很重要。此外，教师要提醒学生评估学科的难度发展以及高中各阶段整体备考的节奏与压力。

考虑所读学校的客观情况

由于历史传统、师资力量等因素，学校都有自己的优势和劣势教学科目。学生在各科成绩相差不多的情况之下，应尽量选择学校的优势教学科目。有的学校甚至在相关排班、安排考试时间上都有细微差别，都需要综合考虑进去。

教师可以鼓励学生积极了解自己学校的客观情况，询问自己的学科教师或者学长、学姐的经验。

确定后尽量不更改学科选择

教师可以建议学生综合考虑自己的学科学习基础、学习能力和学习兴趣，结合自己的个性、社会需要、招生要求、就业等问题，作出理性的决定。并且一旦决定了选择什么学科，就要心无旁骛，全力以赴地投入；不要心猿意马，遇到一点变化或困难就想着："如果换一门学科学习，会不会不一样呢？是不是比现在顺利些？"教师还要鼓励学生相信自己是综合多种因素后作出的理性选择，所选择的学科是适合自己的学科，自己要做的就是扎扎实实、脚踏实地地学好所选的科目。

同时，教师应提醒学生在选科时不要有"钻空子"的心理——希望侥幸能选到赋分有利的科目，这依赖于考生当年选科数据情况，一般很难预测。

13 学生不了解专业的相关信息，有哪些方式和资源可以提供？

案例呈现

小天，男，高中一年级学生；小海，男，高中三年级学生。小天和小海都想向教师咨询关于大学专业的事情。他们想了解更多关于专业的信息，但是在网上查到的信息，比较笼统，不太明确。他们在相关论坛里看到一些学生因为大学选了自己不擅长或不喜欢的专业特别痛苦，也看到一些文章说有的专业学生在毕业后很难找工作，有很多大学毕业生就职的工作岗位都和所学专业不对口，他们担心自己也会这样。他们想获得一些了解大学专业信息的有效途径，便于与自己的需求进行匹配，从而作出更好的选择。

讨论分析

同一问题对不同咨询对象的意义不同

尽管都是咨询如何更了解大学专业信息，但是小天和小海当下面临的选择是不一样的。小天就读高一年级，充分了解专业信息有助于小天更好地作出高中选科的决定。他的选科是极有可能满足多种专业类型的，他可以在相关学科学习的过程中，进一步明确自己的专业方向。高三学生小海则不太一样——他当下需要作出专业选择的决定，这要求他对正在考虑的专业有更细致的了解。

相关信息的具体所指

教师需要进一步了解，小天和小海分别想要了解关于专业的哪些方面的信息——专业类别、专业课程内容，抑或专业发展前景等。他们会在教师的追问的引导下，基于自身已了解的信息以及自己的兴趣、个性与价值观将自己好奇的问题进一步分解。只有细化问题，教师才能进一步有针对性地回答问题。

解决问题途径多样化

了解专业信息的途径有很多，不同学生有不同偏好，教师尽可能地提供丰富的途径，有助于学生依据自己的特点作出合适的选择。此外，不同途径在帮助学生了解信息的深入度方面也会有区别，学生可综合自己的时间安排作出适合自己的选择。

辅导建议

发现小天和小海相似问题背后的差异性

小天读高一，小海读高三，他们都想了解大学专业，但是他们当下面临的实际问题是不一样的。小天了解专业是为了更好地选科，而小海是为了确定大学所读的专业。

针对小天的问题，教师可以先确认他是否了解专业和选考科目的关系。比如，可以参考教育部颁发的《普通高校本科招生专业选考科目要求指引（通用版）》和本省、市当年的普通高校招生专业（类）选考科目要求；还可以借助一些帮助学生填报志愿的网络平台，其中有"新高考"选科相关信息咨询服务。学生可根据专业选科，也可以根据科目选专业，并能清晰地看到自己有意向的专业所在的各校对学生学科成绩的要求。不过，需要注意的是，在使用此类网站时，应先关注其信息数据更新与准确性情况，具体的选科要求一定要以所在省、市的官方机构以及选报的大学公布的信息为准。若小天有意向的专业（类）较多、差异大，目标不清晰，那么教师要引导小天对这些专业进行进一步了解。

针对小海的问题，教师可以先明确小海当下所选的科目，确认小海是否了解自己所选科目相对应专业的大致范围。在这一过程中，教师同样可以提醒小海参考教育部颁发的《普通高校本科招生专业选考科目要求指引（通用版）》和本省、市当年的普通高校招生专业（类）选考科目要求，利用相关填报志愿信息服务网站来圈定可选专业范围。

回应小天和小海对专业了解的需求

不管是小天还是小海，都希望对大学专业有更多的了解。

第一步，教师要确认他们是否有特别想要了解的专业，可首先引导他们查阅当年的《普通高等学校本科专业目录》，选取一些想要了解的专业。

第二步，教师应与小天和小海确认，关于专业，他们希望着重了解的是哪些方面，比如专业课程信息、就业方向、大学生活模式等。对专业课程的了解，一方面可以通过借阅前一年的"普通高等学校招生报考指南"或志愿填报指导手册等，另一方面可以通过在学校官方网站查阅相关专业的培养计划了解相关课程信息实现。对专业就业情况的了解，可通过参考相关机构每年发布的大学生就业报告的大数据分析实现。此外，教师可以引导他们借阅一些书籍，比如，包含不同专业的大学生现身说法，介绍专业所学课程、就业去向、大学生活模式（"驻扎"实验室、图书馆或经常外出参加各种社会实践等）等内容的参考图书。

第三步，教师应提醒小天和小海除了可以通过书籍或网络了解专业，还可以访谈学习相关专业和从事相关职业的人群，从细节上进一步了解，也可以参加一些高校招生咨询活动，进行课程、职业体验，等等。

14 学生不了解职业的相关信息，可以从哪些方面进行了解？

案例呈现

> 小常，男，九年级学生。小常的学业成绩不佳，觉得自己考上高中有困难。如果不能读高中，他会进入中职学校*进一步学习。"进入中职学校，我要选择什么专业去读呢？"小常最近一直在思考这个问题，却还没有找到答案。他的父母通过经营一家小商店来维持生计，工作重复又繁杂，小常不想过这样的生活。他想在职业道路上走得更远，但对于职业发展，目前却只有几个模糊的想法。他想要了解更多关于职业的信息，但是不知道如何了解。

讨论分析

厘清学生提问的背景

小常是在思考专业选择时，开始关注职业信息。显然，小常已经感知到专业和职业的关联性，但是教师依然需要向小常详细说明专业与职业的关系，引导小常从更多的视角看待职业发展。

建立学生对职业广度的感知

小常明确提出自己的需求是想要了解更多的职业信息，不过没有圈定想要了解哪几种职业的特定信息。所以，教师在给予小常辅导时，必然要考虑职业范围的广度。教师可借助《中华人民共和国职业分类大典》查阅相关信息，让小常有初步的感知；同时引导他绘画"家族职业树"，收集他日常接触到的职业，将其融合到职业分类中整体考察，从而让他收获更多对职业的了解与感受。

---

* 中职学校是实施职业教育的学校，学生毕业属中职学历。招生对象一般是初中毕业生和具有与初中同等学历的人员，基本学制一般为3年。

提供深入探索职业发展的可行办法

在对诸多职业有了一定认识的基础之上，小常便可以找到一些他感兴趣的方向了。此时，教师要向小常提供更多深入探索职业的方式，让他进一步明确了解关于某种职业的某些特定信息，以及可以借助什么工具进行了解。

用好职业信息

除收集职业信息的资源与方法以外，如何对相关职业信息的内涵进行整理也是很重要的。信息要经过筛选、整理，并有效结合自身情况，才能用于指导决策。

 辅 导 建 议

在广泛层面上了解职业分类

教师可建议小常查阅最新版的《中华人民共和国职业分类大典》。2022年版的《中华人民共和国职业分类大典》职业分类结构为8个大类、79个中类、449个小类、1636个细类（职业）。其中，每一个细类（职业）的介绍信息有职业名称、职业定义、工作内容。虽然信息有限，但可以通过它了解行业与职业间的清晰脉络，以及对整个"职业世界"有一个基本的概念。

若要在广泛层面上了解职业分类，还可以考虑通过一些专业职业搜索引擎获取信息，也可以参考正规招聘网站发布的招聘信息——通常会提供所招职位的详细信息，如职位描述、任职资格、薪酬范围等。利用招聘网站，还可收集公司信息，了解不同行业、不同级别的公司，对具体职业的工作内容描述以及要求。

深入了解感兴趣的职业

教师可以鼓励小常在对职业分类详尽了解的基础上，圈定一些感兴趣的方向进行深入探索。如找到介绍相关行业或职业的书籍，以及相关领域代表人物的生涯发展传记，对感兴趣的职业方面进行深入了解。或通过职业人物访谈了解相关职业信息。在进行访谈之前，要准备一份有针对性的访谈提纲，比如关于工作性质、任务或内容，工作环境、地点、时间，所需教育背景、能力资格或经验，所需专业训练、技能，收入或薪酬范围、福利，就业机会，组织文化和规范，相关进修和升迁机会，未来发展前景等方面的问题清单；还有必要向访谈人物了解生涯经验方面的信息，比如，个人教育或训练背景、投入所从事职业的决策过程、职业生涯发展过程、工作心得体会、对工作的整体看法、获得成功的必备条件、未来职业规划及对职业后辈的建议等。

教师还可以鼓励小常利用新媒体平台帮助自己进行职业访谈，以及寻找到愿意提供相关信息的专业人士。

对职业信息进行整理

经过上述途径，小常将会收集到关于目标职业的多维度信息。教师可以引导小常将这些信息进行分类整理，比如分为职业现状（工作内容、工作环境、工作要求、平均薪水）、职业前景（岗位需求量、职业晋升路径）、进入途径（入职条件、个人与职业要求的差距）等几大类。

深入职场体验

简单快捷的方法不一定都能立竿见影，如果有条件的话，教师可以鼓励小常通过实习、兼职、做志愿者等方式参与到工作情景中，获得切身感受。

15 学生觉得大学的专业选择不重要，如何引导？

案例呈现

> 小源，男，高中一年级学生。学校开展生涯教育，谈到学生要把将来的职业选择与大学及专业选择结合起来，而相应的大学及专业选择要与"小三门"的选择结合起来。对此，小源不以为意，认为在高中阶段，只要把学习搞好，考进一个好大学即可，不需要分散精力去考虑生涯问题，因为哪怕选了一个自己不喜欢或者不适合的专业，在找工作时重新选择即可。他觉得很多人从事的职业与大学时所学的专业并不相关。

讨论分析

大家经常在职场中听到一种说法——科班出身。科班出身指受过正规教育或训练。科班出身的大学生，因为有本科阶段的专业学习积累，在职场竞争中处于更容易被人信服具有专业能力的地位。小源觉得大学的专业选择并没有那么重要，是因为他看到社会上很多人从事的职业与其大学专业所学习的内容并不相关。这种现象与"科班"所代表的专业性似乎是矛盾的。对于这个问题，可以从以下两方面进行分析。

基础训练的重要性

社会上有很多被迫从事非本专业职业的人。试想，若他们能够在高中阶段填报大学志愿之前做好职业生涯规划，清楚地认知自己的兴趣、特长与潜能及需求，同时了解社会对人才的专业、技术需求，并且能够把两者结合起来，在填报志愿时选择适合自己且契合社会发展需求的专业，那么他们是否可以避免浪费学习时间，在宝贵的大学阶段接受科班教育，夯实专业基础，以便在以后的职业竞争中，获得专业优势。与被迫转到这一专业中相比，其或许将会拥有更多机会。

工作的准入门槛

如果一个行业或一份工作没有任何专业或技术门槛要求，那么在社会分工或者社会需求上，它的竞争力或者薪资水平通常相对较低。越是技术含量高、有前景的职业，越会有更多的人去竞争，对于专业的要求也会更高。有意愿从事这类职业的人，如果在大学并没有学习相关专业或者打下相应的专业基础，那么在通常情况下，与科班出身的人相比，并不具备竞争优势。从这一角度讲，个体在有选择余地时，选定适合自己的专业和职业发展方向非常重要。

当然，这并不是说个体从事非本专业的工作就不能成功，但是在分工越来越细、专业化程度越来越高的现代社会，个体往往需要花费更多精力、努力，才能够取得和科班出身人士对等或者比其更好的成就。这也从另外一个角度说明了专业选择的重要性。

辅导建议

通过摆事实、讲道理，引导学生明白专业选择对职业及人生发展的重要意义

案例中的小源，作为一名高中生，年龄小，人生阅历少，社会体验不深刻。他对专业选择的认知，可能有些来自自己的想象，有些来自身边人的影响，容易走向偏颇，需要教师加以正确引导。教师可以通过列举名人或者身边人的例子，结合社会上的一些招聘信息，比如技术含量高的职位对于专业的严苛要求等，引导小源认识到专业选择的重要性。

引导学生探索自我，了解大学及专业设置情况，找到适合自己的专业目标

教师可以引导学生通过专业量表测量进行评估，或者通过一些社会实践，明确自己的职业兴趣、职业能力、职业个性和职业价值观，多角度确定自己的霍兰德职业代码。同时，教师应提醒学生了解目前大学的专业设置情况，找到适合自己的专业及学校，初步树立自己的奋斗目标。

引导学生了解职业、行业世界的现状及未来发展趋势，规划自己的未来人生

学生在选择专业时，需要考虑经济社会发展的需求，需要具备前瞻性的目光，知道什么样的知识、技术是将来社会所需要的。比如，在数码相机诞生之前，柯达公司是整个胶卷、胶片行业的龙头，占据绝对的市场垄断地位，不管是市场份额还是技术，都远远领先于其他竞争对手。但令人意想不到的是，在数码时代到来以后，柯达公司先前的技术优势完全丧失了，并且正由于他们的垄断地位，很难快速灵活地调整发展方向和策略，适应技术革新，从而逐渐走向衰落。这就是社会科技进步导致的对社会发展所需要的专业技术技能有所改变的一个体现。同理，如果一名学生在选择大学专业时，原本有志于从事相机制造领域，但他没有关注这种趋于数字化的时代改变，而选择了适用于传统的相机制造领域的专业，比如化学成像相关专业，那么他可能会发现，在他准备进入意向工作领域时，他学的专业已经不再适用工作需求，而必须重新学习新的数码技术、通信技术。这样的结果会让他在职业竞争中处于相对落后的地位，若想取得同样的成功，就要付出更大的努力。

因此，教师要引导学生在选择专业时，看准方向，找准社会、科学技术发展的趋势，认清社会对人才和专业技能的需求。当学生把自己喜欢的专业、适合自己的专业与符合社会发展趋势和需求的专业结合考虑，作出最终选择后，无论从职业发展起跑线，还是职业发展空间，抑或职业发展稳定性的角度评估，这一选择都会被证明是非常理想的。

引导学生用动态的视角看待职业发展对个人的要求

当今世界的技术发展和变化是日新月异的，个体很难在一生中一成不变地在某一个特定的领域，从事同一个特定不变的工作——哪怕一直在同一家公司担任同一个职位，也会发现这一职位的工作要求也是随着时代和科技的进步而不断发展和变化的。因此，教师应提醒学生，在将来的职业发展中，如果想保持长期的职业稳定性，想在职业发展的道路中走得顺利，就一定要适应这种变化，要通过不断学习来提高自己的职业素养，补齐自己的职业短板。

16 学生的兴趣爱好与未来的职业选择产生矛盾，怎么办？

案例呈现

> 小嘉，男，高中一年级学生。小嘉非常喜欢历史与考古，平时喜欢逛博物馆、看历史考古类书籍，在学校喜欢上历史课。他想在大学读历史学或考古学，将来从事相关工作。但他的父母都劝他不要学历史学或考古学，认为这些学科就业范围窄，将来的经济收入也不高。小嘉为此很苦恼。

讨论分析

个体从事的工作和职业若能与兴趣和爱好结合起来，确实是一种理想的状态。教师对高中生进行生涯教育的目的之一，也是引导学生能够把自己的兴趣爱好跟未来的职业选择联系起来，将来做自己喜欢与擅长的工作。但是，在现实生活中，如果学生喜欢的工作不能带来稳定的收入与体面的生活，而家庭经济条件也并不能支持其选择这样的工作，学生就会犹豫，也会受到来自父母等长辈的劝阻。在双重压力下，学生会陷入两难境地。案例中的小嘉，何去何从？

辅导建议

引导学生对相关的专业与职业作深入探索与了解

一个人的兴趣爱好是不是真的和将来以此在社会上立足相矛盾呢？有时，学生和一些家长会想当然觉得：学了一个冷门专业，职业和前程就会受到影响，学生也就会放弃自己的兴趣爱好，去从事社会上他人所评价的更有经济效益、更加热门的一个行业。但是这一"想当然"的看法可能并不是完全正确的。教师需要引导学生做好充分的调研，了解与自己的兴趣爱好相关联的职业到底有哪些，以及这些职业到底是否无法为自己提供体面的生活？

比如案例中的小嘉喜欢历史、考古，在大部分人的眼里，他可能会去博物馆、图书馆工作，或者做历史教师，或者从事历史学研究，且这些工作可能无法提供良好的经济报酬。但是与历史、考古相关的职业真的只有以上列举的这些吗？实际上，比如，在文物、古董拍卖行业，也需要从业者具有历史和考古相关的专业知识。这些行业的从业者的经济收入可能还是较为可观的。所以，在学生对未来的专业、职业方向作出选择之前，教师要引导学生深入探索，了解相关的专业和职业，不要想当然，人云亦云，轻易放弃自己的想法和个人偏好。

引导学生客观评估现实基础，作出适当选择，并把兴趣当作一个动态发展过程

通过对相关专业和职业的深入研究，学生如果发现在某些职业领域里，自己既能发挥兴趣爱好，又能得到相应的经济收入，那就皆大欢喜。但是，如果与学生的兴趣爱好相关的职业确实不能给学生带来很好的发展前景，那么教师就要引导学生客观评估现实基础，作出适当的选择。

比如，假如小嘉家境殷实，家庭不需要他承担更多经济上的负担，那么他更有可能顺从自己的心意去学自己喜欢的专业，从事自己感兴趣的行业。当他心无旁骛地投入他真正感兴趣的事情中时，反而能取得很好的成就。假如小嘉的家庭经济负担较重，那他可能需要暂时作出妥协，从事一些真正能够帮助家庭改善经济条件的工作。但这些工作并非一定不是小嘉喜欢的，或者永远都不是小嘉喜欢的——实际上，有些人最初对某职业领域并没有强烈的兴趣，但是当其在一个行业中工作久了，特别是在做出一定成绩，取得进步时，可能会发生一些想法上的改变："其实这个行业也不错，这个行业也是我喜欢的，我慢慢地爱上了它。"

这便是俗话说的"干一行，爱一行"。人的兴趣是可能发生变化的。当一个人投入一个新的行业中后，随着对这一行业的了解，会萌发出很多新的兴趣点。所以，教师要引导学生看到兴趣发生变化的可能性，减少其因暂时的妥协而感到不适和沮丧。

引导学生从发展的角度看待兴趣与职业的关系，增加心理弹性

即便一个人将来由于各种原因，被迫或者主动选择了自己并不喜欢的专业或职业，也并不意味着他要放弃自己的兴趣。教师要引导学生认识到，无论什么时候，都要积极保持和发展自己的兴趣爱好。这无论对于将来的工作还是生活，都有重要的意义。

一方面，因为有兴趣爱好，一个人将会更加开心、乐观、积极，就会以更好的心态投入工作，继而提高工作效率，也就能取得更好的成绩。同时，这可能会为其带来更高的收入报酬；有了收入报酬，其就有条件继续坚持自己的兴趣和爱好。从这个角度来看，兴趣与职业是相互促进、相辅相成的关系。另一方面，兴趣会发生变化，工作也会发生变化。一些兴趣爱好，也许在某一天，也会变成自己的职业，或者能够与职业紧密相关。所以，教师要引导学生从动态、发展的角度看待兴趣与职业，不要因为坚持自己的某个兴趣而束缚了职业的选择，也不要因为某个职业轻易放弃自己的兴趣爱好。

17 学生的兴趣爱好与能力特长不匹配，产生困扰，如何引导？

案例呈现

> 小俊，男，高中二年级学生。小俊非常喜欢物理，平时喜欢阅读物理相关的书籍，准备在大学读物理学相关专业，将来从事理论物理相关的研究。他花费了大量时间研究物理学科，但是学科成绩并不理想。他身边的人认为他并不适合学物理。慢慢地，对于继续喜欢和学习物理，他变得很矛盾，自信心也受到了影响，但他又不想放弃。

讨论分析

俗话说，兴趣是最好的老师。有人将其理解为一个人只要对某个领域非常感兴趣，就会主动去学习该领域的知识；只要肯学习，这个人就会成为这一领域的佼佼者；或者换另外一个角度理解，一个人不会对自己不擅长的领域感兴趣。但在实际的教育教学中，教师确实会碰到上述案例中小俊这样的情况：学生对某一门学科非常感兴趣，甚至职业愿景也跟这门学科相关，但学生的这门学科成绩并不尽如人意，或者说目前学生并不擅长这门学科。如何帮助这样的学生解决其矛盾和问题呢？教师需要与学生深入交谈，帮助其更好地厘清自己真正的兴趣点和能力特点；同时，引导学生借助一些资源或者实践活动，真正了解与自己的愿景相关的专业或者职业，找到兴趣和能力的平衡点，在此基础上找到真正适合自己的发展道路。

辅导建议

深入交谈，帮助学生梳理自己真正的兴趣点和能力特点

（1）梳理自己真正的兴趣点

以小俊为例，通过交谈，教师得知他之所以觉得自己喜欢物理，很大的一个因素是他对于20世纪初量子力学和相对论出现前后这一段物理学史特别感兴趣。19世纪末20世纪初，大量的天才物理学家集中出现在物理学的各个研究领域。特别在相对论和量子力学两个新兴的物理学研究领域里，名人荟萃。比如，爱因斯坦、波尔、海森堡、薛定谔等大量的天才物理学家在物理研究领域里闪现出耀眼的光芒。这段历史的发展，在人类文明发展史上，可谓波澜壮阔、激荡人心。小俊是在了解了这一段历史之后，对物理学产生了浓厚兴趣。此后，他如饥似渴地阅读了霍金的《时间简史》、刘慈欣的《三体》等畅销科普书、科幻书，这更加激发起他想从事物理相关工作的动机。

（2）认识自己的能力特长

基于以上了解，教师要引导小俊进一步思考：要把物理学好，可能需要具备一些基本的能力和条件，自己是否满足？通过进一步的交流，教师了解到，小俊的数理基础并不扎实，无论是数学还是逻辑推理，他都不算特别擅长，他的能力可能与文科相关的学习更加契合。在这种情况下，小俊要想学好物理，尤其是理论物理，比较困难。

探究到这里，小俊可能会比较困惑：为什么我想做的和我能做的事情不一致呢？这是因为小俊对自己真正的兴趣点认识不清。小俊确实喜欢物理，但他真正喜欢的是那一段精彩的物理学史以及物理学科普知识，而并非用数学的形式来描述自然界的运动规律及发展变化——这也不是他所擅长的。

引导学生深入了解跟自己兴趣相关的专业领域，探索其是否与自己的能力特长匹配

小俊并不知道物理学史和物理学是两个不同的领域，所以他把对物理学史的兴趣，混淆成了他对物理学的兴趣。真正的物理学，作为一门学科，对学生的能力和特长有一定要求。所以，教师要引导学生进一步了解这门学科，才能让学生最终作出适合自己的选择。如何引导学生深入探索这门学科？教师可以借用外部力量，建议学生咨询专业人士，比如学科教师，或者已经在大学里学习这门学科的学生，等等。有些学校会开展一些职业生涯教育活动，比如"大学生校园宣讲会""校友讲座""家长讲座"等，还有些中学跟大学有良好的互动关系，会开展"科学家进校园"等活动，教师可以引导学生充分利用这些资源。当学生对跟自己愿景有关的专业或者职业的内涵、前景以及所要求的专业素养有了深入了解之后，才更有可能作出合适的选择。

鼓励学生自我反思，及时在学习等方面作出一些调整及改变

如果在充分了解相关专业或者职业之后，学生还是很喜欢，那么教师就要鼓励学生对自己的学习作出一些调整与改变，努力培养和提高自己所欠缺的能力。能力在一个人的一生中不是一成不变的，尤其对于可塑性很强的高中生来说，更是如此。若案例中的小俊在经过深入了解与分析之后，还是决定以物理作为自己的奋斗方向，那么教师可以引导他从以下几个方面作一些适当的思考与自我调整：我在物理学习上付出的努力够吗？我的物理学习方法是否有问题？我将来是否一定要学习理论物理？在物理学领域，是否还有能够把我对物理的兴趣与我的能力特长更好地结合的专业或者职业？小俊在理顺这些问题之后，才能更具针对性地把大目标设为一个个具体的小目标，一步一个脚印朝着意愿方向，一点点积累自己的能力和专业素养。

18 学生对大学想学专业清晰且积极探索，但是现阶段基础学科成绩很弱，怎么办？

案例呈现

小范，女，高中一年级学生。小范通过自主探索未来职业发展，发现自己对社会学、心理学相关学科特别感兴趣。她不仅平时会主动地研读相关书籍，并详细做好笔记，还会加入相关社群，增加对相关领域的更深层的了解，并会主动访谈相关职业人员，一起探讨对某些问题的看法。这些自发的职业探索活动让她兴奋不已，不由自主地总是在这些活动上投入很多时间。可是面对具体的学校课堂、学业任务、学科学习时，她总是特别沮丧——她的意向专业选择非常具象、明确，但是她的数学学习成绩很差。这让她烦躁不已，而且她对数学的抵触也进一步阻碍她投入更多的时间学习数学。

讨论分析

分析冲突

小范对某些大学专业方向及职业方向产生了浓厚的兴趣，并积极主动地进行相关探索，这种基于兴趣和价值观形成的自动自发的探索行为，对于她未来的职业发展具有积极意义。然而，小范在职业兴趣探索和现阶段学科学习上，时间分配不合理，由此，她面临着短期目标和中长期目标发生冲突的困境。

发现联系

教师要引导小范发现现阶段学习与未来专业学习、职业发展之间的联系，为较为长远的特定目标设定阶段性目标。

提高能力和信心

教师也要引导小范提高现阶段学科学习的能力和信心，可提供一些具体的学科学习技巧和时间管理技巧。

辅导建议

在冲突中看清自己所拥有的可能选择

教师应引导小范思考如下问题：自己是否必然选择在国内参加高考？若不是，还有什么选择？分析各项选择的优劣势。若是，数学学科学习的弱势对自己会造成什么样的影响？自己是否能够接受由此带来的影响？

教师可以鼓励小范在回答这一连串问题之前，进一步向有相关经验人士收集信息。同时，这一厘清想法的过程可以和家庭成员一起完成，多人视角带来的信息量可能更丰富，对选择的评估也会更准确清晰；小范在与家人的相互沟通中也更容易赢得理解与支持。

为理想蓝图设立阶段性目标

小范在描述对未来的专业学习和职业发展的展望时，满怀憧憬。这是小范的长期目标，教师需要引导她为这个长期目标设定阶段性目标。如若小范的终极性生涯目标是在某年之前成为一名社会学家，那她在此之前必须采取很多行动步骤，设定阶段性目标。设定的生涯目标越具体明确，越有助于拟定行动计划。阶段性目标必须是可测量的、可达成的，与最终目标有关联的，以及有时间限制的。

在将目标一步步具体化的过程之中，教师应让小范关注现阶段数学学科学习与自己所憧憬的未来职业发展之间的关联性，为自己现阶段的数学学科学习注入动力。

缓解目前对数学科目学习的抵触和焦虑情绪

教师应肯定小范在职业兴趣探索上所付出的努力，这一内在动力对于个人成长是极其重要的。不过，教师应让小范明白，安排好现阶段的学习也是极其重要的，"千里之行，始于足下"。

现阶段，小范对数学科目的学习有着很强的抵触和焦虑情绪，这些情绪需要被重点关注、及时缓解。小范应尝试着将自己在面对数学时产生的消极想法讲出来，并且用其他更合理的想法来替换。教师要引导小范将失败看成是暂时的、特定的，同时看到失败背后的机遇。比如，做错题有助于了解自己对于哪项知识点的掌握是不牢固的。

在数学的学习上，教师应鼓励小范建立合理的目标，肯定自己的点滴进步，从而收获成就感和自信心；还可以提醒她借助学习伙伴、学科教师等资源，帮助自己提高数学学科的学习力。

在实践中一步步合理化分配时间

时间分配不合理是造成小范的职业探索和学科学习产生冲突的主要原因之一。

依据时间管理四象限法，数学学科的针对性补弱对于小范来说是重要但不紧急的事情，所以小范在完成指定的学习任务之前，可以先花一部分时间去做数学补弱学习。如果在数学学习上依然没兴趣，小范则可以使用交叉学习法。

教师应引导小范了解自身的学习生活作息情况，将数学学习与一个日常情境进行联系，养成在那个情境之下启动数学学习的习惯，减少数学学习的启动时间。比如，"每天晚上在写家庭作业之前，打开数学补弱本，进行半小时数学补弱学习"，或者是"每天晚上在洗澡之后，打开数学补弱本，进行半小时数学补弱学习"。小范可以记录自己的学习表现，及时对自己给予肯定。

19 学生想要了解未来职业的核心能力，有哪些思考方向？

案例呈现

> 小傅，男，高中一年级学生。小傅时常感觉这个世界是瞬息万变的，很多信息都在变得过时，部分职业可能会走向消亡。变化的世界带给他很多不确定感，所以他很难决定自己以后要从事什么职业。相较于这样具体的问题，他更感兴趣的是：未来的世界需要什么样的人才？他应该致力于锻炼何种能力，才能在不确定的变化中拥有一份确定感？

讨论分析

职业发展的变化性

随着科学技术的发展与全球化趋势，社会进入了高速发展的阶段，人们的职业发展似乎不再那么稳定，表现出了很多变化性，"斜杠青年"拥有多重职业和身份的多元生活的人群等称谓也应运而生。究竟该如何看待职业发展的变化性？如果这是外界环境变化带来的必然性，又该以什么样的态度来面对？教师可与小傅对此展开相关讨论。

职业发展的不变性

教师应引导小傅注意，虽然职业发展具有变化性，但是人们也具有与生俱来的适应性——人们具备学习力以及一些具有普遍适用性和可转移的能力。

职场社会的变化趋势

教师需要留意，小傅的问题不仅是关于职业核心能力的思考，他还特别强调"未来"两个字，显然小傅还想要了解未来职场社会的变化趋势。

辅导建议

了解职业核心能力及其种类

职业核心能力是指任何职业或行业工作都需要的、具有普遍适用性和可转移性的且在职业生涯中起支配和主导作用的能力。

(1) 第一种职业核心能力是学习能力

人们普遍认同学习的价值。学习能力不仅是个体在学校教育阶段顺利完成学业的必要条件和基本目标，也是职业教育和培训的基本目的，同时还是个体在工作场所进一步接受教育和获得终身发展的重要条件。工作领域变革步伐的加快，客观上要求个体具有学习能力。为了适应组织结构的变革、技术创新和工作过程的持续变化要求，劳动者必须具备学习能力。

(2) 第二种职业核心能力是交流能力

人们普遍认同交流能力是当今社会劳动者重要的能力之一。人们需具备运用现代语言和信息技术进行交流的能力。交流的能力包括：提供书面陈述的能力（如写信、写报告、写文章）、提供口头陈述的能力（如打电话、在公众场合发表意见）、提供信息的能力、提供建议的能力、建立公共关系的能力、谈判能力、与不同层次的人建立联系和持续地保持联系的能力。

(3) 第三种职业核心能力是社会活动能力

与人合作的技能是从所有职业活动的工作能力中抽象出来的、具有普遍适应性和迁移性的一种核心技能；是指根据工作活动的需要，协商合作目标、相互配合工作，并调整合作方式不断改善合作关系的能力；是从事各种职业必备的社会能力。社会活动能力是与其他人进行交往、与其他人一起工作的能力和显示团体取向的行为和移情行为的能力。这种职业核心能力包括：规划、组织和协调活动的能力，为开展活动收集相关信息的能力，与同事合作的能力，移情能力，适应能力，灵活处理事务的能力，处理紧张关系和不确定性的能力，自我约束的能力，对结果进行评价的能力，形成和使用反馈信息的能力。

(4) 第四种职业核心能力是组织和管理能力

组织和管理能力是一种参与能力，是指劳动者在工作场所和工作环境作出决定，并为承担职责做好准备的能力。它包括理解业务过程和组织机构的能力、理解组织的财政情况的能力、理解组织的行政管理和其他方面的管理事务的能力、理解并进行质量管理和质量控制的能力、监管的能力、教授和培训的能力（如发布指令、转移知识）。

(5) 第五种职业核心能力是问题解决能力

问题解决能力可界定为确定问题、提出解决问题的方案并付诸实施、检查其实际效果的能力。问题解决能力的发展与下列3个因素有关。一是问题类型。它取决于问题解决的过程，如应用于特定的问题情景的决策、系统分析和设计、寻找疑难之处。这些问题情景通常有别于课堂里的情景，包括个人生活、工作和休闲、社区和社会里的情景。二是问题解决过程。它包括理解问题的性质、表明问题的特征、表征问题、解决问题、反思问题和交流答案。三是问题的情景。

了解未来面临的职场世界

教师可以引导小傅在网络上收集一些对未来职场世界的分析。比如，信息时代开始向概念时代转变，计算与逻辑分析能力是信息时代的核心，而具有高概念化能力、高感性的人才是概念时代的核心。

著名未来学家丹尼尔·平克（Daniel H. Pink）在《全新思维：决胜未来的六大能力》一书中提到，未来社会的必备技能有：设计感，人人都是创意大使，不只有功能，还重设计；娱乐感，拥有快乐的竞争力，不只能正经，还会娱乐；意义感，探寻人生的终极幸福，不只顾赚钱，还重意义；故事力，做生活的策划者，不只有论点，还有故事；交响力，发现系统与整合之美，不只谈专业，还需整合；共情力，与他人产生共鸣，不只讲逻辑，还给关怀。

20 学生想要锻炼、提高自己的求职技巧，如何指导？

案例呈现

> 小姜，女，中职二年级学生。在学校学习之余，小姜想要利用寒暑假，增加一些职业见习与实习体验。她觉得在这个过程之中，自己或许能够进一步明确未来想要从事的具体职业以及在求职中更看重哪些价值。此外，在中职毕业之后，小姜将走向职场，面临求职的压力。一方面，小姜觉得自己有待提高求职能力；另一方面，小姜对自己的书面和口头表达能力极不自信。基于这样一个背景，小姜特别想要锻炼、提高自己的求职技巧。

讨论分析

进一步明确求职技巧所包含的内容

小姜想要锻炼、提高求职技巧，同时认为自己的表达力不够。关于求职技巧的内涵，小姜需要进一步明确，求职技巧不仅包括求职者在面试时的表达与沟通技巧，还包括求职者对自己目标和定位的清晰认识、对求职渠道的深入了解、简历撰写技巧，以及选择合适的面试妆容等，是一种综合能力的体现。

不能忽视技巧的运用

了解技巧不是目的，能力的提高才是关键，所以，不能忽视技巧的运用。这要求教师在阐述技巧时要详细、清晰，并且要鼓励小姜演练技巧。

辅导建议

明确自己的需求和目标

教师可建议小姜在每次求职之前进行自我提问。如：本次求职的主要目标是什么？

是为了给自己增加实习体验，从而进一步了解这个行业？是为了兼职，积累一些经济资本？是为了深入了解行业运行规则，为后期创业储备能力和资源？还是选择这一职位作为自己未来职业发展的起点？

不断地明确需求和目标，可以让小姜进一步明晰自己在求职中更在意什么方面。这有助于筛选招聘职位，也有助于在与招聘单位的沟通过程之中进行需求匹配度评估。

了解求职渠道与招聘职位信息

一般而言，求职渠道可以归纳成下列五类：亲友介绍、报刊广告、学校就业辅导处推介、政府辅导机构，以及私人中介机构（其中包括大型招聘网站）介绍。不同的求职渠道各有优缺点。了解了招聘渠道之后，可以就目标定位，进一步收集感兴趣的职位信息，其中应包含职位的基本要求、基本待遇、工作内容以及工作时长等。对职位信息的了解，是为了进一步匹配信息，找到适合的职位，进而有效率地提出申请。

练习撰写简历和自传

简历通常是求职人员为雇主准备的第一份"见面礼"。一份能表现个人风格的简历，能够给雇主留下良好的第一印象，以争取到面试的机会。简历最好逻辑清晰、简明扼要，一般包含的内容有：应聘的岗位及工作内容、个人基本资料（姓名、年龄、性别、籍贯、出生日期、通讯地址及联系电话等）、学历与训练、相关经历（兼职、社团活动等）、能力与专长（专业能力、工作相关能力、外语能力、电脑操作能力、获奖情况及作品等）、兴趣与休闲活动、希望待遇及个人近照。

简历除涵盖以上内容外，在排版设计上也要有所留意，以体现简历内容的层次逻辑，同时又能让人一目了然。教师可以建议小姜先制作一份简历，然后请有经验人士，指导修改一下。值得一提的是，一定要针对具体岗位准备相应的求职简历，切不可以一份简历应聘所有意向岗位。

除简历外，小姜也可以考虑附上一份自传，呈现自己的成长背景、生活经验、观念想法、风格特质、志向抱负等，一般以1000字左右为宜。自传的书写过程，也有助于小姜对自己形成更清晰的自我认识。

注意面试妆容与礼节

面试时的注意事项有：提早到达面试场所；进入房间应先敲门；坐姿端正，眼神自然；每次答话应干脆利落，不打断他人谈话；进行正面积极的自我表达，自信、大方；对职务的期待要适时表达；面试结束后向面试者表示感谢。

教师可以鼓励小姜邀请一位值得信赖的朋友或长辈，假扮雇主，协助进行模拟面试，并请对方观察自己在模拟面试时的态度、语调、声音、语速、眼神、手势、表情和礼仪等，一起讨论在哪些方面可以做得更好。

训练对话沟通表达力

教师可以建议小姜设想雇主可能提出的问题，模拟面试对话。可能涉及的基本问题包含：简单自我介绍，为什么选择来本公司应聘，为什么选择这份工作，是否有相关工作经验，对应聘岗位的工作内容和任务有什么认识和了解，认为自己具备什么条件能胜任这份工作，会有怎样的工作表现，对工作的期待和目标是什么，对工作的时间、地点、待遇有何意见，想了解公司什么情况等。凡事预则立，不预则废。教师应让小姜明白打有准备之仗的重要性，积极进行模拟训练。

第五部分

生活辅导

1 学生在进入新学校或新环境后难以适应，怎么办？

案例呈现

> 小金，男，六年级学生。小金在小学期间是班长，曾被评为校三好学生，在体育和文艺方面均有突出表现，是教师和同学关注的焦点。进入初中后，新的校园、新的教师和同学让他感到莫名的失落，就好像失去了什么重要的东西。渐渐地，小金在上课时无法集中注意力，记性也变得差了，在某天被教师和家长批评了几句后突然大哭起来，之后再也不愿意到学校上课了。

讨论分析

环境变化

通常，当人从长期生活的环境中离开并进入另一个环境时，会本能地呈现出焦虑状态，如出现失眠、食欲衰退或激增、内分泌紊乱等生理现象。许多动物也有类似的反应，而人类的适应能力更加强大，在长期演化过程中获得了相较其他生物而言更快的自我调适和改造环境的能力。当个体进入新环境时，其适应的快慢取决于环境（如气候、地理条件、物质丰盈程度、人际关系等）变化的程度，这些变化会迫使人改变在旧环境中养成的行为习惯。同时，各人适应环境的快慢及适应不良的反应亦会有所不同。

心理落差

当到一个新学校后，学生不仅要适应新的环境，还要面临尽快熟悉全新的人际关系的挑战。之前稳定的人际关系因升学而被打破，学生需要在新的人际环境中塑造自我形象，这时往往渴望展示更好的自己却又担心难以得到他人认可。若在一系列努力后无法得到他人的积极反馈，就容易出现心理落差。

适应不良

在本案例中,小金在进入新环境后相继出现情绪失落、无法集中注意力、记忆力变差的不良反应,并最终表现出拒学的消极行为。一方面,在学习环境变化后,小金一时无法适应;另一方面,小学期间的万众瞩目在初中阶段突然消失,造成了小金巨大的心理落差,加剧了他的不适应情况。综合小金的表现及行为反应来看,这属于适应不良。

适应不良多发生在几类群体中:刚升学的群体(幼升小、小升初、初升高学生,大一新生或是转校生等)[1]、刚入职的群体(从校园走向社会的学生,或岗位调动较大的职场人士)、刚退休的群体(退休、退伍、下岗人群等)及生活发生巨大变化(重病、亲人离世、出国、防疫隔离等)的群体。适应不良的表现因人而异,有的人以情绪表现为主,如出现烦恼、焦虑、抑郁、悲痛、恐惧等情绪,也有人以行为表现为主,如产生攻击性行为、成瘾行为或是反社会行为。通常来说,适应不良的表现会持续3—6个月。如发现学生出现适应不良的情况,教师须主动干预,积极应对。

辅导建议

当学生在进入新学校、新环境后出现适应不良情况,应该怎么办?教师可以尝试从以下方面进行引导和支持。

积极关注学生情绪

适应不良的学生常有负性情绪表现,这其实是学生在受挫后产生应激反应的一个信号,表明在学生周边可能存有引起其负性情绪的应激源,比如上课铃声、授课教师的指令或者同学的某些言语,需要教师对学生进行积极关注。当学生出现负性情绪反应后,教师应将学生带离原地,在安全的地方先为学生排解、疏导情绪,随后了解其产生负性情绪的原因。当了解情况后,如教师能削减应激事件带来的影响,可尝试帮助学生;如应激事件的影响一时无法处置或处置难度很高,教师在安抚学生后应将问题提交给上级领导,由校方或相关机构协调解决。

加强家校沟通协作

当学生出现适应不良的情况后,教师可以通过家校沟通协作的方法,帮助学生尽快度过这一困难阶段。教师可以就学生的在校情况与居家情况,和家长沟通并互换信息,建议家长每天利用一段时间和学生聊聊在校期间的新鲜事、有趣事,通过亲子互动减轻

---

[1] 邹泓.同伴接纳、友谊与学校适应的研究[J].心理发展与教育,1997(3):5.

学生进入新学校的不适感，帮助学生尽快适应新身份、新环境。良好的亲子关系和家校关系能为学生后续的健康成长提供助力。

提高学生的自尊心和自信心

适应不良的学生多存在自尊心受挫及自信心不足的情况。教师在平时可以试着以积极的态度鼓励学生，在布置学业任务时以简单且易于操作的内容为主，以提高学生的自信心和自我效能感。教师可利用班会课或拓展课开展团体活动[①]，通过一些游戏或者体育活动增强学生的愉快体验，提高其自尊心和自信心。

引导学生建立安全稳定的人际关系

产生适应不良的一个重要诱因就是人际支持的缺失。所以，帮助新生建立安全和稳定的人际关系尤为重要[②]。现在许多学校在新生入学前会组织一次"新生入学训练"活动，旨在让新生通过熟悉校园环境、认识新同学、了解学校规章制度等途径，更快地适应新的学校生活。在教官的指导下，新生以班为单位参加队列训练，能让新生在完成任务中更快且直观地了解新同学的外貌、声音和性格等情况，为后续的人际关系建立提供良好的基础。教师也可以布置课堂和课后的一系列小任务，组织学生合作完成，为他们建立友谊提供契机。在班级中，教师需要关注"形单影只"的学生，他们往往在建立友谊的过程中缺少勇气和行动的动力。如何帮助他们建立友谊需要教师运用智慧和经验。以下列出一些方法，以供参考。

（1）开展读书分享活动

教师可在班级开展读书分享活动，鼓励缺少同伴的学生进行演讲，让其他学生以此认识和了解他们，主动与他们建立同伴关系。

（2）组织兴趣小组

教师可依据班级学生的兴趣将其划分为不同小组，各组以兴趣为主题开展活动，定期汇报、分享活动成果。教师需要事先了解缺少同伴的学生的兴趣点，尝试让他们组建小队，开展活动，建立同伴关系网络。

---

① 张月. 人际交往团体辅导对初中新生学校适应性的影响 [D]. 长春：东北师范大学，2011.
② 刘万伦，沃建中. 师生关系与中小学生学校适应性的关系 [J]. 心理发展与教育，2005，21（1）：4.

2 学生作息习惯影响了学习生活，怎么办？

案例呈现

> 小鑫，男，七年级学生。小鑫近来不仅每天都会迟到，而且在上课时常常哈欠连天，有时还会打瞌睡，他的听课效率因此受到影响。同时，他的课堂练习及课后作业完成情况不佳，学业成绩一落千丈。教师经了解后得知，小鑫最近迷上了武侠小说，每天回家草草完成作业后，便一直看到凌晨两三点才睡觉，因此才会出现早上起床困难、上课精神萎靡不振、深夜精神焕发的情况。这让家长和教师非常担心。小鑫也希望有所改变，但不知道应该怎么办。

讨论分析

生物节律与生物钟

为什么一般情况下人们白天的精神状态比晚上的要更好？这是因为人体生物节律的作用。人体的生理活动存在节律性，以从白天到夜晚的24小时为一周期往复循环。这种生物节律性具有提示时间的作用，告诉人们在什么时间该做什么事情，所以也被称为生物钟。有部分学者的研究指出，按照人的心理、智力和体力活动的生物节律，来安排一天、一周，乃至一年的作息制度，能提高工作效率和学习成绩，减轻疲劳，预防疾病防止意外事故的发生[①]。反之，假如突然不按体内生物钟的节律安排作息，人就会在身体上感到疲劳、在精神上感到不舒适。

作息习惯对生物钟的影响

观察人们平时的生活，可以发现，生物钟主要体现在一日三餐及睡眠等必需的生理活动中。你是否有过这种经历：到了正常的吃饭时间，肚子开始"咕咕"叫，饥饿感让

---

① 黄耀伟，于涟，周继勇.生物钟机制研究进展［J］.生命科学，2000，12（1）：10–13.

身体的每一个细胞都做好了觅食的准备；而若是没有按时吃饭，过了一段时间后，你就觉得没那么饿了；同样，晚上11点前后通常是人最困乏的时刻（因人而异），当熬过这个时间点后，你反而觉得越来越精神，出现了"我不困"的感受？到了特定的时间点，感觉困了、饿了，就是生物钟在起作用。当你不得不继续从事某些活动，也就是原计划设定提醒自己的"闹钟"被按灭后，你的身体会暂时恢复到正常状态，但必要的营养摄入或者休息调整被延后，感官及大脑运行效率会降低，并进一步影响后续的一系列活动。

在案例中，小鑫因为看小说晚睡，如此这样长期熬夜导致生物钟发生变化，具体表现为"早上起床困难，上课萎靡不振，深夜精神焕发"。这种变化虽不至于危害身体健康，但对小鑫的学习生活造成了较大的影响：听课效率降低，作业难以完成，考试结果不容乐观，甚至影响亲子关系和师生关系，自信心及学习兴趣也有不同程度的下降。

辅导建议

当作息习惯影响了学习生活，应该怎么办？以下列出一些建议可供参考。

了解作息情况，寻找调整空间

教师首先应该了解学生原来的作息情况，分析其中哪些值得保留，哪些应该调整。按照目前大多数学校的时间安排，学生日常在校的学习生活一般从上午7点30分开始，到下午4点30分或者5点30分结束。在这段时间内，学校有固定的上课时间和课间安排。此外，学生每天的晚饭时间因家庭安排而异，而剩下的时间可供学生自行进行调整。在案例中，小鑫每天凌晨才睡觉，假定为了按时上学，小鑫需要早上7点起床，那么他的睡眠时间相较其他学生来说较少，与国务院建议的初中生应保持9小时的睡眠时间①相比，更是严重不足。小鑫应在原作息时间安排的基础上，增加晚上休息时间，即提早就寝。为保证充足的睡眠时间，教师可以建议小鑫每天晚上10点前入睡。

调整循序渐进，目标触手可及

小鑫在晚上10点前能否顺利入睡呢？生物钟的神奇之处在于，它可以随人在不同情境下设置不同模式，但如果要在不同模式间进行切换，则需要一定的缓冲、适应时间，即所谓的"倒时差"。若小鑫平时都是凌晨一两点才睡，那晚上10点多半毫无睡

---

① 中国民族教育.中共中央国务院关于加强青少年体育增强青少年体质的意见[J].中国学校卫生，2008(28)：481-483.

意，所以作息习惯的改变应该符合循序渐进的原则。教师应建议小鑫先试着提前1—2小时入睡，等一段时间身体适应了这个模式的生物钟后，再作进一步调整。

"睡"的时间定了，"起"的时间也应该作相应的安排。小鑫平时总迟到，那一定是因为无法顺利起床。根据学校的时间安排倒推，分析洗漱、吃早饭、路上交通所需用时，便可以确定"起"的时间。"睡"的时间可以慢慢调整，但是"起"的时间必须严格遵守，这需要家长和学校一同监督执行。

作息计划劳逸结合，过程及时反馈

遵照以上两点建议实施，新的作息计划的大致框架便已形成，剩下可供安排的是离校回家至吃晚饭，以及晚饭后到入睡前的这两段时间。在进行安排时，需要做到劳逸结合。根据"双减"政策与"五项管理"的要求，初中生的每日回家作业时间应不超过90分钟，所以做作业可以安排在晚饭后；或是"一分为二"——吃饭前做一部分，吃饭后做另一部分。除学习活动以外，在这段时间内，还可以增设一些娱乐项目，如亲子活动、益智游戏等。在案例中，小鑫因为看武侠小说而晚睡，为了不影响睡眠时间，在新的作息计划里，便可在这段时间内排入看小说这一活动项目。

在新的作息计划完成后，教师需要和学生沟通实施的情况，帮助学生及时反馈和再调整。教师需要关注的问题包括：作息计划能否做到？能做到的话，和原来的作息相比较哪些地方有所改进？不能做到的话，是哪些部分存在问题？怎样调整可以解决这些问题？导致问题产生的主要原因是外部因素还是自身因素？

养成良好的作息习惯是保持身心健康的重要方式。规律的作息能保证身体各机能的正常运行，降低因突发事件所造成的身体负荷，让学生在当前的学习生活和未来的工作中维持更好的状态，在面对新的挑战之时更加游刃有余。

3 学生屡次违反校纪校规，怎么办？

案例呈现

小伟，男，八年级学生。小伟是学校的"问题大王"。小伟的问题"事迹"包括：不按时交作业，抄袭作业；多次与同学发生冲突，出现辱骂、打架等行为；上课使用手机……这让班主任非常头疼。班主任已将情况与家长沟通，学校也向小伟下达了警告处分通知，小伟却依然没有改变。张老师想再找小伟谈一谈，却不知道该怎么帮助他。

讨论分析

在社会中，只要存在人与人形成的群体，就必然有保证群体发展的秩序。同理，为了维护正常的教育教学秩序，培养学生形成良好的行为规范，学校会制订一系列符合国家法律要求并结合学校实际情况的校纪校规。一般情况下，学生若违反了校纪校规，在经过教师批评教育后都会有所改变。但也存在一小部分学生，比如本案例中的小伟，在多次犯错后依然没有作出改变的意愿，其不良行为习惯让教师与同学都唯恐避之不及。

不良行为指的是不道德、不规范的行为，其基本特征是与人们公认并且遵守的社会规范相对立。青少年的不良行为包括旷课、打架斗殴、辱骂他人、吸烟、偷窃、故意损坏财物等。当学生经常性地违反校纪校规，说明其习得了不良行为方式，且屡教不改。究其形成原因，大致可以分为家庭因素、学校因素、同伴因素及个体因素四大类。

(1) 家庭因素

家庭是青少年成长的主要环境，是其学习社会规范的原点。父母的陪伴与家庭教育将直接关系到青少年的行为表现和道德品质养成。有研究表明，缺少亲子教育和在不良家庭环境下成长的留守儿童易形成乐群性低、情绪不稳定、冲动任性、自制能力差等人格特点，而这些人格特点是导致学业成绩下降的重要原因①。不当的家庭教育和不良的家庭环境都可能导致学生形成不良行为习惯。

(2) 学校因素

学校是青少年获得知识和技能的地方，也是他们在成长过程中逐步社会化的主要环境。在学校中，学生会尝试观察不同的人和事，并且与自己当前的认知模式进行对比与整合。当他们发现教师对班级同学有不公正的对待，学校里有同学违纪违规却没有得到惩戒教育时，他们可能会逐渐漠视契约规则，形成不良行为习惯。

(3) 同伴因素

美国心理学者哈里斯（Judith Rich Harris）的"群体社会化发展理论"②认为，同伴在青少年发展和社会化过程中起着至关重要的作用。交往同伴的个性品质与行为特点均可能影响学生的个性行为习惯。有研究表明，青少年的问题行为与交往不良同伴显著相关。同时，不良同伴之间会形成"朋友圈"，使得身处"朋友圈"中的青少年的问题行为得到强化和增多③。

(4) 个体因素

除以上三大类因素外，个体的因素也可能导致不良行为的产生。随着身体发育，内分泌激素水平上升，青少年心理上的自我意识不断增强、性意识觉醒、自尊的需求增大，但在家里父母的高压专制，在学校中因学业或者行为规范受到教师批评，与同学发生矛盾或冲突等情况，使得认知尚未成熟、情绪不甚稳定的青少年产生冲动行为。如果冲动行为没有被很好地处理，让青少年感受到了快感，他们就可能一而再、再而三地产生冲动行为，最终演变为不良行为习惯。

当持久的违抗、敌意、对立、挑衅存在于不良行为中，并且发展为反社会型行为、攻击性行为和对立违抗行为时，也可能是对立违抗性障碍或品行障碍④。对立违抗性障碍多发生在10岁以下的儿童身上，表现为难以服从管理，常与权威对抗，拒绝服从学校、家庭的要求和规定；当与人发生纠纷时不能通过谈判、让步与人达成妥协；时常为了逃避批评和惩罚而把因自己的错误所造成的后果或是自己所做坏事归咎于他人；情绪不稳定，耐挫力差，内心常感到无助，会因一点小事发脾气，容易曲解别人的意思而恼

---

① 范方，桑标.亲子教育缺失与"留守儿童"人格、学绩及行为问题[J].心理科学，2005（4）：88-91.
② Harris JR. Where is the child's environment? A group socialization theory of development. Psychological Review, 1995, 102（3）：458-489.
③ 王素华，陈杰，李新影.交往不良同伴对青少年自身问题行为的影响：性别和年龄的调节作用[J].中国临床心理学杂志，2013（2）：111-114.
④ 苏林雁，王长虹.青少年对立违抗障碍[J].中国实用儿科杂志，2007（3）：161-163.

羞成怒；因常与父母、教师、同学发生冲突，甚至出现攻击行为；学习成绩差，对学习无兴趣；与同伴相处困难，不合群，不愿参加集体活动，与他人缺乏交流，社会功能受损。

辅导建议

学生屡次违反校纪校规，应该怎么办？教师可以结合教育学和心理学中的一些理论和技巧，参考行为矫正法和认知调整法帮助学生改善其不良行为。

行为矫正法

行为主义心理学家通过实验证明了人的行为是可以被塑造的，现如今行为矫正的方法已被广泛用于教育和临床心理治疗，主要分为消退法、正强化法以及惩罚法。

(1) 消退法

消退法是通过去除能促进不良行为发生的强化因素而减少行为发生的频率，达到行为矫正的目的（减少不良行为）。在实际应用中，如学生上课一直讲话，教师可以让学生到教室外罚站，以避免讲话的情况再次发生；学生习惯说粗话，教师可以引导其他同学在其说粗话时不与其交谈。需要注意的是，消退法的使用应该避免学生获得强化不良行为的机会。例如，学生厌学，来到学校后就打骂同学，如果教师以让学生居家学习的方法避免其打骂同学，则在无形中强化了学生"我打骂同学就可以回家"的行为，因而适得其反。

(2) 正强化法

正强化法是通过增加能促进良好行为发生的强化因素而增加行为发生的频率，达到行为矫正的目的（增加良好行为）。在实际应用中，如学生总是迟到，教师可以通过与学生约定的形式，若学生每天准时到校则奖励糖果，学生保证一周准时到校或者一个月准时到校，则给予等级递增的不同奖励，以此强化学生的准时到校行为。教师还可以使用"代币法"，如学生完成任务后可获得"红星"或者"红花"奖励，达到一定数量后可以兑换某一种奖品，这就是一种正强化法。

(3) 惩罚法

惩罚法是通过给予厌恶刺激或消除愉快刺激而使得行为减少的方法。例如，学生没有完成作业，教师可以施加厌恶刺激（罚抄两遍）或者消除愉快刺激（上体育课时在办公室罚站——前提是学生喜欢上体育课）以达到让学生按时完成作业的目的。惩罚法在平时的教育行为中应该慎用，因为惩罚容易引起被惩罚者的反感，不利于后续的教育行为实施。

合理使用消退法和正强化法可以较好地达到预期教育效果。在针对比较特殊的行为时可以使用惩罚法，但应该控制惩罚的力度，达到教育惩戒的目的即可。教师在使用行为矫正法的过程中应持续记录学生待消除的行为或需要强化的行为的出现频率和出现情境，再根据情况适当调整，以达到行为矫正的目的。

认知调整法

行为矫正法是以学生所表现的不良行为作为目标进行再塑造的过程，但未考虑不良行为形成的原因，存在"治标不治本"的情况。认知调整法的关键是找到学生所持的不合理信念，并帮助学生建立合理信念，以此调整并改变学生对自己、他人或事物的看法与态度来改善学生的行为状况和情绪状态。教师可以通过对学生开展认知调整方面的心理辅导，以积极关注与接纳的态度，发现学生非理性的思维方式或不合理信念，运用倾听、询问、释义、具体化、面质等咨询技术，拉近与学生的心理距离，进行积极和正向的引导。实际上，每一个不良行为的背后或多或少都存在不被满足的心理需求。教师应通过了解具有不良行为学生的过去，倾听他们的烦恼，解开他们的困惑，指引他们找到前进的方向并帮助他们实现成功。当学生体验到了成功的喜悦后，便会更加重视来之不易的成就感。

在实际指导学生的过程中，行为矫正法与认知调整法应该根据学生的实际情况配合使用。如果学生的不良行为严重且难以进行自我调整，教师则需加强行为矫正法并在学生有了一定改变后尝试使用认知调整法；如果学生有自我调整的主观动力，教师便可重点使用认知调整法，辅以行为矫正法。

当学生的不良行为中出现严重的对立违抗表现和攻击行为，且无法通过行为矫正法及认知调整法进行改善时，教师则应建议学生到正规的精神卫生医疗机构进行诊断。对于确诊为对立违抗性障碍或品行障碍的学生而言，除遵医嘱做心理治疗和药物治疗外，医院、家庭及学校之间的互相沟通与协作有着重要的意义。

4 学生总喜欢与他人攀比，怎么办？

案例呈现

> 小婕，女，高中二年级学生。小婕成绩优秀，长得漂亮，可是同学们却不是很喜欢她，因为小婕喜欢和他人攀比——在考试成绩、课堂竞赛、衣物配饰、数码产品，甚至喜欢的偶像明星上都要与别人一争高低。小婕也很烦恼——她的家庭经济条件一般，攀比行为让不必要的消费增多了，父母和她说过很多次，她也想约束自己，但是每次在同学面前炫耀展示时的虚荣心与自豪感又让她欲罢不能。父母限制了她的零用钱用度后，她竟找朋友借钱，还在网络上借贷消费，一年下来，她欠债1万多元。

讨论分析

了解攀比心理

上述案例中小婕不断与他人在各方面进行比较的行为，其实源于一种攀比心理。攀比心理即刻意将自己的智力、能力、生活条件等与他人作比较，并希望超越别人的一种心理状态①。其实，攀比心理早已刻入人们的基因之中。根据马斯洛需求层次理论，人有生存、安全、社会需要、尊重，以及自我实现的从低到高不同层次的需求，而除无法获得生存需求以外，安全、社会需要、尊重，以及自我实现，均能通过攀比行为获得。作为一种社群生物，人的社会地位会根据个人能力高低和所持资源多寡决定，社会地位高则让人感觉更为安全（暂无生存危机），获得了社会需要（在攀比中产生与他人的联系，更可能收获友谊与爱情），得到了他人尊重（大家都觉得"我"很棒），并达到了自我实现（与竞争对象争胜）。所以，攀比心理其实是一种正常的心理现象。

---

① 沈贵鹏.青少年攀比：亦忧亦喜的成长问题[J].教育科学研究，2007（1）：18-21.

警惕唯物质攀比

良性的攀比可以促使学生更好地参与学习活动，提供稳定而持久的学习动力，但也要警惕盲目的、唯物质的青少年攀比行为。随着我国经济的高速发展，人均可支配收入不断提升，人们的物质生活水平有了极大的提高。同时，随着信息技术，尤其是移动互联网的普及，一些社会的不良风气如拜金主义、唯物质论等广泛传播，尤其对心智尚未成熟、正处于"世界观、人生观、价值观"形成建立阶段的青少年影响更大。在学校，过去学生之间的学习攀比逐渐转变为比谁服饰靓丽、谁消费水平高，甚至比谁的父母更加人脉广博，比谁家庭经济条件更好。这类唯物质的攀比一方面体现了学生心智尚未成熟，另一方面也从侧面反映在家庭教育、学校环境以及社会风气中存在不利于学生健康成长的因素。对此，教师需要保持警惕，及时引导学生。

辅导建议

那么，教师应该如何辅导那些喜欢与他人攀比的学生呢？重点在于把握学生攀比的内容以及攀比的程度，可以参考以下建议。

引导学生针对适合的内容进行攀比

青少年攀比的内容多集中在物质和外在方面，如谁的服饰更大牌、更昂贵，谁的零食更精美或者谁去吃了大餐，谁的玩具更多样、更高档。这与青少年的认知能力还处于发展阶段有关。教师可以试着引导学生针对更加偏向内在、精神层面的内容进行比较和竞争，如阅读一本有趣的读物（小说、名著），了解一段精彩辉煌的故事（传说、历史），学会一项常用的生活技能（修理、烹饪），接触一种有意义的活动（长跑、辩论），参加一场面向社会的公益活动，等等。这些内在的、趋向于精神文化的内容有助于青少年的身心发展，更适合作为攀比的内容。

控制适当攀比的程度

攀比行为常见，但引起他人反感，并造成不良后果的攀比，则属于攀比过度。攀比过度，容易影响同伴关系；若最终未能在攀比中"胜出"还会导致强烈的负性情绪，进而心态失衡。根据心理学著名理论耶克斯-多德森定律，即活动效率随动机增强而提高，当达到最佳动机强度后，再增强动机反而会降低活动效率。教师可以指导学生在产生攀比念头时给自己设置界限，不要超过某种程度或者不要超过某个时限，避免攀比过度；当因竞争得到的结果不理想而产生负性情绪后，利用"情绪暂停法"，深呼吸调整情绪，或者离开当前环境,以避免情绪进一步变糟。

谨防"负向攀比"

学生在自身能力或条件有局限时,为满足尊重需求,往往会进行"向下攀比"或是"负向攀比"。教师尤其要注意"负向攀比"。平时,学生的竞争往往集中于谁更强、谁更好,而"负向攀比"则是比较谁做得更糟、更过分,甚至危害更大。对于此类行为,教师应坚决制止,教育学生切不可为个人的胜负心而违背道德,甚至触碰法律底线。

提倡"积极攀比"

攀比的目的在于满足自我的心理需求,获得成长。"积极攀比"即树立值得学习的榜样,通过不断努力获得超越自我的能力[①]。和人攀比总有穷尽,与自我较量则始终进步。教师应帮助学生分析自身特点,在"知我所能"的基础上建立阶段目标并设置激励制度,最终"日益精进,终有所成"。

---

① 洪恬.中学生攀比心理的正确引导[J].新课程(教研),2011(8):114.

5 学生经常不吃饭，身体消瘦，怎么办？

案例呈现

> 小陈，女，九年级学生。小陈身高165厘米，体重40千克，在八年级时，小陈的体重是标准的50千克。有一次，她发现班级里的几名男生围在一起讨论女生，听到有人说"某同学不好看，她太胖了"。小陈从此以后越发关注自己的体重。她发现许多明星、模特的身材都非常苗条，还看到网络上有"好女不过百"等说法，从此决定减肥。她了解了许多减肥方法，综合比较后决定选用两个简单又易操作的"快速瘦身秘诀"：减糖和运动。
>
> 小陈每天只在早上摄入糖分，坚决不吃学校的午饭，放学后，她会在操场上跑5圈，晚上就用苹果和黄瓜增加饱腹感。一个月下来，小陈的体重减少了3千克。减重成功的喜悦和对身材的严格要求使得她不满足于暂时的成果。她听说，减肥若不坚持，体重就会反弹得更厉害。于是如此持续了大半年，她变得身体消瘦，精神不济，成绩下降，平时多吃一点儿东西就会呕吐，有一次在出早操时还晕倒了。她的父母和教师都很担心，经常劝说她放弃减肥，但小陈担心自己前功尽弃，依然坚持减肥。

讨论分析

"以瘦为美"的审美观

目前通过减少进食以减重瘦身的方法在社会上非常流行，特别是对许多爱美的年轻女性而言，"胖""重"成为一种原罪，是绝不能出现在自己身上的标签[①]。打开电视、电脑，翻看手机，所有的明星、网红都是骨瘦如柴的美人，偶像剧女主角一定是个瘦弱

---

① 崔金奇. 青少年女性减肥非理性心理 [J]. 中国误诊学杂志，2005，5（3）：561-562.

女子，或者必定会"瘦身成功"。"以瘦为美"已经成为当前社会主流的审美观，并渗透在生活中的每一个角落。在这些观念潜移默化之下，不少青少年认为：要想让人关注，走向成功，就必须有一个苗条的好身材。

体像烦恼

在本案例中，小陈曾因为听到男生聊天的内容继而关注自己的形体，浏览了相关信息后产生了不合理的认知，尝试不合理的减肥行为，出现了身体消瘦、精神不济的生理表现，并造成了成绩下降的情况，这属于体像烦恼。体像烦恼指个体的基本感知功能正常，但对自己身体部位的存在和各部分之间的关系感到担心和焦虑，会想象自己的外貌有缺陷，或对轻微的躯体毛病过度担心，并引起个人痛苦或影响个人的社会功能。

神经性厌食

不合理的减肥行为有可能引起神经性厌食，对身体健康造成伤害[1]。神经性厌食属于进食障碍，是一类以进食行为异常表现为主的心理疾病，多见于女性青少年[2]。大多数病人的表现是担心发胖，为了减肥或拥有向往的苗条身材故意限制食品摄入。为控制体重，他们对食物的营养成分十分关注，一般先是少吃主食，逐渐排斥一些蛋白质、脂肪含量较高的食品，依靠蔬菜和水果维持胃的饱胀感。有时，即使到了营养严重不足、人体极度消瘦的状态，他们依然固执地坚持这类行为。

辅导建议

爱美之心人皆有之，特别是青春期的少男少女，总想在他人面前展示自己最完美的一面。可当学生因此拒绝吃饭，并且看上去身体消瘦时，教师应该怎么办？在不确定学生是否存在神经性厌食或者体像烦恼时，教师可以尝试从以下方面进行劝导。

询问学生拒绝进食的理由

有许多学生在教师询问拒绝进食的原因时回答"学校的饭菜不好吃，让人没有食欲"。或许这是真实的理由，此时教师需要判断该生在校期间是否摄入其他饮食（如自带饭菜或者零食），同时需要了解其在家的饮食习惯。若学生不吃饭的行为仅针对校园午餐，教师在做好"一粥一饭当思来之不易"的教育后可稍宽心；若学生的饮

---

[1] 刘姿含.青少年注意！刻意减肥可能导致厌食症[J].青春期健康，2018（7）：1.
[2] 陆焯平，胡虞志.青少年神经性厌食和暴食[J].中国社会医学杂志，1993（4）：145-147.

食习惯确实倾向于如案例中的"减糖节食""粗暴减肥"模式，教师则需要做好下一步。

发现学生的不合理信念，做好"认知调整"

很多学生都有减肥意愿，所幸多数学生往往半途而废，没有对身体及心理健康造成不良影响，而一小部分学生往往心志坚定，很难通过只言片语说服他们，因为这些学生的大脑中已经产生了肯定这一行为的不合理信念，如"胖了以后没有人会喜欢我""瘦下来才是成功的象征""越瘦才越美"等。

所以引导、说服他们的第一步应该是了解他们可能存在哪些不合理的想法或信念，并有针对性地调整他们的认知。如"体重过低会引起内分泌紊乱，从而可能会阻碍身体和智力的发育，甚至会对健康造成不可逆的伤害。这种美的代价太大了"等，教师应通过一些理想与事实相反的例子"攻破"学生的不合理信念，从而引导学生调整认知。

肯定学生的态度和能力，劝诫不恰当行为

当然，教师还应该适时肯定学生在减肥过程中表现出的态度和能力。"我觉得减肥很难，能坚持的人不多，社会上有许多减肥空想主义者，不瞒你说，我也是其中的一分子。你能坚持到现在，相信以后无论面对什么事情，你都不会轻言放弃。"教师应在通过类似的一番肯定铺垫到位后，开始劝诫学生的不恰当行为。"相信你一定了解过，减肥有许多种方法。你用的这种快速暴力减肥法，虽起效快，但对身体的伤害同样也是最大的，特别是对还处在生长发育的你们来说，所以，千万别'一朝减肥误终身'啊！你是不是可以换一种既不伤害自己又能达到目的的方法呢？"教师在劝诫时，语气应温柔而坚定。

了解学生的实际需求，设定合理目标

面对学生如何改善减肥导致的不良状况的求助，教师应试着让学生回顾自己减肥的初衷。"你希望让自己瘦下来一定是有原因的吧？"如此，在了解行为背后的需求和动机后，让学生换一种既能达到效果，又不伤害自己的方法，使得减肥目标合理、可操作，且符合科学规律。

引导情况严重的学生积极就医治疗

当学生的体重低于标准体重15%及以上时应该就医。此情况属于体重过轻，有贫血甚至导致生命危险的风险。

学生在认知上觉得自己的减肥行为不合适，但行为已经无法自制，如不自觉地产生催吐反应等。此时教师应引导学生考虑就医，先确认是否为生理疾病，再作心理诊断。

学生在停止减肥后突然暴饮暴食。这种情况容易引发暴食症。代偿性的暴饮暴食会对身体造成巨大负荷，甚至导致出现生命危险。此时，教师应提醒学生及时就医。

对于青少年来说，追求形体美值得鼓励和支持，但切不可以伤害自己的身心健康为代价。合理饮食、健康运动才是最好的生活方式！

6 学生体重过重，明显肥胖，怎么办？

案例呈现

> 小徐，男，七年级学生。小徐身高160厘米，体重88千克。小徐看起来比较胖，被同班同学亲切地称为"圆圆"。
>
> 小徐从小饭量就很大。他将其归结为两个原因：一是自己胃口好，每顿饭都吃得很多；二是"家训"要求，饭后碗里不能有剩菜剩饭。小学期间，他的体型尚属微胖，随着年龄的增长，他的胃口越来越大，体重也随之快速上升。这导致许多活动对于小徐来说，成了一种负担：由于信息课、科学课开设在专用教室，在去教室途中，每爬一层楼梯都让他上气不接下气；体育课上，除掷实心球他总能拿到满分外，他的其他有关速度、耐力和技巧等项目的测试成绩离合格线还差很多。此外，他还有些难以诉说的苦恼：以前他觉得"圆圆"是同学们喜欢他的体现，现在则越来越烦有人这么叫他，但他敢怒不敢言，只好默默忍受。

讨论分析

青少年肥胖

随着社会和经济的发展，青少年肥胖问题开始日益突出[①]。权威数据显示，在过去的5年里，在校生超重和肥胖的比例逐年增加。其中，2020年，我国大学生肥胖率为5.5%，中小学生肥胖率超过10%。

肥胖会引起诸多生理和心理问题。高血压、糖尿病、脂肪肝、睡眠障碍发生在超重和肥胖青少年身上的概率成倍上升。不仅如此，他们还将面临心理、社交上的问题[②]。

---

① 吕书红.儿童肥胖流行趋势及干预对策探讨［J］.中国健康教育，2002，18（8）：3.
② 王静雯.青少年肥胖与心理健康的关系及其干预［J］.现代职业教育，2015（30）：1.

到了青春期，自我意识的觉醒会让学生对自身体态更为敏感。这一时期的学生自尊心又比较强，若是被同伴取笑，很可能产生自卑心理，情绪也难以自控。在此案例中，小徐的身体质量指数（BMI）为34.375，属于肥胖的情况（小徐身高1.6米，体重88千克，BMI=体重÷身高²。BMI正常值范围为20—25，超过25为超重，30以上则属肥胖），且正常的运动对他来说已经变得困难。

引起肥胖的原因

造成青少年肥胖的原因一般被认为有以下4种：遗传因素、饮食因素、运动因素和心理因素。遗传因素指体内存在与肥胖相关的基因，即人们常说的"易胖体质"；饮食因素指当日常摄入热量超过消耗量时，多余的热量就会转化为脂肪而存在于体内，久而久之就导致了肥胖；运动因素和饮食因素的关系似一枚硬币的正反面，日常缺乏运动则身体消耗热量较少，同时，静态的生活方式如长时间的伏案写作、频繁使用电子产品等在无形中增加了摄入热量的可能性；心理因素则包括在家庭、学校生活，人际关系等方面发生应激反应时，机体出现不良情绪导致过度饮食，甚至暴饮暴食的情况，易让人变得超重或肥胖。引起小徐肥胖的主要原因可能是饮食习惯问题：爱吃美食，且胃口大；体重的负担又使得他的日常运动出现困难，导致他每日热量的摄取远大于运动消耗。这是典型的饮食因素和运动因素交互作用引起的青少年肥胖问题。

体像烦恼

在案例中，小徐在同学就他的身材进行评价时，感到苦恼、生气，并且尝试逃避。可见，肥胖已经成为小徐的体像烦恼。

辅导建议

在每个班里，或多或少总有几名"小胖""大壮""圆圆"。这些体重过重甚至明显肥胖的学生在人际交往，特别是学校里的同伴关系中易感到自卑，也容易与他人产生不必要的冲突[1]。教师可以试着从科学减重及心理建设两方面着手帮助他们。

科学减重，形成良好生活习惯

面对青少年肥胖问题，最直接且最有效的办法就是将体重减轻到合适范围，因为所有健康问题和心理问题的源头都在于此。科学减重即通过调节饮食结构，以增加运动消耗为手段进行减重，即人们常说的"管住嘴、迈开腿"。但如何帮助像小徐这样的学生

---

[1] 余毅震，胡虞志.单纯性肥胖青少年心理行为特点的配对研究［J］.中国心理卫生杂志，1996，10（2）：2.

真正做到合理饮食、增加运动呢?

小徐的难处在于他动一下就"喘三喘",运动对他身体造成的负担太大。教师可以鼓励小徐尝试做一些感觉不那么累的运动,如游泳、滑冰等。游泳能利用水的浮力减少由于体重过重对身体关节产生的压力,同时在水中人体会不断消耗热量,从而达到减肥的目的。在进行滑冰运动时,运动者和地面的摩擦较小,但在冰面行进过程中,身体各部位协同配合才能达到平衡状态,同时下半身的运动量较大,可以有效满足运动者的瘦身需求。

除提高运动量,增加消耗以外,合理饮食即控制热量摄取是另一种有效的措施。许多学生通过减少进食的方式使体重减轻了,短期内效果显著,但恢复饮食后却面临着体重反弹的现象。更科学的做法是依照《中国居民膳食指南》中各类食物的推荐量安排每日餐食,做到"少盐少糖少油,多蔬多果多奶",达到吃动平衡;也可以利用少食多餐的形式,在控制总量的情况下增加饱腹感,降低了吃东西的欲望即控制住了食欲。

心理增能,塑造健康生活态度

对于减肥而言,心理增能非常重要。控制饮食和增加运动量都并非易事,需要学生有强大的心理能量加以维持。如若在进行减肥一段时间后并没有明显效果,学生可能会感到沮丧,失去减肥的动力,在美食的诱惑下甚至会出现暴饮暴食这种报复性进食现象。要维持并增加行为过程中的心理能量,首先要设置短期目标和长期目标,并配有相应的奖励措施。例如代币法——短期目标为每天完成规定的运动量并且成功控制热量摄入,完成短期目标即可为自己增加1枚代币,收集对应数量的代币后可以换取相应的奖励,如喜欢的玩具、一顿心仪的大餐等。长期目标即为期3个月或半年的运动计划,在此过程中可以记录体重变化的数据,不断变化的数据可以达到正向反馈的作用。

除此以外,减肥行动还需要同伴加以支持。此处的"同伴"可以是父母,也可以是同学、教师。在同伴的鼓励下,或当与同伴一起完成运动时,进行减肥的学生更不容易疲劳且能收获成就感。现在流行的"打卡"也是同伴支持的一种形式。

以上这些心理增能的小技巧,可以帮助学生克服减肥过程中的疲劳和倦怠感。其实,当学生愿意尝试通过运动和控制饮食来达到减重目的,并开始走出第一步时,就已经塑造了健康生活的积极心态。

7 如何鼓励学生积极进行锻炼？

案例呈现

> 小狄，女，高中一年级学生。小狄一直对自己的身材不太满意，也常常因为体型的问题心情沮丧。她曾经很多次想要通过运动、锻炼进行调整，尝试过长跑、自行车、网球、篮球……家人也为她办理过社区健身房的家庭会员卡，买过各种运动装备，但她都没能坚持下来。小狄往往在开始进行一项运动时热情高涨，但随着时间的推移，就慢慢觉得没有意思，在还没等到这项运动真正为她带来改变之前，就认为它没有效果，早早放弃。这更加剧了她对自己与未来的悲观看法。

讨论分析

运动类型不匹配

不同的学生由于体质、能力特点以及运动需求的差异，应开展与能适应的运动形式实际会存在较大差异。从男女性别的差异来看，女性的韧带相对较软，也比较喜欢安静、柔美的运动类型，但在力量方面稍显不足。有些女生更希望通过运动来保持体形而非锻炼肌肉，让她们进行以力量训练为主的项目，会让她们感到为难，不愿参与，自然也就很难长期保持运动热情。对男生来说，大部分男生希望通过运动竞技展现与证明自己的能力，更渴望参与有一定对抗性的活动，并期望从胜利中获得成就感。因此，当男生在参与瑜伽、健美操类的活动时容易觉得索然无味，同样也就很难将它们转变为一种运动习惯。同样都是跑步，在运动场馆中为了提高竞技表现而进行的跑步训练，与在社区绿地、沿河的健身步道中以呼吸新鲜空气、调节心情为主的休闲锻炼也有很大不同。然而在案例中，小狄甚至没有细致分析自己的特点，就盲目尝试各种运动，难怪会很快地失去运动兴趣，早早地选择放弃。

运动计划不合理

一些学生在运动时缺乏合理规划，完全凭个人兴趣，这就容易造成运动类型与运动量无法进行合理配比的状况，进而影响后续的锻炼效果。例如，学生为了锻炼上肢肌肉，连续几天都安排自己完成大量器械推举或俯卧撑。在最初的一两天还能勉强坚持，但随着肌肉疲劳的不断累积，又缺乏足够的拉伸与休息，在之后几天的训练中，学生就很难再次达到初期的运动强度。身体的酸痛加上无法达成目标的挫败，就容易让学生半途而废。而间隔过久或每日锻炼强度不足又会导致无法达到运动的预期效果，无法有效消耗、代谢身体热量，也就很难体现运动的价值与意义。在案例中，小狄几乎没有任何训练计划，对于针对不同的运动类型每次要达到什么运动程度，需要坚持多久才能产生效果也并不清楚。除此之外，对于运动时间也应有一定计划，尤其当学生的学业较为繁忙时，何时运动既能有助于改善状态又不会导致过于疲劳也同样需要认真安排与思考。

运动方式不科学

运动习惯的养成与坚持需要有锻炼者的自律作保障，但很多时候能够依靠个人意志严格完成运动任务的锻炼者终究是少数。更多的锻炼者仍需借助各种类型的激励来克服惰性，不断坚持。此时，激励的方式与科学性对锻炼者最终的运动表现具有极大影响。在案例中，小狄如果总是一个人进行跑步、骑行，没有同行伙伴，没有表示支持的鼓励或加油，运动效果的好坏只能由自己评判，那么运动质量就难以获得保证。又如，小狄选择锻炼的目的是减肥，但她在开始锻炼时就奢望自己通过几次锻炼便能拥有苗条身姿的想法是不现实的，甚至正是因为有过高的期待，才让她难以看到或满足于长期训练中的微小改变，以至于在一段时间后就会因为无法达到预期效果而失去耐心。

辅导建议

增加对自身与运动特点的了解

考虑到有些学生出于身体原因不宜参与某些特定的运动项目，教师首先应提醒学生在确认自身健康情况与专业医嘱的前提下开展适宜的体育运动。

对于健康状况相对良好的学生来说，教师则应建议他们通过以往的体育测评成绩与自己的运动状态、感受来确认自己相对擅长或不擅长的运动大类，如力量类、耐力类、技巧类等；随后再与学生探讨运动的主要目的，是通过锻炼强化心肺功能，养成良好的健身习惯，促进个人身体健康，还是减轻体重，保持身材或是增加肌肉，改善个人形象，甚至是考虑进行专业训练，作为特长生或运动员参与高考体育类院系的专项招生。最后教师可以根据对学生日常的观察与了解，针对具体运动项目的选择提供一些建议，还需要为学生提供有关运动项目的介绍，包含哪些活动更侧重于力量、耐力或技巧；到达何种程度可以进入专业的选拔范畴，相关的考试政策又是怎样的；哪些运动相对容易开展，哪些则对场地、设备、人员等有较高的要求……

与专业人士讨论、制订锻炼计划

虽然当前一些体育锻炼类的科普视频、教程内容丰富，有些也确实具有一定的专业性，但不同学生在浏览、观看、学习的过程中仍会存在掌握程度的差异。对于教师来说，如果自己不是体育专业出身的教师，也不是锻炼、运动的爱好者，同时因为每个学生都有不同的课余与周末安排，往往很难为学生提供有关锻炼计划的合适建议。此时，教师更适合作为一个组织者，为学生提供一些官方、权威的渠道与专业体育行业工作者进行交流、咨询，或是为学生分享一些专业、适宜学生阅读的锻炼类资讯，做好后勤保障工作。

一般而言，适合学生的综合锻炼计划需要将主要锻炼项目与相关身体部位的力量训练、有氧练习以及休息调整的时间作穿插安排，而在每次的运动中也需要安排好热身、主体锻炼、拉伸与放松等各个环节。

寻求外部监督与帮助

很多学生往往难以依靠自己坚持锻炼，尤其在开始运动的初期。教师可以在此时为学生提供一些建议与帮助。从个人层面来看，教师可以建议学生借助现代化的锻炼管理工具，如每日打卡、运动数值的记录与分析、即时反馈等来促进学生关注自身进步，并在每日进行打卡的过程中逐渐养成良好习惯。从群体的层面来看，教师可以建议学生寻找一些共同锻炼的伙伴，或由师长来进行定时的提醒、监督与协助，通过建立群组、每日上传运动照片或发社交媒体平台朋友圈等形式，让更多人参与其中，充分发挥大家的力量，共同促进学生运动习惯的养成。如果在与学生共同锻炼的这一"伙伴团队"中有一些优秀的专业人员，那么在遇到一些设备或场地限制的情况时，他们也能结合学生在校、在家或在其他地方的情况调整运动安排，使学生能够就地取材，或是开展一些趣味性的运动活动，灵活地完成既定的任务与安排。

8 学生不注重个人卫生，怎么办？

案例呈现

> 小石，男，高中一年级学生。小石是一名住宿生，虽然他的学习成绩十分优秀，能够在同学需要时为他们提供学习帮助，但与他同寝室的同学都提出不想和他住在一起，原因是他常常连续几天不洗澡，也不换洗衣物。他总是在书桌里放置一些在吃饭时未能吃完的食物，有些甚至都已过期，他也不会及时清理；在体育课上，若手脏了，他就往衣服上随手一擦；他也几乎不会及时地修剪与整理指甲、头发，整个人看起来非常邋遢。父母也经常为此和他沟通，但他都不以为意。

讨论分析

卫生意识淡薄

有些学生对于个人卫生的认识并不充分，就像案例中的小石，在他看来，与自己的学习成绩相比，个人卫生的重要性几乎可以忽略不计。对这些学生来说，他们很少会将个人卫生与疾病、健康建立起充分联系，可能并不会意识到没有及时清洗的双手、路边无证摊贩售卖的食物，是导致自己肠胃疾病的主因，也不会意识到在一个密闭的空间不戴口罩，可能是造成自己感染呼吸道疾病的不良习惯。一些学生也往往很难意识到自己不良的卫生习惯对个人形象的影响，还有更多学生无法将个人的卫生习惯与他人乃至一个区域的公共卫生安全联系在一起。这些因素都会使学生不够重视个人卫生方面的问题。

卫生知识缺乏

尽管学校、社会已经努力通过各种方式向学生普及卫生安全知识，但对于一部分学习能力不足，或由于各种原因错过相关教学内容的学生而言，他们可能无法掌握正确的卫生知识，养成正确的个人卫生习惯。例如，很多学生甚至家长对在公共场合应该如何正确咳嗽、打喷嚏或是完整的"七步洗手法"缺乏足够的了解。在案例中，小石就不太了解该如何合理地处理剩余食物。他或许希望适当地储备一些食物，在肚子饿时可以方便快速地取出食用，但对于如何保存食物以及不同类型的食物可以保存多久，似乎都没有太多的认识。

卫生习惯不良

在另外一些情况下，学生虽然知道正确的卫生行为是什么，但一旦有其他事情发生时，他们就会忘记自己应该做些什么，没有真正地养成习惯。这些习惯有时会与家庭的教育理念与方法相关，有时则会受到学生所在学校监督管理风格的影响。对于小石来说，肯定在之前的校园生活中对指甲、头发的适宜长度有清楚的了解，但他显然还未能养成定期理发、剪指甲的习惯，自然也就给周围的同学带来了麻烦。当学生处于中学阶段时，无论家长还是学校，都将更多精力放在了学生的学业上，较少关注学生卫生习惯的养成，这也导致了一些慢热、需要长期训练的学生在个人卫生方面表现不佳。

尝试反抗权威

在一些家庭中，个人卫生是家长在学习以外经常叮嘱学生的话题，一些正处于叛逆期的学生会通过个人的邋遢行为表示对父母权威的抗争。有时，根据学生的年龄或所在的发育阶段，他们已具备了一定的卫生知识，也可以充分做出正确的卫生行为，但他们偏偏会拒绝按照父母的建议行动。这一现象较多地出现在亲子矛盾冲突剧烈或父母溺爱孩子的家庭之中。在父母非常强势的情况下，有些学生会以在个人卫生方面的叛逆对抗来获取自己在其他方面无法得到的掌控感。

辅导建议

提高学生对卫生的重要意义的理解与认同

除要向学生以口头的形式直接告知个人卫生的重要性之外，教师也需要注意到学生的年龄特点。尤其是针对年龄较小的学生，教师在进行相关的教育活动时需要注意教育的形式。其中，有以下几项活动能够给学生带来深刻印象，增加认同。

（1）收看感官冲击强烈的视听素材

不同于抽象的文字内容，当教师能够为学生提供视听冲击力较强的卫生宣传海报、漫画、视频或是声音、旋律与节奏动听的讲解音频时，更容易给学生带来良好的感受，使学生更有可能接受宣传材料中主张的观点与内容。

(2) 宣讲贴近学生生活的典型案例

许多涉及公共卫生的内容在各行各业都会进行宣传普及，但在学校开展普及活动时，教师应注意选择贴近学生生活的典型案例，例如食用校外摊贩售卖的食物导致的严重食物中毒事件等。贴近生活的案例一方面能够拉近教师与学生的距离，另一方面也便于教师从中提炼有关卫生知识的重要内容，有助于后续的分析与讲解。

(3) 组织可使学生充分参与的体验活动

在一些学校，教师甚至可以结合卫生教育的内容，设计学生能够充分参与、体验的活动。例如，让学生观察细菌培养的过程，使学生直观感受细菌的繁殖速度，了解为何要在指定时间内食用各类食物，为何不能以长期开口的器皿或包装方式保存食物以及为何应注意保存温度……学生会在活动中获得更深的体验，也愿意更多地注意与做好个人卫生保健。

经常开展有关卫生知识的宣传指导

不同于学校的学科学习，学生对于卫生知识的学习几乎完全依赖于学校通过海报、晨会、讲座等方式进行的教育。没有足够的训练与强化，学生即便在最初能够知晓理解相关知识，也依然会有遗忘的可能。教师能够做的，就是要尽可能多地开展宣传与指导，通过练习、训练帮助学生真正掌握正确的卫生知识。

加强对学生的个人卫生的监督管理

当学校通过各种考评机制提高学生个人卫生对于学生评优、班级评优或教师评优的影响力时，学生、班主任以及任课教师就更有可能从理念上加强重视，通过更多的日常检查、提醒、教育、指导，包括动员与组织班级干部，成立专门的校园学生管理组织，帮助学生通过反复强化更快养成良好习惯①。

帮助学生厘清个人卫生与亲子沟通的关系

教师需要与学生进行充分交流，深入了解学生无法处理好个人卫生的主要原因。当学生是将个人卫生作为对抗父母权威的一种工具或手段时，教师就可以与学生认真探讨做出这些行为的主要目的，在确保学生需求合理的前提下，与学生探讨其他更为合适与恰当的做法。

---

① 徐春英.中学生良好卫生习惯的养成教育探究 [J].职业，2009 (9)：113.

9 如何帮助学生养成劳动习惯？

案例呈现

小文，男，高中一年级学生。每天放学回家，小文总是习惯性地把书包往地上一扔，胡乱地从书包里翻找出家庭作业，开始自顾自地学习，而在书桌上还放着前一天没有整理的书本与文具，卧室里的其他角落也同样一片狼藉。在这一过程中，当小文感到疲累时，就随手拿起一包零食，躺在床上开始休息。但今天，当他如此躺在床上休息时，总觉得不怎么舒服，原来他背后放着他今天早上临走时换下的睡衣，而他前几天落在床上的糖果包装纸在旁边沙沙作响。小文的父母来叫小文吃晚饭，看到他乱糟糟的房间，想起小文的班主任也常说他不爱劳动，感到非常担忧，并苦恼到底该如何让他养成良好的劳动习惯。

讨论分析

学业繁忙

从案例可以看出，小文的学习任务较为繁重，长时间的学习会让他感到疲劳，以至于让他选择性地关注学业、忽略劳动。对学生来说，每天的学业任务确实是应当得到重视并优先完成的，但很多时候他们却也忽略了劳动意识与劳动习惯对于他们未来人生的重要意义与价值。仅以学生个人而言，大部分劳动技能实际是为了能够顺利完成各项日常家务，承担好自己的家庭责任而服务的。但劳动所代表的意义与价值并不只限于劳动的具体活动，而是当学生愿意为了家人或同伴参与劳动时，意味着他们能够站在一个更为宏观的视角看待自己通过劳动主动承担群体责任[①]，为他人营造良好环境无私奉献的精神境界。

---

① 李苹. 新时代中小学劳动教育的价值内涵与路径探析 [J]. 现代中小学教育，2020，36（8）：1–5.

家长代劳

在一些家庭中，家长或许也曾尝试过让孩子来完成一些家务，但孩子往往会推脱拒绝，即便答应下来，也会敷衍了事。在部分家长看来，这是一件耗费了大量时间与精力却未必能达到预想的劳动结果的事，看起来如此不划算的投入与产出会让不少家长就此放弃让孩子完成家务的尝试，转而自己代劳。孩子也因此失去了早期实践与练习的机会，无法在劳动方面积累足够的经验，进而影响孩子的自我评价和行为动机。

批评多于表扬

对于孩子的劳动成果，家长常会以成年人的眼光进行评判，并抱着希望孩子做得更好的想法提出各种改进建议，有时对孩子做得好的部分三言两语带过，却对孩子做得尚有不足的部分挑剔有加。孩子难以获得父母的认可，也会在一定程度上破坏亲子关系。孩子在某几次试图完成家务时的不愉快经历可能会逐渐转变成孩子对于家务活动的反感，从单纯缺乏劳动知识技能的状况转变成对于父母权威的反抗。教师需要在家校沟通中针对于此进行指导。案例中，小文在家务劳动方面所得到的反馈是父母对于他脏乱房间的负面评价与指责，以及学校教师对他不爱劳动的评价，这些都可能进一步导致小文不愿开展劳动。

辅导建议

合理设置劳动任务

对于不同学生来说，适合他们的劳动任务是不同的，即便是同一年级的学生，由于各个家庭的教养风格以及个体的劳动经验不尽相同，他们在劳动能力上也会出现差异。教师与家长应关注学生的实际劳动能力水平，结合学生最近的学业安排，适当调整劳动任务①。

具体来说，可以将家务劳动从时间、体力耗费程度、操作难度几个方面进行划分。例如：针对学业繁忙、劳动经验不足的学生，教师或家长可以安排他们完成自我与周边的劳动保洁和整理任务；针对稍有经验的学生，则可以安排他们完成一些需要使用工具的区域性、技巧性劳动任务，如对劳动死角、无尘黑板进行清理，甚至参与到校园与学校周边的志愿劳动任务中。如果学生对劳动相关的内容或任务感兴趣，教师或家长也可

---

① 余文森，殷世东. 新时代中小学劳动教育的内涵、类型与实施策略 [J]. 全球教育展望，2020，49 (10)：92-100.

以引导学生培养相应的劳动习惯。例如：学生喜欢美食，就会比较容易接受烹饪任务；学生喜欢绘画，就会比较愿意参与班级环境布置、板报绘制等活动。

与学生一起做家务

在学生参与劳动的初期，教师与家长除了通过口头进行劳动任务的讲解，还应当尽可能地提供陪伴与持续关注，对于学生难以胜任的任务应逐步进行分解，直到他们能够掌握基本的步骤、要领与技巧。例如，针对学生个人物品与学习材料的整理，教师和家长可以先协助学生做好材料的分类，再由学生进行甄别选择，之后经常提醒学生进行分类整理，直到学生慢慢养成这一良好习惯。特别需要注意的是，劳动习惯与其他习惯的养成相同，都贵在坚持。这不仅是对学生提出的自律要求，也是在学生习惯养成初期，教师与家长始终要经常关心，及时为学生提供恰当帮助而不全权代劳的行动原则。

多加鼓励与表扬

不同于学业方面的成就，学生对于劳动往往并不重视，缺乏兴趣，而且被动参与的过程更容易让学生感到烦躁。教师和家长需要做的不仅是在学生表现不佳时，对他们加以提醒与教育，更多时候需要在他们做得不错以及投入其中时，通过鼓励、表扬等正向的方式强化他们对家务的良好感受，并让他们在劳动过程中感受到自我成长与进步，发现自己的一些优势与特质。例如，学生在整理个人物品时特别善于收纳，并能够结合使用习惯合理调整物品位置，教师和家长就可以及时对这一出色表现进行表扬，并肯定学生对于细节的关注，促进学生发现自己细心的特质，从而不仅达成学生对于整理这一劳动行为的强化目标，更有助于学生未来在学业、工作等诸多领域进一步优化与发挥自己的个性与能力优势。

10 学生过度使用电子产品,怎么办?

案例呈现

> 小建,男,高中二年级学生。小建平时特别喜欢摆弄各类电子产品——智能手表、手机、平板电脑、笔记本电脑、台式电脑……很多时候他会在自己的房里待上一整天,连父母叫他吃饭、休息,他都不能及时理睬,父母因为这件事情与他产生很多争执。通过与小建及其父母的交流,班主任了解到,在小建的父母看来,小建对电子产品的过度使用是无益于他的成长,但小建却觉得这是他生命中不可或缺、无可替代的事情。不过有时,他也觉得自己在这些电子产品上花费的时间超过计划,他也不知道该如何应对与解决。

讨论分析

感官刺激

学生使用电子产品的一大目的是玩电子游戏,有人认为电子游戏是一种特殊的艺术形式,因为它在视觉、听觉,甚至触觉方面都能给人带来强烈的感官体验,一如其他绘画、音乐与影视作品。大量优质电子游戏在人物设计、插画、配乐及游戏内的动画方面确实动足了脑筋。近年来,许多电子游戏改编作品足以说明电子游戏在人们日常娱乐生活中的重要地位,如《最终幻想》系列电影、《英雄联盟》长篇动画剧集、《阴阳师》主题绘画与角色扮演作品展……教师不应全盘否认优秀作品的艺术价值,而应引导学生从更积极的角度欣赏、学习其中值得借鉴的部分,并保持对更多艺术形式的开放心态与探索热情,让学生能够在多元的艺术比较中拓宽视野,而非沉溺于某种单一的娱乐选择。在案例中,小建的父母只关注了小建在电子产品上所花费的时间,但对于小建实际在用电子产品做什么、被什么所吸引却似乎一无所知。这时,来自父母的盲目指责往往难以让孩子信服。

虚拟成就

电子游戏吸引学生的另一个主要原因是虚拟却又令人满足的成就感。尽管大部分在电子游戏中获得的奖励仍然只能用于游戏内部，只有部分玩家能够通过出售游戏道具、账号或代练服务等获取现实报酬，能够进入电子竞技行业的玩家更是凤毛麟角，但学生通过大量练习完成不断升级难度的挑战也确实感受到了个人能力的提升。部分网络游戏的竞争特性会更容易让学生认为自己比其他真人玩家更为出色与优秀。对于一些本来就在学业方面表现欠佳、难以在学校常规考核中出类拔萃的学生来说，这种在游戏中获取的成就感与自我效能感往往显得更具吸引力。从小建与父母经常发生冲突的状况来看，小建似乎生活在一个以指责孩子居多、对孩子缺乏认可与支持的家庭中，此时游戏就成了他保持自尊、认可自身价值的唯一途径[①]，也难怪他会称呼其为"生命中不可或缺、无可替代的事情"。

社交工具

对部分学生来说，使用电子产品更多是为了社交。除通过玩游戏、看视频探索、积累与同龄人交流的话题之外，相对较为常见的情况是学生通过使用电子产品实现与同学的网上交流。各种聊天软件、网络群组、社交媒体平台空间动态等似乎让学生拥有了类似校园，但更胜于校园的社交世界，学生在此可以进行更加真实的意见表达、趣味互动以及与至交好友深入、亲密的情感交流。对于一个本就温馨和谐的家庭来说，或许它不过只是一种关系形式的补充，但如果一些学生生活在一个关系疏离、交流甚少的家庭中，他们选择投身网络就几乎成了一种必然。

沉迷机制

从小建也认为自己在电子产品上花费时间过长却无法有效自我管控的情况来看，在使用电子产品的过程中，小建有时会面临"身不由己"的状况。

如今，当打开任何一款游戏软件，甚至其他一些手机应用程序，人们都能看到各种每日打卡与荣誉评级的功能设计。它们看似只是为了增添软件使用趣味性的附带产品，但实际上，它们的内容与层级设置都颇有讲究。以流行的多人在线战术竞技（moba）类手机游戏《王者荣耀》为例，它的"任务一"是每天如完成一场对局可获得一笔游戏内的货币奖励；"任务二"是累计摧毁至少3座防御设施；"任务三"是累计参与20次助

[①] 赵浚，冯华祥. 当代中学生沉迷电子产品的心理因素研究[J]. 新课程（下），2017（10）：10.

攻……每一项任务都只需要在之前的基础上多完成一场就能达成，当每局游戏所需时长较短时，这些任务就会推动玩家再多尝试一次，于是不断地推动玩家一步一步完成更多的游戏场次，由此增加了玩家沉迷其中的风险。

辅导建议

提供更多替代选择

教师如果能够了解学生沉迷电子产品的核心需求，就可以围绕这些需求寻找到更多、更健康、可以替代电子产品的活动选择[1]。

(1) 不同类型的积极情绪体验

教师可以让学生体验更多不同的娱乐形式，除了与游戏一样侧重提供欢愉感官体验的活动，包括视听影音、触觉安抚、美食品尝等，还可以让学生尝试参与一些侧重过程性投入的活动，例如阅读、绘画、演奏乐器、唱歌、舞蹈、运动、旅行……

(2) 成就感

教师可以努力让学生在游戏以外的活动中感受更多成就感，包括在学生学习中调整与设置适合学生能力水平的学习任务，鼓励学生结合自身特点参与班级、社团或其他学生组织工作等，及时在学生进步时给予肯定与鼓励，使学生能逐渐喜爱校园生活。

(3) 有益的社交活动

教师可以在平时为学生安排线下小组与集体活动。例如，集体完成板报设计、共同庆祝同学生日等，以增进学生的同伴友谊，并在活动中引导学生学习健康的社交规则，建立良好的人际关系。同时，提醒学生合理使用电子产品与分配课余时间。

用好各类管理工具

对于学生使用电子产品的管理，已成为全社会共同关注的教育话题。随着技术进步，一些便于使用且效果良好的管理工具应运而生。针对学生使用个人手机进行游戏的情形，家长可以通过实名制认证与统一的账号管理，利用防沉迷系统限制学生每日及周末的游戏时间；针对学生经常浏览视频的情形，家长则可以通过与学生共享同一账号的方式监管学生的浏览记录与时长。部分家长甚至可以通过提前为学生借用的手机设置锁屏软件与特定密码的方式，管控孩子的使用时间。教师可多加关注，提醒并指导家长结

---

[1] 荆敏菊.中小学生电子产品使用状况及其对心理发展影响与对策的研究综述［J］.现代教育科学（普教研究），2015（4）：77-79.

合学生实际情况合理使用电子产品。

协商制订契约

通过工具进行管理可以实现一种客观的限制，其前提是学生能够了解、接受并配合管理。因此，教师和家长应在使用管理工具前与学生做好教育沟通，协商制定管理方式，并获得学生承诺，建立契约，从而推动学生更好地执行。

具体来说，在电子产品管理方面，教师和学生应围绕具体使用的工具、软件及学校相关管理规定，针对电子产品的型号、用途、账号、所需时间、遵守或违反契约的奖惩方式等达成一致"协议"。教师应注意在与学生协商时，要平衡好必须坚守的管理底线，以及可提供给学生的弹性空间，这更利于师生在遇到特殊情况时灵活处理。

11 如何引导学生健康使用网络？

案例呈现

> 小钟，女，高中二年级学生。小钟因喜爱一位明星，加入了一个网络粉丝社群。在一次浏览信息的过程中，她看到有人转发了一条有关自己偶像的"引战"*微博。对此，网络粉丝社群的成员们群情激奋，纷纷表示要发帖应援自己的偶像。小钟没有多想，只觉得自己作为粉丝社群的一员，似乎也该参与其中，于是也学着社群成员们的口吻发布了一条言辞激烈的社交媒体平台动态。未曾想到，这条动态被班里其他同学频繁转发，甚至受到了自己偶像"黑粉"**的关注。一时间，大量不明来历的网友在小钟个人的网络空间中留言，各种不良言辞不停地刷新在小钟的手机上，令小钟困扰不已。更令她感到郁闷的是，几天后，在粉丝社群里有人发出辟谣信息——原来最初的"引战"微博竟然只是一个好友间的玩笑与误会，可她却依然要为这场本可避免的网络争端无奈买单。

讨论分析

信息爆炸无遮拦且来源不清

在案例中，本来无辜的小钟却因一条不实的谣言深受其害。缺乏对于信息真实性的判断能力是造成这一状况的重要原因。

信息时代的学生获得信息的途径以及每天接触的信息总量不断增加，但这些纷繁的信息有时却难辨真伪，网络热搜话题可能只是噱头十足的空洞谣言，网站"最佳回答"不过只是浏览量最多的一家之辞，媒体大肆宣传的"曝光时刻"或许只是断章取义的一

---

* 网络用语，通常指某人故意挑起争端或冲突。
** 网络用语，一般指恶意抹黑明星的粉丝群体。

个相机捕捉的瞬间……当大家频繁使用抖音、小红书等平台的基于大数据个性化推送的功能时，学生接收到的推荐信息类别也会变得非常有局限，有时使用初期不当的搜索与点击会在很大程度上影响学生后续接受平台信息推送的信息排序与内容获取，甚至在这些资讯中的耳濡目染让学生逐步改变思考方式与价值判断。此外，各类网络骗局层出不穷，学生在享受网络便利的同时也面对着不少新的问题与挑战。

网络去抑制化与群体冒险性提升

在案例中，从小钟最初发出"动态"到信息快速传播及言辞争端不断升级，网络在推动事件发展的过程中展现出了它惊人的力量。

由于在许多论坛、群组中，学生常常通过昵称和非本人形象的头像图片塑造着自己虚拟的网络形象，即便很多平台都需要实名注册，很多学生依旧认为大家素未谋面，互不了解，自己可以借助网络一定的匿名特性进行大胆、冒险的互动尝试。如果获得成功，广泛的曝光与传播足以让学生获得真实的自我满足感；即使失败，可以换个昵称，甚至注销账号重来，付出的代价与成本根本不值一提。甚至当学生在网络平台与社群中征求意见时，他们也会听到许多比在现实中更为激进与不计后果的观点与建议。这在一定程度上会模糊学生的是非标准，进而影响学生最终的行为选择。

个人网络素养不足

对于学生来说，尽管他们对于网络这一事物并不陌生，但在使用网络时，他们更多凭借的是自己摸索的经验，而非科学、恰当的上网知识与技能，所以网络素养有待提高。如何抓住关键以鉴别信息的真假与品质？如何最有效地获取真正权威、专业的信息？如何利用网络数据的推送规则来获取更有价值的信息？如何通过碎片化的信息拼凑出完整的事物或事件全貌？如何保护自己在网络骗局中免受侵害？如何理性对待网络中的矛盾冲突？……许多学生其实都像案例中的小钟一样，需进行更多学习。

辅导建议

推荐官方优质信息源

如何获得相对准确的信息？一种简单且适用于大部分学生的做法就是选择关注官方平台的信息发布。大型官方平台的信息发布需要经过严格审核，对于存有疑问或可能引发争议的内容也会进一步核实。同时，专业类的权威网站也能提供较为系统的信息内容，以方便使用者通过浏览学习掌握相关知识。

加强上网技能的教育指导

教师与家长都应指导学生科学上网,具体应包括以下几点。

(1) 正确评估信息质量

当官方平台无法为学生提供所需信息,学生需要通过其他多种渠道搜集信息时,教师与家长应帮助学生学会如何鉴别信息的质量。一般来说,需要关注信息来源,专家观点、专业书籍与学术文献,相较于个人观点、论坛信息、网络新闻的质量会更高一些。在信息出自同类来源的情况下,客观的表述通常也会比情绪化的观点更符合事实。针对个性化的信息推送,教师与家长可以提醒学生关注推送的信息类别,通过搜索、多次点击与所需信息相关的内容,逐步将推送调整为适合自己需求的状态。

(2) 文明上网

教师与家长需要告知与提醒学生关注上网的文明礼仪,加强道德素养[1];注意在网络平台上的文明用语;在不了解具体情况时不随意参与冲突话题的讨论,不发表煽动性的言论;在网络群组中遇到问题应先个别沟通,未经他人同意不得公开他人的隐私信息;不造谣,不传谣,不传播不良信息,不参加群体网络暴力活动与线下的"人肉"攻击性活动。

(3) 做好自我保护

当前网络骗局复杂多样,各类网站、游戏等设有各种隐藏支付与捆绑扣费消费陷阱。教师与家长应提醒学生在上网过程中,特别注意不要轻易泄露个人的隐私信息或私密照片;在进行任何点击操作之前仔细浏览内容,避免不当操作;不浏览不良网站;不轻易下载与安装插件;不以猎奇心态随意点击网络链接。

鼓励实名,建立惩戒机制,加强管理

在个人信息能够获得保障的情况下,如在学校或班级群组、内网系统、在线课堂中,教师应鼓励学生使用实名进行登录、沟通、交流,对自己的网络言行负责。同时,教师应做好有关网络相关法律法规的宣传教育,促进学生形成良好的上网意识,防患于未然。对在使用网络过程中有过不当行为的学生,教师也应及时提醒,加强教育,了解他们的行为动机,指导他们采取更为恰当的方式与方法。

---

[1] 董雅,张鹰.青少年学生网络不良行为与学校网络道德教育[J].中国教育学刊,2002(1):49-52.

12 学生喜爱动漫二次元影响了学业，怎么办？

案例呈现

> 小孙，女，高中一年级学生。小孙在小学三年级时看了日本动画《进击的巨人》后就迷恋上了动漫，进而发展到对二次元的狂热喜爱：每天回到家的第一件事就是追番*，而且一定要在看完后才吃饭、做作业；收集喜爱的动漫周边产品，在家里专门放置了一个陈列展示柜，价值不菲；热衷于动漫人物的COSPLAY（角色扮演），和同学或漫友相约动漫展……进入高中后，原本成绩不错的小孙出现了第一次学业成绩滑坡。班主任和父母软硬兼施，好说歹说才让她冷静下来，专心学习。

讨论分析

什么是二次元

二次元是一种新兴文化潮流，源于日本，意思是"二维"。动画、漫画、游戏等作品都是以二维平面图像构成的，所以通过这些载体所创造的虚拟世界被称为"二次元世界"，简称"二次元"。与之相对的是"三次元"，可以理解为二次元代表虚拟世界或是幻想世界，三次元代表现实世界。

随着互联网的不断发展，二次元文化越来越被人们所接受。目前，中国的二次元产业发展正步入爆发期。2020年，二次元产业的市场规模达1000亿元，年增速达到32.7%，泛二次元用户规模突破4亿，绝大多数用户年龄在24岁以下，占总用户数的65%。为什么二次元世界能让这么多青少年为之疯狂？一方面，动漫作品往往具有新奇、有趣、多元等特点。奇思妙想的世界、光怪陆离的环境、性格迥异的人物，这些在现实生活中无处可见，却在二次元的虚拟世界中比比皆是，对于充满好奇、渴望探索的

---

* 即第一时间收看每周更新的动画。

青少年来说，具有强大的吸引力。另一方面，高压的学习环境、复杂的人际关系也迫使着青少年来到二次元世界中，体验属于自己的美好生活①。

对兴趣的过度喜爱

每个青少年都有自己的兴趣爱好，它可以作为学习生活的一种调味剂，有助于改善情绪、缓解压力。而且适当发展兴趣爱好，对于青少年的未来发展，如专业选择和职业生涯，有重大影响。但有很多青少年沉迷于自己的兴趣爱好，如本案例中的小孙，对动漫二次元的喜爱已经达到了迷恋的程度，这不仅影响了她的正常生活作息，还导致她因无法保证充足的学习时间而成绩下降，同时，可能会造成家庭矛盾，使亲子关系紧张。

辅导建议

学生在参加自己感兴趣的活动时能够产生积极的情感体验，而在相对枯燥、任务繁重的学习活动中则常体验到消极的情感。因此，许多学生在从感兴趣的活动转移到不感兴趣的学习活动时面临困难。如何帮助学生避免因个人兴趣爱好而影响学业呢？教师和家长可以试着从以下几点开展工作。

兴趣与学习并重，避免一刀切

对于多数学生而言，兴趣的吸引力要远大于学习，而从多数教师和家长的角度来看，学习则更为重要。首先教师和家长应该明确，学习与兴趣爱好同等重要。学习是当前学生主要的任务，但学习活动也是多元的，除学习书本知识外，参加社会实践、培养兴趣爱好等也都是学习的一部分。在强调"德智体美劳五育并举，全面发展素质教育"的当下，兴趣爱好的培养有助于促进学生多元发展。所以，教师和家长既不能放纵学生沉迷兴趣爱好而影响正常的学习活动，也不可一味强迫学生只盯着书本而忽视兴趣爱好的培养，避免"非此即彼""一刀切"的做法，引导学生合理安排兴趣爱好与学习活动在生活中的比重。

合理安排时间，完善作息规划

兴趣活动好玩有趣，容易让学生产生稳定的内驱力，当学生长时间沉浸在其中时，会消耗大量的精力。青少年普遍自制力差，无法合理地分配各项活动的参与时间。就如案例中的小孙，当她想到自己应该专注学习时，已经没有多少时间可供使用，就只能草草完成作业，这使得学习效率大打折扣。教师可以试着和学生一起制订兴趣活动和学习

---

① 马中红，孙黎.二次元文化及其对青少年的影响［J］.中国德育，2017（12）：6.

活动的时间分配计划，平衡两类活动的时间分配，并且做好监督工作。如此，不仅学习与兴趣爱好两者间的矛盾可以被有效化解，学生还能养成良好的作息习惯，益于身心健康。

设置学习目标，建立激励制度

对于大多数学生而言，学习的过程通常是痛苦和煎熬的，但可以通过一些方法加以改善。一种方法是设置学习目标。学习目标应以学生实际情况为据进行设置，即设置通过个人努力可以达到的目标。目标过高，学生容易出现挫败感；目标过低，学生则容易轻视学习，养成懈怠的习惯。学习目标还分为短期目标、中期目标和长期目标。短期目标宜以天或以周为单位，中期目标一般以半学期或者一学期为标准，长期目标可以学段为标准。教师应在不断督促学生完成短期目标的基础上，根据学生的实际情况调整中、长期目标。

另一种方法是建立激励制度。激励即通过对学生的学习行为进行奖励，达到促进和激发学生进行学习活动的一种方法，属于行为强化法。激励制度可以结合学习目标进行制订。例如：若完成每日作业，奖励自由活动时间；若保证每周或每月按时完成学习任务，各科学业成绩优秀，则奖励一次大餐；等等。需要注意的是，激励的原则包括及时反馈、按需激励，以及物质激励与精神激励相结合。及时反馈是当学生完成学习目标后马上给予奖励，或不晚于下一次学习目标完成前给予奖励。按需激励是根据学生的需求给予奖励，以达到激励效果的最大化。物质激励与精神激励相结合，有助于学生将外部动力转化为内部动力，使得学习行为更加稳定。

13　学生迷恋且疯狂追星，怎么办？

案例呈现

小千，女，八年级学生。小千是学校的名人，因为她的另一个身份是明星王某的疯狂追星族一员。小千的房间里贴满了王某的海报，王某一旦有影视作品或音乐专辑"上新"，小千就立马去支持。她还在班里组建了一个小型粉丝团，在课间或午休时，班级粉丝团成员就会一起讨论王某。渐渐地，小千的名声从班级传到年级，从年级传到全校。其他班级的王某的粉丝慕名而来，班级粉丝团发展成为学校粉丝团，小千任团长。

自从做了学校粉丝团团长，小千对偶像的消息愈加关注。为此，她偷偷将手机带到学校，甚至偶尔在上课时还会拿出手机浏览王某的消息。在得知偶像参加了某个音乐榜单的"打榜"*活动后，她鼓动学校粉丝团的成员为王某"打榜"，并在短短一个月内花了好几千元钱。学校粉丝团成员的家长知晓后，将此事告知学校管理层。可是小千并不觉得自己做错了什么。她表示，为了自己的偶像，她心甘情愿付出这些。

讨论分析

追星，即偶像崇拜。"追星族"一词最早来源于20世纪70年代台湾地区，指对明星崇拜到迷恋程度的群体。他们多数是处于青春期的少男少女，通过电视、网络等媒体认识明星，因明星外表俊美，或才艺卓越，继而对其产生偶像崇拜的心理。正确的追星方式可以使得青少年学到明星的优秀品质，但如果过度追星，将大部分时间放在追星行为上，甚至对偶像盲目崇拜，模仿偶像到狂热的地步，为偶像花费大量精力和金钱，那么

---

* 在音乐排行榜上为喜欢的歌曲或明星投票以增加其曝光度和排名的行为。

对个人和社会均会造成不良的影响①。

追星对青少年的积极影响

对于青少年来说，追星是一种实现自我认同的途径，是对个人成长的探索，是对自身理想的确立。青少年时期是个体形成自我认同感的阶段。青少年需要思考自己是一个怎样的人，描绘将来生活的理想愿景以及明确个人应该努力的方向。在此过程中，他们往往会寻找一个标准，而拥有更多曝光度的明星则成了这样一个参照物。当明星取得一系列个人成就时，青少年通过观察习得他们的榜样行为，并进一步坚定对偶像的崇拜②。

追星还能让青少年收获归属感。追星的过程可以看作个体对亲密关系的追求，是青少年不断社会化的体现。青少年在成长过程中由于自我意识增强，相较于父母，更愿意和同龄人沟通交往。此时，若同伴间沟通的话题是某一明星或者偶像，他们则会想方设法对目标对象进行了解，以期通过追星达到和团体的一致性，从而获得归属感。

不合理追星的弊端

不合理追星不仅会影响个人学习，有时还会阻碍青少年正确价值观和人生观的形成。有的追星族将偶像作为自己的精神依托，整日神情恍惚，生活在预设的幻想世界中，导致身心状态失衡；还有的追星族在公共场合对明星围追堵截，以求获得明星签名或合照，引发公共秩序混乱，造成严重后果。在本案例中，小千对明星的崇拜已经出现了迷恋和狂热的情况。她的行为影响了正常的教学秩序，还造成自己和同学相当数额的财产损失。如果教师不针对这种现象进行合适的教育指导，学生可能意识不到问题的严重性，从而不利于学生的健康成长。同时，教师要提醒学生警惕那些利用未成年人追星热潮从中牟利的不良个人和团伙。2020年7月13日，国家网信办决定开展"清朗"未成年人暑期网络环境专项整治，重点整治诱导未成年人无底线追星、"饭圈互撕"等价值导向不良的信息和行为——严厉打击诱导未成年人在社交平台、音视频平台的热搜榜、排行榜、推荐位等重点区域应援打榜、刷量控评、大额消费等行为；大力整治明星话题、热门帖文的互动评论环节煽动挑拨青少年粉丝群体对立、互撕谩骂、人肉搜索等行为。这是国家对追星行为特别是未成年人追星的规范和保护。

---

① 孙天威，杨志刚.对青少年追星现象的心理学分析及教育策略[J].教学与管理（理论版），2002（6）：3.
② 于海燕.从青少年追星谈榜样教育[D].内蒙古：内蒙古师范大学，2012.

辅导建议

考虑到青少年追星有其心理发展上的需求，对于追星行为，不该讨论对不对，而应该讨论用何种行为、何种途径更合适。所以，教师和家长对学生追星一方面要表示理解，另一方面需加强指导，让学生的追星行为更有意义。以下几条建议可供参考。

主动了解学生喜爱的明星

教师、父母对学生追星行为的不理解往往始于对学生喜爱的明星的不熟悉，甚至偏见，可以试着主动了解学生的偶像，以中立客观的视角去探寻明星的个人经历和优势，与学生建立沟通渠道，消弭代沟，促成良好关系的建立。

开展"我的偶像"主题讨论

教师可以在班级里或者小组内开展"我的偶像"主题讨论，让学生分享自己的偶像、偶像的成长经历，以及自己的追星方式；同时尝试引导学生发现身边的偶像，告诉学生"偶像不一定是明星，可以是军人、科学家、运动员、医生，也可以是你的同学、教师、父母甚至亲戚朋友。只要一个人的身上有吸引你的、值得你学习的地方，这个人就可以成为你的偶像"。

引导学生将榜样的力量转化成自己的动力

青少年追星可以看成追求优秀的能力或者品质的行为。所以，教师应帮助学生发现偶像身上的优秀品质，将榜样的力量转化成自己的学习动力，培养优秀的人格素养，打造健康向上的人生观与价值观，为追星行为赋予积极内涵。

14 学生总是"出口成脏",怎么办?

案例呈现

> 阳阳,男,九年级学生。阳阳性格开朗,酷爱运动,学习成绩也在班级名列前茅,教师和同学都很喜欢他。不过阳阳有个小缺点,就是喜欢说粗话、脏话,为此班主任没少批评他。阳阳觉得说点粗俗的话也不是什么大事,偶尔还能引发同学们的笑声,所以也没有作出改变的想法。直到有一次,他在球场上和高年级学生发生了冲突,从口角演变成了打架,不仅自己受了伤,最后还受到了学校的处分。

讨论分析

中国自古被誉为礼仪之邦,人们从小接受的教育也一直强调文明用语的重要性,但是校园中学生说粗话、脏话的现象处处可见,网络脏话更有成为广大青少年社交语言的趋势。实际上,脏话作为一种语言现象长期存在于社会之中,其生命力之强、流传之广泛、演变之丰富令语言学家也叹为观止。特别是网络脏话,通过谐音、音译、合成等方法对通行词汇进行改造,为其赋予了新的含义,降低了语言的攻击性[①]。为什么在大力推广普通话,要求文明用语的今天,粗话、脏话依旧屡禁不止呢?究其原因可能有以下几点。

宣泄作用

说脏话具有普遍意义上的心理学作用,即帮助个体宣泄情绪。细想一下,人在什么时候会说脏话?或愤怒,或害怕,或兴奋,或惊讶时。当其中一种或者多种情绪因相关事件或环境而被唤起时,人应该如何表达此刻的状态呢?讲一句脏话可能是最简单、直

---

① 李长健,沈露依,但思臣.当代青年群体使用"网络脏话"动因的实证研究[J].东南传播,2019(9):4.

接的方式。

在虚拟网络环境里,许多口语语境中的不文明用语被作为表达个人情感和情绪的语气词。有网络博主研究过,在近几年中国网络流行语中,一部分出现频次较高的网络脏话已逐渐被广大网民所接受并持续使用,一般被认为已经没有攻击和辱骂的含义,而作表达惊讶或者兴奋之用。

社交作用

对部分学生而言,在校园中说脏话是增进与他人关系的一种方式[①]。在青春期成长过程中,青少年往往会担心自己无法吸引到同伴,也缺少建立友谊的方法,而说脏话作为一种不被主流允许但充满新奇和刺激意义的行为,更易获得同龄人特别是异性的关注(无论是正向还是负向的)。在本案例中,阳阳认为说点粗俗的话也不是什么大事,偶尔还能引发同学们的笑声,也印证了这一点。教师应该引导学生认识到,脏话是一种带有贬低和侮辱色彩的不文明用语,在自己关键的心智成长时期,说脏话不利于健康人格的塑造及文明行为的养成。

学生说粗话、脏话也可能是受到模仿心理和从众心理的影响。有些学生听到同伴或者网友用平时不常见的讲话方式讲一些自己没听过的内容,会因为好玩而去尝试模仿。若该行为得到了同伴群体的关注,则行为将被强化进而多次发生。从众心理则表现为个体在群体的影响或者压力下转而"随大流"。如学生平时不说脏话,当身边的朋友、同学都开始说脏话时,可能会促使其采取与周围人一致的行为举动。

行为习惯

有一类"出口成脏"源自学生个人的行为习惯,并可追溯到其成长的环境。如学生与父母、祖辈、邻居,或者小时候一同游戏的玩伴,在一段时间的接触中,被他们说脏话的行为所影响,或长时间地处于被他们影响的环境中,同时缺乏正面引导,如没有大人指出这是不当行为,最终在较为关键的行为塑造期习得了说脏话的习惯。这类情况较常出现在留守儿童群体之中。

病理原因

此外,病理性因素是导致学生频繁说脏话的另一种原因,这是一种以不自主地突然抽动或伴有爆发性发声和污言秽语为主要表现的抽动障碍疾病,多发生于4—12岁的男性。由于这种行为表现无法自我控制,并且伴有其他的抽动症状,教师应建议学生到专门的医学机构进行诊疗。

[①] 吕振红.校园环境下青少年脏话现象的心理机制解析及对策研究[J].中文信息,2017(6):165.

辅导建议

青少年讲粗话、脏话有一定的社会因素和心理成因，但不代表存在即合理，教师不可放任自流任其言语。当有学生总是"出口成脏"时，教师可以做些什么？建议从认知引导及行为控制两个方面开展辅导。

认知引导，知错就改善莫大焉

前文提到，脏话可以帮助宣泄情绪，也有许多学生讲脏话是为了好玩。当发现学生出现说脏话行为甚至已经形成习惯时，教师应让学生认清这一脏话的内容和含义，认识到说脏话的行为是错误的，并且与学生讨论有无更合适的方法来代替说脏话。

当说脏话的行为在某一学生群体内多次出现时，教师可以试着引导学生讨论"说脏话有什么好处""如果有人对你说脏话，你的感受如何"等议题，在群体内通过换位思考等方法与其他学生达成共识，做到知行统一。

行为矫正，塑造良好行为习惯

有时，学生虽然已经知道不应该说粗话、脏话，也答应教师好好改正，但仍会再度犯错。这是因为青少年的意志能力相对较弱，难以长期坚持。针对这一情况，教师可以从行为矫正的角度出发，采用"代币契约法"，与学生签订承诺书，并在学生履行承诺后给予奖励。例如，学生在校园中（可被观测和监督的）一天不说脏话可获得1枚代币，获得相应数量代币后能在教师处领取对应奖励；同时，如果违反承诺则被扣除3枚代币。契约在有效履行一段时间后，若学生说粗话、脏话的频率大大降低，就说明这一行为被"去习惯化"了。

15 学生有偷拿同学物品的不良习惯，怎么办？

案例呈现

> 小包，男，八年级学生。小包性格活泼，善与人交际，在入学军训时就和才认识不到两天的新同学打成一片，人送外号"机灵鬼"。在同学们眼里，小包能说会道，没有他不懂的事，没有他说不过的人。不过，同学们发现，漂亮的文具、有趣的课外书、新买的玩具总会在教室里消失不见。通过教室内的监控录像，教师看到，这些都是小包"顺手牵羊"拿走的。

讨论分析

青少年偷窃是一种较为常见的青少年问题行为。有国外研究显示，偷窃行为占据了青少年犯罪中33%—75%的比例[1]。青少年偷窃行为不同于成人的偷盗行为，其成因复杂，存在家庭、社会环境或自身等多方面影响因素。国内有研究表明，青少年在成长过程中的心理需求若无法得到满足，则容易导致不良行为的发生，其中得到物质满足的程度低更易导致偷窃行为。分析青少年偷窃的心理成因，存在以下几种情况。

占有心理

随着年龄不断增长，儿童的认知水平加速发展，对于物品的归属概念的认知即物权意识也逐渐觉醒。当个体意识到"这个东西属于我"时，占有心理便产生了。根据瑞士心理学家皮亚杰（Jean Piaget）的观点，儿童至青少年早期（8—12岁）正处于自律阶段过渡到公正道德阶段，个体更加注重公平。此时对物权的强意识及稍显不成熟的道德水平可能导致学生将不属于自己的东西占为己有。此类成因引发的偷窃行为在低年级的

---
[1] 刘录护.青少年偷窃的类型化分析[J].当代青年研究，2012（12）：7.

学生群体中较为常见，随着学生认知及道德水平的提升逐渐减少。

捉弄或报复心理

有些青少年偷窃行为的目的不在于"利己"，而是"损人"。捉弄别人，通过拿走他人的心爱之物获得恶作剧得逞的快感；或是在被他人欺负、伤害后，为寻求心理平衡而偷拿甚至破坏他人物品，达到报复目的。值得注意的是，被捉弄或报复的对象可能与行为人无直接关系，即被报复的对象不一定是先前对行为人造成伤害的加害者。例如，被教师批评后，行为人在愤怒状态下将同桌的精美文具"拿"走；当被发现后，行为人并不觉得自己的行为是"偷"。这可以看作心理防御机制中"转移"的一种表现。

补偿心理

由俭入奢易，由奢入俭难。学生在获得过舒适的物质条件后，被满足的欲望一旦被强行压制，就可能会尝试"另辟蹊径"，以便继续满足个人对物质的需求①；或是看到了想要的玩具、文具等物品，但因家庭经济条件等客观现状而不被允许获得后，最终抵抗不住诱惑而产生偷窃行为。补偿心理引发的偷窃行为如不及时制止，可能会因为获得好处而强化行为，进而增加后续偷窃行为发生的可能。对此，教师和家长需提高警惕。

辅导建议

学生偷拿他人东西的行为，既不利于学生健康身心的发展，还容易造成同学之间互相猜忌，互不信任，对教师的班级管理工作提出了挑战。教师应该如何对此类学生开展教育指导？可以参考以下建议。

在尊重的前提下让学生认识错误

对于在占有心理、捉弄或报复心理作用下产生的偷窃行为，青少年往往意识不到或不认可自己是错的。此时若用不当的教育方式如当众批评，让学生公开检讨等，容易伤害学生自尊，甚至引发矛盾和冲突。教师在处理问题时，应从保护学生的角度出发，尊重学生人格，理解学生感受，根据实际情况进行德育和心理辅导，尝试了解学生偷窃行为的目的，帮助学生真正认识到错误，并且改正产生错误行为的想法与认知。

开展家校联系，进行家庭教育指导

无论成因如何，青少年偷窃都可以被看成青少年心理需求无法得到满足的代偿行为。家是每个青少年成长生活的重要场所。开展家校联系、加强家校沟通有利于更好地

---

① 李怡.小学生偷窃行为的心理分析及矫正策略［J］.校园心理，2012，10（1）：2.

发现问题，有的放矢。教师应指导家长关注孩子成长，既不忽视也不溺爱，通过家庭教育提升孩子的家庭与社会责任意识，让孩子理解家长工作的不易，以形成稳定又融洽的亲子关系。

加强法治教育和劳动教育

君子爱财，取之有道。教师可通过加强法治教育和劳动教育，培养学生正确的人生观和价值观①。教师可开展《中华人民共和国未成年人保护法》《中华人民共和国预防未成年人犯罪法》《中华人民共和国刑法》等相关法律宣传普及，让学生更为清晰地理解法律是维护社会秩序的保障，遵纪守法是每个公民的责任和义务；开展劳动教育，使学生树立正确的劳动观点和劳动态度，明白生产劳动是获得财富的有效方法，懂得劳动的伟大意义，从劳动中磨炼意志，培养优秀道德品质，感受生活的乐趣。

---

① 王雅.中职学生偷窃心理分析成因与引导策略［J］.好家长，2019（14）：1.

16 发现学生在校外抽烟、饮酒，怎么办？

案例呈现

> 小艾，男，高中一年级学生。小艾是班级中有名的"皮大王"，经常因为做出各种出格的违纪行为而受到同学和教师的关注。一次，班主任在其他同学的社交媒体平台朋友圈里看到小艾在网友聚会时抽烟、饮酒的照片，经过了解，发现他很早就有这样的行为，而他的父母知情，也没有特别阻止。小艾的父亲是一位客户经理，甚至私下还和小艾说过，他虽然不支持小艾在校内违反校纪校规，但小艾作为一个男孩子需要有些酒量将来才能在商场上站稳脚跟。

讨论分析

模仿成人习性

学生对于烟、酒的认识大多来自文学、影视或是游戏作品。在这些作品中，它们往往会和勇猛、果敢、成熟、阅历丰富等典型的硬汉形象关联在一起。小艾也认为包括抽烟、饮酒在内的许多出格行为就是帅、酷或是具有男子气概、男性魅力的表现。相较其他需要时间慢慢沉淀的内在品质，这些外在行为是他们在追求快速长大成人的过程中更易模仿与习得的。即便是在一些女生群体中，学生也会希望通过这样的方式证明自己不会在任何方面逊于男生。

未来社交的工具

案例中小艾的父亲因为工作原因，常常需要通过烟、酒来建立与客户的联系，所以就不假思索地也将这些价值观念过早地灌输给了还在中学阶段就读的小艾。在一些家庭中，也有像小艾一样受到家人不良影响的学生，以较为传统的观念看待现代职场，尤其在听到与自己同辈但已经工作的哥哥、姐姐向自己分享所谓的"职场经验"或"应酬秘籍"时，就会认为抽烟是与他人建立关系的破冰利器，而酒量则是获取商场话语决定权的筹码；甚至在一些家庭聚会中，长辈亲属还会刻意鼓励学生学习敬酒礼仪与饮酒技巧，将饮酒作为他们未来社交必学、必会的一种重要技能进行重点培养。大部分学生由于缺乏对现代职场的真切体验，也就在半推半就的过程中逐渐形成了相应的行为习惯。

宣泄情绪的手段

对于另外一部分学生来说，抽烟、饮酒所带来的放松或兴奋感是他们在应对学业压力或其他生活困扰时希望获得的。这是一种宣泄情绪的方式，尽管这一方式可能会对学生的肺部、肝脏、肠胃等多个器官造成损害或潜在损害，但对很多学生来说，选择这些后果严重且只能提供短暂欢娱的宣泄途径，往往是因为他们缺乏其他应对困境的方法——没有广泛的兴趣爱好，也没有能够提供支持的朋友、家人陪伴他们面对生活挑战，使他们实在没有能够用于替代的选择。

群体风气的影响

小艾在社交媒体平台朋友圈晒出的照片拍摄于一次网友聚会，说明小艾可能也在一定程度上受到了他们的影响。在学生群体中，有非常多的抽烟或饮酒行为具有群体性[1]，多发生在某些聚会或闲聊的场合。在这些群体中，往往会有几名具有影响力的成员最先从其他的群体习得这些行为，随后在自己的群体中将其作为一种规则要求其他成员遵守；不遵守的成员可能会受到惩罚、孤立或是被"踢"出群体。在这一过程中，有些成员可能会以友情作为理由，有些则担心无法应对拒绝带来的后果，即使内心并不喜欢、不情愿，但仍被迫无奈地选择妥协与接受。

辅导建议

引导以成人健康生活习性为榜样

随着社会越发重视抽烟与饮酒方面的问题，针对一些面向青少年的作品，相关部门已经开始逐步加强管理，不提倡对这些行为进行正面描述，甚至必须将相关内容删除或完全修改后，才能通过审查正式出版或进入社会流通。教师在日常的教育教学活动中，也应当重视学生希望长大成人的心理需求，为学生提供更多在其他方面表现出色的榜样与典范，引导学生学习优良品质。例如，向学生展示学科名人如何礼貌待人、潜心求

---

[1] 胡桃，钱玲，侯培森. 国内外青少年饮酒行为影响因素的研究进展[J]. 中国健康教育，2006，22（2）：142-145.

学，鼓励学生养成健康的行为习惯，尽快成长为一个积极、阳光的成年人。

提供更多的社交选择

当代学生以生活在独立门户中的独生子女居多，即便出生在一个多孩家庭，在成长过程中，他们依然缺乏与除熟人以外的人员社交的经验，一些家庭对学生在社交方面的训练与指导也同样不够充分。教师需要在这一方面为学生提供帮助，让学生了解社交发生的主要基础是通过交流建立关系，烟、酒只是诸多社交途径的一种。充足的时事储备、广泛的兴趣爱好、亲切的交流态度、得体的行为礼仪、经常性的社交互动等多方面的综合作用才能真正构建良好的人际关系。

教授合理的宣泄方式

合理的情绪宣泄方式多种多样，体育与艺术领域提供了大量的选择。在中高强度的锻炼与运动过程中，肾上腺素的大量分泌，使个体在运动后的一段时间内不再容易处在愤怒或焦虑的应激状态中，而各种艺术活动，如舞蹈、绘画、音乐、手工等方式也能通过投射性的方式，将个体难以用语言表述清楚的复杂感受诉诸不同的媒介，从而使人获得内心的平静与安宁。教师有时也可以根据学生的接受程度组织一些更具专业性的正念、冥想练习。当学生遇到的问题较为复杂时，教师应当多加关心，帮助学生构建良好的人际支持，并在必要时寻求法律、医疗、经济等方面的专业帮助。

倡导健康的群体风气

对于学生自己组建或加入的社交群体，教师也应予以关注。对于校内的社交群体，尤其当学生是这些群体的主要组织者、意见领袖或在群体中具有较大影响力时，教师应当提醒与教育这些学生注重自己的言谈举止，禁止包括抽烟、饮酒以及其他不良的社交风气，更不能因为成员与自己有不同的价值判断或行为选择就对他们施以各种形式的欺凌、惩罚或孤立。如果学生加入的是校外的社交群体，而且也只是这些群体的参与者时，教师则应与学生讨论是否需要继续参与这些群体，以及在遭遇问题时可以寻求帮助或保护的合法途径与手段。除此之外，通过各类活动加强对青少年禁烟、禁酒的教育宣传也是预防此类问题发生需要加以重视的必要工作内容。

17 学生总是喜欢尝试冒险行为，怎么办？

案例呈现

小薛，男，高中三年级学生。小薛是班里一位特别喜欢尝试新鲜事物、喜欢冒险的学生。他在平时喜爱看猎奇类的影视作品，有时还会尝试模仿。在刚满16岁时，他就向父母申请自己独立驾驶电动自行车上下学。他的一些朋友也经常起哄，在表示佩服他的勇气的同时时常给他提出一些更具挑战性的活动建议，有些甚至涉及严重违纪行为。在朋友的鼓动下，他也经常会尝试这些后果严重的冒险行为。他一直信奉"年轻就要折腾"，认为自己年轻就有犯错的资本，却并没有留意到自己的行为实际上已产生了许多不利的影响……

讨论分析

"感觉寻求"现象

小薛为何如此喜爱带有冒险性质的行为？其中一个重要因素可能与青少年的"感觉寻求"现象有关。根据经典的感觉剥夺实验，当人长时间缺乏感官刺激时，会出现像在梦境般的视幻觉、时间与空间知觉能力下降、注意力涣散、思维能力减弱、情绪烦躁易激惹等不良状态。如果延长剥夺时间，还会出现更加严重的心理障碍。后续大量的相关研究也进一步表明，人的生存与发展需要不断地获取刺激输入，从而开发与维持各种感官功能。正处于快速发展期的青少年也同样如此，他们在寻找感觉刺激的过程中也同步促进着大脑皮层与高级认知功能的发育。在诸多感觉寻求行为中，冒险行为往往会带来更强烈的感受，所以特别受青少年的青睐。这些冒险行为有时不仅是纯生理性的，还包括违反社会公约、法律道德，以及经济冒险——在高风险、高收益的回报活动中获得主观的强烈感受。

探索自我能力的边界

小薛认为的年轻人拥有的犯错资本实际上是青少年通过不断试错发现自己擅长或不擅长什么,可以做到或不可以做到什么的一种探索过程。但哪些错可以犯,哪些错犯不得,是一个需要严肃思考与严谨把握的问题。尚未发育完全的青少年,迫切希望了解自己可以成为何种人,具备何种能力,可能达成何种成就……为了获取这些问题的答案,青少年会试图在各个领域中尝试并确认自己所能达到的水平,在不断努力的过程中向着更高的难度发起挑战,有时这些尝试可以让青少年敢为人先,甚至创造出许多新的解决问题的方法。但青少年有限的人生经验往往让他们无法正确判断高难度能力挑战和高危险冒险活动的区别。对于处在自知与自控能力尚有不足的年龄阶段[①]的青少年而言,这些介于挑战与冒险之间的行为往往更容易导致不利于他们健康成长的结果,需要成人更多提醒、监管与保护,让他们的这些探索得以在安全的框架中有序进行。

享受众人敬仰的感觉

小薛有时明明知道同学们提出的一些起哄要求可能涉及违纪行为,却依然选择尝试去做,也许恰是缘于他希望得到来自同学们的敬佩与认可。

在青少年群体中,冒险行为还有另外一种特别的功能,就是获得同龄群体的关注,甚至是让做出冒险行为的青少年在与那些不敢尝试的同学作比较时,能够享有足够的心理优势。有时,这样的行为也让他们更容易被同伴和异性看到,进而在社交圈内获得以他们为核心的社交地位。由于大多冒险行为往往还会对既有规则进行挑战,对于向往自由、想要强调自我存在感的青少年来说,参与这些活动甚至会被他们赋予更为复杂与深远的意义。在一些崇尚冒险的群体中,部分学生的参与有时则是为了融入社群而被迫作出的选择。他们希望自己以此达到群体准入要求,以至于即便一些活动的性质与自己的价值观念相悖,甚至超出自己的能力范畴、自身职责,仍要勉强为之,缺乏足够的身心准备,最终往往也会让自己陷入无法应对的困境。

辅导建议

必要的安全设置

在青少年进行任何活动前,必要的安全提醒、教育,以及在活动过程中的安全保障、预警措施、危机处理预案是家长和教师需要提前做好充分准备的。例如,针对学生

---

① 韩菁.安全教育与青少年成长:青少年冒险行为研究综述[J].中国青年政治学院学报,2008(2):1-6.

的一些经济类的冒险行为，家长可以通过控制学生的零花费用或支付限额将风险控制在家庭能够承受的范围内。在学校里，教师可以通过硬件保护提高学生活动的安全系数，通过过程性管理防患于未然。随着时代发展，学生冒险行为的方式和种类不断增加，对于各种活动中潜在的危险，教师需要更多关注，并应更多了解学生的生活现状，增加对各类活动过程与细节的深入学习与体验，及时梳理涉及安全的各类注意事项。

适当的体育运动

在各类感觉寻求活动中，体育运动与其他类型的活动相比往往会是一种相对健康且能切实满足青少年需求的选择。组织优质的体育活动可以同时兼顾触觉、视觉、听觉体验。从生理上来看，中高强度的体育运动会大量地消耗肾上腺素，提高个体的兴奋性，促使个体在运动过程中拥有更为良好的表现。对于情绪而言，这些运动会短暂地提高个体肾上腺素受体的敏感性，从而使个体在运动后相对不易陷入紧张、焦虑等应激的情绪风暴中。

更多的评价途径

一部分学生的冒险行为是为了证明自己的胆魄与能力水平，但显然这不是他们唯一的选择。专业的教育工作者可以找到成百上千种不同的评价方式来综合判断一名学生，并鼓励学生以大家能够接受的方式塑造自我与强化能力。这也有利于学生通过更多途径了解自我的特点。特别重要的是，对于学生的评价应纳入各类校园观察者的意见，例如学生好友、班主任、任课教师等，促进学生从不同角度更为全面、客观地认识自己，而非选择极端与危险的方式。

18 如何培养学生的艺术修养?

案例呈现

> 小高,女,高中一年级学生。小高的父母觉得小高特别喜欢音乐,考虑到若让小高掌握一门技能,将来或许还能走艺考道路,于是计划给小高报名参加一些音乐的培训与考级课程。但小高的父母也听说之前班里有同学不愿参加这些价格不菲的学习课程,甚至连本来偶尔弹弄的乐器也不再触碰。他们担心自己的不专业会影响对小高的兴趣与特长的培养,想请教师帮忙指导,同时也希望了解自己能给予小高什么样的帮助。

讨论分析

美学修养

从古至今,人们对于美的追求从未停止。"懂得美、欣赏美、创造美"是任何一个时代都不可或缺的文化构成。艺术作为美的一种表现形式,既是提高个体美学素养极好的一种方式,也是促进学生全面发展的重要部分。具体来说,在学习艺术的过程中,学生既能够增加对艺术领域相关名人、历史、知识的了解,也能在掌握某项艺术技能的过程中,培养自律意识,磨砺意志品质,拓展创意表达与精细控制的能力,还能在艺术的熏陶中,学习文化与礼仪[①]。

在案例中,小高对于音乐的喜爱最初可能源于偶然的兴趣,但这也说明小高可能对旋律、节奏或是乐器、音色等音乐的不同方面有着更强的感受力。适当的学习可以帮助小高进一步提高这样的感受力,并能从艺术的角度更好地理解音乐。

生活情趣

拥有良好艺术修养的人,往往能用更为浪漫的眼光看待生活,用诗意歌颂恩惠,用

---

① 冯常广. 中学美术教育现状思考 [J]. 大众文艺(学术版), 2009 (22): 237.

幽默化解苦闷。掌握一定艺术表达工具与方法的人，则拥有更多的选择来寄托、抚慰自己内心的情绪变化，将其作为休闲娱乐的另一种选择；而在与人共处的场合，艺术也可成为一种情感交流的工具，在线条、音符、色彩、节奏、动作中传递言语难以描绘的细腻感受。在心理咨询与治疗领域，表达性艺术治疗甚至已经成为一个具有影响力的流派，从绘画、音乐、舞蹈、戏剧到园艺，每一种艺术形式都可以用作疗愈心灵的良好选择。小高对于音乐的喜爱正是她具有生活情趣的一种表现，因此家长不能仅仅功利地考虑音乐学习的艺考属性，而应更关注相关学习能否帮助小高将音乐更好地用于丰富自我的内心与生活。

丰富大脑

更有趣的是，艺术的思维方式也将进一步拓展大脑的功能。不同于聚焦细节严谨、客观合理的逻辑思维，艺术更强调整体、全局的一致和和谐，以及主观的情感体验。许多艺术作品极富个性特点。欣赏艺术作品的过程既能提高个人对另一个体的同理与感受能力，也有助于欣赏者发现更多可能，激发灵感，为未来的创造活动奠定良好的基础。在机械化与人工智能快速发展的今天，以艺术为代表的创造性活动也将因难以复制与难以替代的特性呈现更为重要的地位与价值。

辅导建议

选择趣味入门作品

学习艺术最好的方式就是从感受开始，对于一般的学生来说，艺术入门的选择应当注重趣味性与感官冲击性。例如，在绘画领域，动漫常常是最为吸引学生关注的作品类型，大量以青少年为主角的番剧拉近了与学生的距离，绚丽的色彩与画面也让学生更加印象深刻，会自然地激发学生模仿与创造的热情。当学生产生一定的兴趣之后，教师可再逐步地引导学生接触其他特点鲜明的经典作品，慢慢构建起对于整个领域的基本认识，从而选择更加适合的方向和类型，继续锻炼、精进。

选择适合个体的艺术形式

在深入的艺术学习过程中，学生应当结合自身能力特点挑选适合自己的艺术类型。例如：对音符、节奏比较敏感的学生可以选择学习乐器、作曲；运动能力比较强的学生可以考虑舞蹈、戏剧；视觉感受力较强的学生可以尝试摄影、绘画……根据学生实际达到的水平，教师甚至可以与部分学生探讨未来的职业发展可能以及相关行业的基本情况，从而决定将哪些艺术类型作为普通的兴趣爱好，将哪些作为将来的艺考科目纳入考虑范围，通过更进一步的专业学习、训练以及参赛、展示，为学生长远的人生规划做好充分的准备。

利用好城市公共资源

除了偏向学科性的艺术学习，教师与家长也可以通过其他方式提高学生的艺术修养。许多地区每年都会开设大量艺术展览与大型活动，也会设置不少艺术类的专项展馆以及在城市建设过程中散布在各个社区、街道的艺术景观。广泛、积极地参与其中，必定会让学生在耳濡目染的过程中增进对艺术的理解。

鼓励感受与表达

艺术是一个双向的过程，既有个体对艺术的理解与接受，也有个体艺术的创造与输出，尤其对于掌握了一定艺术技能的学生来说，鼓励学生关注感受进行自由表达，有助于他们更好地把握艺术的真谛，而不只是拘泥于形式的训练。即便是从来没有学习过艺术的学生，如今也有许多便捷的工具，如模板化的图像处理、影音剪辑、乐器合成、特效制作软件，可以让大家进行便利的艺术创作及表达。学校与家庭也应尽量提供学生艺术展示的平台，并引导学生尝试留意与讲述自己最初的灵感、创意以及过程中的感受，更好促进学生对自我艺术思维的觉察与相关能力的养成。

19 如何对学生开展财商教育？

案例呈现

> 小褚，女，高中二年级学生。每个月月底，小褚都会到处向同学借钱或想尽办法让朋友为自己的早饭买单，好几次还因为好友的拒绝而闹得大家都不开心。令同学们反感的是，小褚每月的零用钱并不少，甚至处在班级的平均水平以上，但她因为酷爱收集玩偶，经常为了购买它们投入自己所有的零用钱，甚至会为了某款特定的玩偶向父母提前索要部分下个月的零用钱。在她看来，及时行乐最为重要，至于以后，到时再说就好。父母也为她的消费习惯感到苦恼，却不知怎么办。

讨论分析

小褚拥有父母给予的足量零花钱，却因不当的消费方式无法有效管理，因此，小褚的"财商"亟待提高。"财商"实际是指一个人的"金融智商"（FQ，Financial Quotient），指个人或集体认识、创造和管理财富的能力，其目的是树立对待财富、世界与人生的正确态度。随着生活与消费水平的提高，有许多像小褚一样的学生，面临着挑战，具体体现为以下几个方面。

消费方式变化

为了能够更好地协调与分配资源，社会经济的运作方式与几十年前相比已经发生了巨大的改变，这一变化也同样体现在人们的消费方式上。尽管在法律的保护下，学生作为未成年人无法注册与使用一些暗含风险的消费服务，但学生仍需要对这些与他们未来生活息息相关的经济活动有所了解。其中，较为常见的有以下几类。

（1）个人信用类

这主要指以个人信用为前提进行的消费方式，包括信用卡、分期付款、消费贷款，以及网上各种不同名称的同类产品。学生在成年前无法使用这些服务，一些学生会通过家庭的信用卡还款、车贷、房贷等方式对信用消费有所接触。

（2）组合优惠类

不同的消费平台往往会在不同的时间以不同的规则为消费者提供各种优惠来提升成交量。每年名目繁多的消费节令人眼花缭乱，能否合理使用这些优惠有时会对最终的消费结果产生巨大影响。这是学生可以适当接触，甚至能与家庭成员一起讨论的一种消费类型。

（3）动态变化类

当前，许多软件或网络服务被消费的形式往往是消费者购买使用时间，购买时长有所差异，价格也会变化。其中，有些消费项目存在初期优惠，但在自动续费期间有多阶段的价格变化。在部分家庭中，还需要考虑日常的阶梯电费、水费与燃气费问题。

（4）预先消费类

在另外的一些消费产品中，有些需要提前进行储值，以成为会员或保留会员身份，有些交通、酒店等与旅行、娱乐有关的项目则需提前购买、预订。由于是预先的消费，所以有可能会让消费者面临各种突发可能，出现退换、更改方面的问题。

金融知识欠缺

许多学生，尤其低龄段学生并不能很好理解存款的意义与价值。他们印象中的存款可能来自自己童年时期将零钱存入储蓄罐，或父母将自己每年收到的压岁钱集中放在家庭保险箱的一些记忆片段，这些钱款并不会随时间的变化发生面值的改变。因此，学生容易觉得钱存与不存没有区别，倒不如早日用于消费。但实际上，真正存入银行的存款会因为存取方式以及储存年限的不同产生不同的利率，在时间的累积影响下产生不同的收益。如果有些家庭考虑进行投资理财，那么他们也需要对投资产品与整体的行业动态保持关注，而对一些有志创业的学生来说，他们甚至还要考虑企业融资、贷款、上市、分红、并购、破产清算、债务偿还等更为复杂的金融问题。其中很多问题并不常见，甚至几乎不在学生日常的学科教学内容中出现，使得学生相对缺乏对于它们的正确认识。

缺少实践机会

大部分的家庭都是由家长来分配与管理学生的现金与其他资产，一些家庭会给予学生相对充裕的零用钱让学生进行简单理财，但也有一些家庭会对这部分有限现金有严格的使用要求与规定。很少有学生能够在家庭中接触复杂、高级的理财活动或资讯，甚至对个人存款方式的选择也无从接触。没有真实或至少是模拟真实的实践机会，学生永远只是纸上谈兵，无法结合具体的家庭、个人生活状态、金额、利率、时间等因素在各种不同情况中灵活应用所了解的相关知识，也导致学生在未来的理财决策中容易发生考虑不周的问题。

辅导建议

引导学生养成正确的消费习惯

教师需要留意学生的家庭经济与日常的消费情况，对于家庭经济条件不佳但经常进行网购、参与高消费娱乐或聚会、频繁宴请或向同学赠礼的学生，教师应注意是否存在学生通过各种方式不合理使用个人资产或现金的情况。即便家庭经济状况良好，教师也应注意在平时引导学生合理、理性消费。具体来说，应包含以下几点。

（1）明确消费需求

教师应提醒学生明确每次消费的主要需求与目的，只购买所需数量与类别的物品，避免受广告或他人影响盲目、冲动地过量消费或连带消费。

（2）合理节约消费

教师应指导学生关注如何以较为合理、优惠的价格来购买服务或商品，尤其在一些消费平台开展各类活动时，教师甚至可以将它与数学问题相结合。在购买后，学生也应当适度、节约使用，不轻易浪费或进行不必要的重复消费。

（3）注意消费限制

教师需要提醒学生在日常消费，尤其是进行预先消费时关注：是否只能用于某些类型的消费内容，是否必须消费满一定金额，使用时限是什么，是否能够全额退款，是否会自动续费，是否存在价格变动的可能等情况。

（4）保护消费权益

教师还应指导学生学习《中华人民共和国物权法》《中华人民共和国合同法》《中华人民共和国消费者权益保护法》等有关法律条款，注意索要与保留消费单据，在遇到问题时寻找店家、商场主管、网络平台的管理人员、消费者权益保护组织或拨打相关热线等获取专业帮助。

教授学生财富管理知识

数学、思想政治等相关学科教师可结合教学内容渗透有关财富管理方面的知识。例如，数学中的利率与收益计算、政治经济学中的贷款与消费……其他教师也可以结合相关新闻与学生作话题讨论。例如，社会保险缴纳标准、存款准备金率等对普通家庭的影响，或者如何预防新型诈骗或非法集资等问题。条件成熟的学校或教师也可以自行根据学生的年龄特点与知识储备情况开设财商类拓展课程[①]；如果教师在相关领域的知识储备有限，可通过推荐财商类书籍或组织开展读书交流活动促进学生进行课外阅读学习，推动学生自主学习，增加相关知识储备。

组织开展模拟理财活动（虚拟记账、学生公司、模拟投资……）

教师可以通过组织多样化的活动推动学生积极参与与理财相关的简单或模拟性的活动——从最基础的个人记账开始，到担任班干部、社团管理人员进行集体经费的记账与管理。教师也可鼓励学生参与商业模拟类的桌面游戏或是到青年成就（JA，Junior Achievennet）、赛智等社会组织之中，开展商业模拟经营或财商相关课程的学习。有条件的学校甚至可安装一些模拟投资类软件，供学生体验，帮助学生充分了解不同投资方式、外部环境对投资结果的影响。

---

① 钱雅文，石成奎.青少年学生财商教育的现状与对策［J］.教学与管理（理论版），2009（1）：40-41.

20 如何培养学生良好的阅读习惯？

案例呈现

> 小云，男，高中三年级学生。小云同学一直标榜自己酷爱阅读，总喜欢在班里和同学炫耀自己读过多少名著、知晓多少冷门知识。但在教师看来，小云对这些内容不过只是略知一二，对于很多读物、教材中的精髓和道理，也都是一知半解。小云的各科成绩表现也并不理想。在和家长仔细交流后，教师才知道，小云所谓的阅读其实是通过手机、平板电脑翻看各种精简版的名著故事或知识类短视频，有时一天下来虽然可以刷上好几十条，但他从来不再深入思考、研究，即便父母为他准备了不少纸质书籍，他也没有耐心认真翻看。

讨论分析

碎片阅读时代

小云通过电子设备搜索到的精简名著与短视频，实际是当下人们获取知识信息的途径和手段的缩影，也是许多学生常用的阅读方式。它并不是学生偷懒的结果，而是许多创作者为迎合当代生活而作出的尝试。

当下快节奏的生活方式使学生每天必须完成大量的学习与活动，这使得他们的生活被各种任务切分，阅读活动也因此变得越发碎片化。为了适应这样的变化，一些网络平台或媒体会尽可能地精简内容，使人们能够利用闲暇时间了解或获取一些资讯。从早期长篇大论的博客到如今短小精悍的微博，从以电影、剧集、综艺节目为主的传统视频网站到如今各类短视频应用程序，从最初长达1.5小时的在线课程到20分钟的空中课堂，甚至发展到各种"几分钟教你学会……"的系列微课，从完整精读图书到只需通过几张摘抄重点的结构图就能读完全书的粗略速读……如何合理地应对这些变化，妥善地分配自己的精力与时间，已成为生活在这个时代的学生群体需要认真考虑的长远问题。

学习任务繁重

与此同时，学生所面临的学业压力也从来不轻松。尽管，在"双减"政策的导向下，越来越多的学校开始思考如何将时间用于有助于学生真正全面发展或能力成长的教育活动，但面对多门学科的合格考试与计入升学总评的选拔机制，不少学校依然希望通过大量的学习任务帮助学生在中考或高考中获得良好成绩。甚至不少学生会在家长的推动下，或是出于对未来发展的学业焦虑，选择在学校学习的基础上继续为自己加量、加压，在阅读与学习内容的选择上也更偏功利。从阅读的广度、深度等各个方面来看，这些学生都会面临精力分配上的困难，以至于无法真正通过阅读滋养心灵、促进成长。

客观条件限制

考虑到客观条件方面的问题，许多家长已经很少像他们的父辈或祖辈一样购买或在家中储存大量纸质书籍，各种电子化的阅读方式使他们有时更青睐于在手机、平板电脑等电子产品的界面上动动手指。许多出版商开始考虑不同的出版与销售策略，有些会缩小纸质印刷业务规模，转而注重线上电子书籍的发布与售卖。一些传统的书店也在面临转型与挑战，原本在街头巷尾随处可见的小型书店正逐渐销声匿迹，而大商场中的连锁书店更多地选择上架价格昂贵的精装书籍，这让一些本就囊中羞涩的学生群体更加难以轻易作出支付购买的决定。但当学生真正决定选择网络阅读时，家长又会担心孩子的视力发育以及自我管控能力，不敢轻易地让孩子进行尝试。在这两难的犹豫过程中，学生错过了许多本可用于阅读积累的宝贵时间。

辅导建议

布置必要的长篇阅读任务

不同于一般的资讯浏览，传统的长篇阅读对于训练学生的阅读能力、记忆能力以及对于情节、人物、思想、写作手法等多方面的理解与认识都有着碎片阅读不可替代的作用。教师应为学生布置一些合适的阅读任务。例如，从篇幅相对较短，但内容完整的短篇小说开始，过渡到相对容易理解的经典长篇著作，最后再到相对深奥、复杂的理论书籍，逐步提高要求与难度，以适应学生所处的年龄与能力水平。同时，教师需要指导学生在长篇阅读时做好记录、及时反思，不断加深对作品的深入理解与感悟。教师也可组织学生以读书会的形式开展阶段性的分组阅读活动，在有效利用时间、人员的同时，借助读书会的形式使学生定期围绕阅读内容进行交流、讨论，彼此启发，相互促进。

引导将兴趣阅读与学习任务相结合

为尽量兼顾学生的阅读兴趣与实际的考试需求，教师应当努力探索两者的结合点。教师需要在日常与学生的互动中了解学生的阅读偏好。例如，低龄段学生往往更为偏好悬疑、科幻、情节性强的书籍，高年级的学生则可能会对历史事实、哲学思考类的作品更有兴致。随后，教师可在学科学习的指定阅读篇目中找到相关的内容，鼓励学生进行深入的阅读，从而更好地理解作品的创作背景、主题与作者的想法。在进行写作练习时，教师也可以让学生加强对时事评论类报道、刊物的阅读，在安排古诗文的学习任务时，也可以挑选一些可读性较强的经典作品与之相结合。英语的阅读也同样如此。教师可以选用一些与流行剧集或热点话题有关的内容，推动学生在阅读的同时强化对学科知识的学习。当然，由于学科之间存在不同的学习重点，教师在为学生提供建议时，应先咨询相关学科教师，获取相对合理的推荐作品与读物列表。

提醒用好现代阅读工具的相关功能

大部分学生对电子图书并不陌生，即便不是通过专用的阅读工具进行阅读，利用手机读书也是许多学生的日常选择。时代的发展使阅读在形式上发生了一定的改变，教师一方面要联合家长加强对于学生阅读内容选择的严格把控，另一方面也需要向家长传达与解释这些现代阅读手段的优势。例如，电子阅读可以实现随时记录、云端上传的便捷操作，方便学生后期对难点或细节内容进行深入思考，或是开展与其他读者的思想交流[1]；有些电子阅读应用程序可以与思维导图等工具进行结合，方便学生进行内容的梳理与记忆；学生在选购图书时可以事先浏览大量的书评作为参考……合理与熟练地使用现代阅读手段有时或许能更胜于纸质书籍。

今天，仍有不少书店在售卖书籍的同时提供阅读与餐饮的场地；许多社区也在陆续建设实体的图书借阅场馆；很多学校也十分注重对学生阅读区域的精心布置，以满足不同学生的阅读习惯与需求。教师可引导学生结合个人需要选择合适的场地，与书相伴，度过一段安静、美好的时光。

---

[1] 任福兵.网络时代阅读方式的结构性研究［J］.图书馆建设，2013（10）：61-66.

图书在版编目(CIP)数据

青少年心理辅导100问 / 吴增强,吴俊琳主编. —上海：上海科技教育出版社,2025.1
ISBN 978-7-5428-8144-1

Ⅰ.①青… Ⅱ.①吴…②吴… Ⅲ.①青少年—心理健康—健康教育 Ⅳ.①G444

中国国家版本馆CIP数据核字(2024)第107921号

责任编辑　张　蕊
装帧设计　符　劼

青少年心理辅导100问

吴增强　吴俊琳　主编

出版发行	上海科技教育出版社有限公司 (上海市闵行区号景路159弄A座8楼　邮政编码201101)
网　　址	www.sste.com　www.ewen.co
经　　销	各地新华书店
印　　刷	上海华顿书刊印刷有限公司
开　　本	787×1092　1/16
印　　张	20.5
版　　次	2025年1月第1版
印　　次	2025年1月第1次印刷
书　　号	ISBN 978-7-5428-8144-1/G·4840
定　　价	78.00元